25

新世纪心理与心理健康教育文库

Xinshiji Xinli Yu Xinlijiankangjiaoyu Wenku

U0893732

学校心理学

Xuexiao Xinlixue

刘翔平 余雪 ◆ 著

Liu Xiangping Yu Xue

开明出版社

新世纪心理与心理健康教育文库

编　委　会

总 主 编　郑日昌

副总主编　沈　政　郭德俊　桑　标　王希永

编 委 会　（按姓氏笔画排列）

王　昕　王小明　王成彪　王建平
牛　勇　邓丽芳　叶浩生　田万生
朱新秤　任　苇　任　俊　刘视湘
刘翔平　刘惠军　许　燕　孙大强
杜毓贞　杨　波　杨忠健　汪凤炎
沈　政　张　驰　张大均　张志杰
陈永胜　陈安涛　邵志芳　庞爱莲
郑日昌　郑晓江　孟沛欣　赵世明
赵军燕　俞国良　殷恒婵　郭秀艳
郭德俊　桑　标　黄　蓓　崔丽娟
梁宁建　梁执群　董　妍　程正方
雷　雳　燕国材　魏义梅

总 序

Sequence

早在上个世纪70年代就有专家预言：21世纪是心理学的世纪。21世纪人类所面临的最大挑战，不是其他，而是心理困惑和心理问题。

进入新世纪，我国社会主义物质文明、政治文明、精神文明建设不断加强，综合国力大幅度提高，人民生活显著改善。同时，我们也要看到，我国已进入改革发展的关键时期，经济体制深刻变革，社会结构深刻变动，利益格局深刻调整，思想观念深刻变化。这种空前的社会变革，给我国发展进步带来巨大活力，也必然带来这样那样的矛盾和问题。如：城乡、区域、经济社会发展很不平衡；就业、收入分配、社会保障、教育、医疗、住房等方面关系群众切身利益的问题比较突出；一些社会成员诚信缺失、道德失范；一些领域的腐败现象比较严重等。这些矛盾和问题让人们感到心理困惑，时刻冲击着人们的心理承受能力。

2006年，中共中央《关于构建社会主义和谐社会若干重大问题的决定》明确指出：我们必须坚持以人为本。要注重促进人的心理和谐，加强人文关怀和心理疏导，引导人们正确对待自己、他人和社会，正确对待困难、挫折和荣誉。要加强心理健康教育和保健，塑造自尊自信、理性平和、积极向上的社会心态。心理和谐是构建和谐社会的心理基础和重要标志。胡锦涛指出："科学发展观，第一要义是发展，核心是以人为本"。以人为本就必须重视人、尊重人、关心人、爱护人，就必须重视人的心理发展。加强心理健康教育和心理保健，不断提高人们的心理素质，帮助人们形成积极心理品质，为和谐社会建设奠定和谐的心理基础已经成为举国上下的共识。

促进人的心理和谐需要有科学心理学指引，加强心理健康教育需要有合适的教材。近年来，国内虽然也陆续出版了一些心理学或心理健康教育方面的图书，但不够系统，缺乏总体规划。正因为如此，我们组织了一批心理学专家、学者，编写了这套反映我国心理学发展及心理健康教育理论成果的"新世纪心理与心理健康教育文库"。

"新世纪心理与心理健康教育文库"具有系统性。文库参照心理学学科体系和我国现实需要，分为基础理论、应用理论和技术与实践三个系列。

“新世纪心理与心理健康教育文库”具有权威性。文库是国家出版基金资助项目；文库撰稿人的选择面向全国，每一本图书都由该领域的专家学者撰稿；文库的统稿工作由国内权威心理学家和心理健康教育专家负责完成。

“新世纪心理与心理健康教育文库”具有前沿性。文库在全国范围选聘心理学和心理健康教育领域的专家学者撰稿，既可以吸收心理学与心理健康教育的权威理论和最新研究成果，也可以保证所选内容资料贴近时代、贴近生活、贴近实际。

“新世纪心理与心理健康教育文库”具有实用性。文库在强调系统性、理论性、科学性的同时，更加强调实用性。力求做到理论联系实际，给出的理论实用，给出的技术可行，给出的方法可操作。

“新世纪心理与心理健康教育文库”理论性、实用性、资料性、工具性兼备，是心理学与心理健康教育的“百科全书”。可以做从事心理与心理健康教育工作的管理者和研究者的参考书、工具书；可以做心理健康教育教师继续学习、自我提高的自修图书；可以做心理健康教育教师培训用书；可以做师范院校心理与心理健康教育专业的教材或参考书。

我们相信，“新世纪心理与心理健康教育文库”对于从事心理与心理健康教育工作的人士会有所帮助；对于我国的心理与心理健康教育工作会起到推动促进作用；对于促进人的心理和谐、促进社会心理和谐会发挥一定作用。

我们希望，这套文库能够得到广大心理与心理健康教育工作者的认可、接纳。

郑日昌

于京师园

前言

Preface

在北京师范大学心理学院为本科生教授《学校心理学》课程已经近十年了，十年来，中国的学校心理咨询与测评发生了巨大的变化，记得当初率先开课时还在想，这门课纯粹是舶来品，在国内有需求吗？国内的中小学的学校心理学服务有前途吗？其实这个问题不是由学术界来回答的，而是由实践来回答的。今天，学校心理学服务已经成为家喻户晓的主题，成千名学校心理咨询服务者工作在中小学第一线，现实已经很好地回答了我十年前的顾虑。

学校心理学在我国还是相对陌生的心理学分支，直接的原因是我国缺少成熟的学校心理学服务的制度。在我国，心理咨询和心理治疗概念已经普及，在经济发达地区的学校中，一般配有专门的学校心理咨询员。他们的主要任务是与有心理问题或遇到心理困惑的学生谈话，或使用专门的技术来解决心理问题。其对象一般是在认知和想法上或行为上具有困惑的学生。然而，在学校中，仅是就情绪和行为上烦恼的学生而展开的咨询服务是不够的，学校中还有大量的特殊学生，他们的问题不属于想法或认知偏差，也不属于一般的情绪不稳定，或烦恼，而是具有学习障碍，如阅读困难，注意力缺损多动障碍，或者是品行障碍，智力落后等。他们可能主观感觉上没有情绪或心情不佳，而是无法适应学校的学习环境，与其说他们需要心理咨询和谈话服务，不如说他们更加需要特殊教育的服务，需要个别化的教育，需要学习技能的提高和专门的辅导。

这些专门的特殊教育的辅导，通常与系统的心理评定、心理测验、心理诊断分不开，而且在干预时必须结合其测评的结果，选择特定的适合的教育方法。这种针对个别不能适应学校环境的特殊学生设计的特殊教育方案，体现了教育向更加精细的水平的发展，体现了现代教育理念，即每个人都享有受教育的平等权利。这种教育理念尊重学生的个体差异，并强调落后学生的尊严和享有的特殊教育的权利，使我们的教育方法和教育内容上适应个别人的差异和特异性，而不是让个体无条件地适应学校教育。实际上，我们现行的教育理念更多的是信奉古老的精英统治论，即在教育过程中，淘汰那些不能适应主流教育的学生，让社会精英享受最好的教育，以成为统治者。

学校心理学正是为个体差异和特殊教育而生，是社会经济发展到相对发达水平后，对教育的投入和对差异的照顾。它是现代特殊教育制度的一项心理学技术的保证，学校心理学家是掌握心理评定和心理干预大门钥匙的人。

学校心理学涉及心理测量学、心理咨询和发展心理学各门专业，这些都是心理学院开设的课程。尽管如此，这些课程代替不了学校心理学。学校心理学不仅告诉人们如何测评学生的心理问题，而且教会人们如何评定教师和管理者的心理问题，它不仅告诉人们教育特殊儿童方法和原则，而且为调整这些方法提供数据的支持。

本书共分四个主题，分别介绍了学校心理学服务的一般问题和学校心理学家角色，学校中的心理教育测评问题，学校中心理干预问题和各类特殊学生的心理与教育问题，通过阅读和学习，您将全面了解学校的服务模式和服务内容，了解如何解决学生各类学习与情绪问题。

心理学有两个主要的应用领域，一个是面向企业的人力资源的开发和测评，另一个就是教育与学校。而学校心理学就是心理学在教育与学校领域中应用的典型代表。

本书是为即将成为学校心理学服务人员的学生所写，也是为现任的学校心理教师和咨询人员所写的知识普及书，同时，特殊教育专业的学生和对特殊教育感兴趣的教师阅读此书也会有收益，我相信，一些有特殊需要的家长和普通教师通过阅读此书也会对指导和帮助孩子有益处。

我国目前的主要问题是如何使更多的人了解学校心理学的服务，接受和认同学校心理学家服务制度，尤其是加大有关投入，通过立法的形式完善现有的特殊教育制度，扩大特殊教育服务的范围。像为残疾人服务的立法一样为具有阅读障碍、注意力缺损多动障碍儿童的特殊教育服务提供法规的保证，这样学校中才会有学校心理学家和特殊教育教师的编制，才会有资源教室，才会有充足的经费投入。学校心理学家才会有生存和发展之路。

刘翔平

于京师园

目 录

Contents

第一章　学校心理学的对象与任务

【本章提要】

介绍学校心理学的发展历程、作用和特点，学校心理学的地位、价值，比较了学校心理学与其他心理学分支的异同，阐述作为一名合格的学校心理学家所需的训练，同时对学校心理学在实践过程中的问题、冲突和矛盾进行了分析。最后论述了目前中国学校心理学开展的现状及其迫切性，并提供切实的可行性分析。

【学习重点】

1. 掌握学校心理学与其他心理学分支的不同特点。
2. 了解学校心理学家承担的角色与任务。
3. 了解合格的学校心理学家需要接受的训练。
4. 了解学校心理学产生的过程。
5. 理解学校心理学家的角色冲突。

【重要术语】

学校心理学　教育心理学　心理教育评估　基于数据的问题解决模式　教育治疗　医学模式　教育模式　心理测验运动　特殊教育运动　心理健康和心理卫生运动　学习理论运动　学校咨询员　学校心理学家协会（NASP）　“94-142”公法

当今，经济的增长和社会的发展给人们提供了一种复杂得多的生活方式，并导致了许多社会问题，如众所周知的离婚率的增多，青少年的犯罪、吸毒等，人们将更加依赖学校教育来解决这些社会问题，并更加注重学校内部教育内容、教育方法及教育模式的改革。

目前，我们的学校教育远远未能满足社会公众日益增强的期望和社会发展的需要，经济的增长似乎总是反衬出学校教育改革的滞后和存在的危机。当物质文明快速向前发展之时，我们的中小学却似乎出现了许多的厌学者、离家出走者、成绩不良者、性格变态者和道德水平低下者。每年政府有关部门和社会各方面都在呼吁要重视教育，增加教育的投入，改进教学质量，但并未见多少起色。我们不可能等到建立一个完美的教育体制之后才开始进行行之有效的教育。人才的培养不允许教育过程有任何的间断，但我们至少可以在学校内部努力采取一些新的举措来预防、干预、矫治青少年的各种心理问题、社会问题和行为问题。发达国家经过近百年的探索已经寻找到了一条出路，这就是以立法的形式在学校中配制专职的学校心理学家，配合学校教育解决个别学生的学习问题、适应问题，围绕着这一新兴职业形成的心理学就叫做学校心理学。

第一节 什么是学校心理学

学校心理学是应用心理测量、心理咨询、心理治疗和其他心理学知识解决学生的心理健康问题和教育工作者面对的心理问题，促进学生和教师对学校生活的适应的心理应用分支。学校心理学的特点如下：

1. 实用性。学校心理学主要以解决学生的各类心理问题、行为问题为己任，密切为学生服务，努力寻求评估和矫正学生心理问题的手段与方法，配合教师和家长改进学生的学习能力和社会适应能力。

2. 与其他心理学分支的相互渗透性。学校心理学应用许多其他心理学分支积累的知识和技术来解决学生的心理健康问题，因此，它有赖于这些分支的发展和成果。例如，要想很好地评估学生，就要了解不同发展时期的学生具有哪些特殊的心理特性和心理活动规律，这种知识是发展心理学的内容所提供的；再如，若要有效地干预学生，就要掌握一定的心理治疗手段，这将有赖于心理治疗学所提供的技术。学校心理学应用各类心理学的综合知识来解决学生的不同问题，这导致学校心理学成为心理学内部的交叉学科。

3. 职业性。学校心理学是一门比其他心理学分支职业性更强的学科，从事管理心理学的人可能担任企业管理者的职务，也可能是一个研究者，或在其他部门任职，而学校心理学家则几乎都在学校中工作，直接面对教师和学生，这一特点使学校心理学家有较多共同语言，也使他们成立联系密切的学会组织，相互沟通信息，传递各自的经验。

学校心理学的根本任务是为学校的教学管理、学生的学习和社会适应及心理健康提供心理学的服务，这一任务包括如下几个方面：

1. 对儿童和青少年在学校中的活动进行心理教育评估，包括调查、心理测验（如智力测验、人格和情绪测验）、访谈、观察、行为评估等，并考查使用这类评估的学校环境。

2. 对个体或群体进行干预和矫正，以促进其发挥最大效能。尤其关注学习活动如何与个体的认知、需求和社会发展相互作用及相互影响。心理干预主要包括行为矫正、提出合理建议、特殊教育方案的设计、各种技能培养计划的制定等。

3. 改进在校工作人员、教师、班主任及家长的有关教育活动，改进他们的教育方法，养育孩子的习惯等。这包括为各类教育工作者开设教育课程，为家长提供咨询服务等。

4. 为需要常规测试和特殊教育测试的学校管理机构和个人提供服务，如完成上级管理部门要求的学生心理健康情况的调查，对学校管理水平的调查等，或者为家长、教育工作者提供心理学的知识。

5. 学校心理学服务的监督工作。

当然，学校心理学的任务还包括其他方面，如预防心理疾病、健康教育和科学研究等。

学校心理学的服务对象既包括个体也包括群体，甚至还包括班级管理、学校管理、教师的讲课的评估等，凡是学校中有关的心理学问题，学校心理学都有责任解决。

目前，学校心理学主要为幼儿园和中小学生提供服务，年龄多为 3—18 岁的儿童和青少年，这一时期是人成长和接受教育的时期，也是心理问题多发时期，这一时期出现的心理和行为问题在矫治上也是相对容易和有效的。但是，随着教育观念的变革，继续教育和成人教育的普及，学校心理学的服务对象也开始包括大学生及所有接受教育的成年人。当然，其重点仍是幼儿园儿童和中小学生。

学校心理学服务的最重要特点是遵循科学取向和以数据为基础的问题解决。基于数据的问题解决模式是指在整个实践过程中以解决问题的结果为最终导向，但这个过程是基于数据的和测评的，测评与干预和特定的问题情境紧密联系。学校心理学强调在问题解决的每个阶段都要有测量，并强调测量在决策时的作用。事实上，如果我们要确定学校心理学服务区别于其他教育学的特征，那就是这个过程对数据的关注。由于一贯以实用和科学的方法指导应用，这种模式较多依赖于整个过程中收集到的量化反馈信息，而较少依赖于主观的判断。在这个过程中使用的信息的重要特征包括信息的客观性、可观察性和可测量性，关注学习过程而不是结果，信息的收集强调直接而非间接的方法，以及可重复的并能够对学习结果进行指导。

而一个不成熟的专业具有以下特点：1. 专家基于自己的专业知识进行主观判断；2. 信赖基于私人关系而不是量化数据；3. 完全依靠专家进行，避免规范化的过程而相信经验性的研究发现。有人认为，教育学领域比较符合这个特征。而较为成熟的科学领域则表现为：1. 从专家个体的判断转变为以能够被多数人检验的量化数据为准的判断；2. 较少地强调个人信誉，而更多地强调客观性；3. 专家的作用减小，通过科学研究形成的标准化测量和程序的作用增强。当代学校心理学家的服务就是心理科学发展和应用的结果，体现了从以哲学为基础向以实验为基础的系统转变。

第二节 学校心理学与教育心理学

在个别国家，教育心理学就等于学校心理学，但在大多数国家，两者的区分是明显的。如在我国，师范院校中所开设的教育心理学与学校心理学就有很大的距离。教育心理学虽然也强调应用，但主要还是研究教学过程和学习的一般规律；虽然也对教师提出一些建议，但这些建议是较为抽象的，带有宏观指导性的。教育心理学工作者侧重正常学生群体心理规律的研究，考查这些学生在常态的教学中是如何学习知识、掌握技能的。

我国的教育心理学是讲授给将要从事或已经从事教育工作的人的一门理论知识，指导教师的实践。教育心理学家除了到学校做实验之外，并不介入学校的心理辅导、咨询和评估学生与矫治学生的实践。所以，教育心理学仍具有抽象的、理论的特点，以研究课题为核心。而学校心理学具有浓厚的临床心理学特色，它不仅为学生、教师和家长开“药方”，而且直接从事干预、咨询服务，并考查干预的效果。学校心理学家直接介入学校的教育活动，现场解决实际问题。

学校心理学工作者面对的和要解决的是一个个具体问题，而不是课题；它以解决问题为己任，不注重基本理论概念。例如，教育心理学工作者也研究学习落后者的问题，但把它作为一个课题来研究，而学校心理学工作者则深入到学校班级中帮助学习成绩落后的学生，对他们的学习能力、家庭环境或教师对他们的态度进行系统评估，在此基础上制订矫正计划，改进落后学生的学习活动。

学校心理学工作者吸取了临床心理工作者的模式，而这种模式在教育心理学工作者那里是不存在的。这一模式包括以下主要内容：

1. 围绕着心理问题及其环境的关系和心理问题的原因的分析形成一个概念框架，以解释心理问题的发生。

2. 使用一定的心理学专业技术，结合现有条件，为改变行为提供有效的指导。

3. 利用专业知识和技术，为有行为问题的学生提供服务和辅导。

学校心理学工作者与临床医生有些相似之处，对学生、教师的各种心理问题实施矫正，他们不仅要具备理论知识，而且必须掌握行之有效的技术。

第三节 学校心理学的起源和发展

一、学校心理学的产生

学校心理学产生于美国，虽然在20世纪60年代学校心理学作为一门职业服务以立法的形式得以承认，但学校心理学的服务早在19世纪末就已经开始。美国特殊教育专家魏特默于1896年在费城建立了第一家心理学诊所，创办了第一个临床心理学杂志，他被认为是临床心理学的建立者，也是学校心理学之父。因为他还创立了一所医院模式的学校，即俄勒岗学校，专门诊断智力落后、心理残疾的儿童。他认为心理学家应当与医生、社会工作者、教师和家长相配合，解决儿童的问题。他强调让教师矫正儿童是十分必要的，这一观点标志着教育治疗的开端。

魏特默的工作不仅包括诊断，而且也包括各种治疗干预。在他的影响下，学校心理学长期以来被理解为学校中的临床心理学，直到第二次世界大战后临床心理学向医学的模式接近，而学校心理学则不再限于矫治学生的心理疾病，而是向教育模式靠近，开始包括教育方案和教育计划的评估在内。

在学校心理学产生的过程中，有四种运动起到了有力的推进作用：

（一）心理测验运动

心理学史上，最先从事心理测验研究的是英国学者高尔顿，早在冯特建立第一个心理学实验室之前，他就开始使用仪器测验个体差异。他发现人的意象是有差异的，有人以听觉为主，有人则以视觉成像为主，但他把心理测验当做一项消遣的东西，所以没有编制标准化的心理测验工具。19 世纪末，法国的特殊教育专家比奈和西蒙编制了第一个可以应用于儿童的智力测验，开始了心理测验实用化的新纪元。第一次世界大战期间，对战士实施的心理测验有力地促进了心理测验的应用，后来，陆续出现了许多测验，先后被应用于学校中，如罗夏测验、主题投射测验等。

（二）特殊教育运动

历史上，特殊教育运动与心理测验运动联系十分密切，比奈和西蒙编制智力测验当初就是为了诊断智力落后的儿童的。19 世纪，人们不再把智力落后的儿童当做是无法教育的对象，而是对他们的权利和能力进行科学和客观的评估，并努力制订一套行之有效的方法帮助这些儿童。其中一个重要的问题就是要用测验方法来鉴别那些智力落后的孩子，以便将他们分到特殊班级中进行特殊的教育，这就要借助心理测验工具。这种需要有力地促进了心理测验在学校中的应用，并使社会各界开始认识到学校中必须开展心理诊断工作。这是学校心理学产生的重要动力之一。

（三）心理健康和心理卫生运动

1909 年美国心理卫生委员会成立，发起人是一个叫比尔斯的心理疾病康复者，他曾患有精神病，痊愈后写了一本书《发现自己的心灵》，努力宣传心理健康和预防心理疾病的重要意义，与当时风行于欧洲的精神分析相呼应，使心理健康和心理卫生观念为广大民众所接受。这一运动使人们相信，通过学校心理咨询能够有力地预防心理疾病的发生。

（四）学习理论的进展

新行为主义心理学家研究人的行为的形成与改变，发现人的行为是个体内部的特点，如认知能力、人格特点，和环境交互作用的结果。研究单位开始由内部的特点转向有机体与环境的交互作用。如心理学家西尔斯在 20 世纪 50 年代断言，人格心理学与社会心理学的研究必须集中在交互作用（两个个体之间），而不是一个个体。这一观点影响到学校心理学的研究，使人们把注意的焦点放在了儿童与环境，包括教师、同学、教室设施等的相互作用上，并开始考查和测试教师与班级的交互作用，研究这一交互作用对于学生行为的影响。有关学习的研究还促进了行为矫正在学校中的应用，尤其对于自我意识不强的小学生，行为矫正的技术比较有效。

上述四种运动虽然在中小学之外独立的发展，但被广大从事心理咨询和心理辅导的人员所了解，并将其所积累的知识与技术直接应用于学校各类问题，指导学校心理学的研究与实践。

二、学校心理学的发展

第二次世界大战之后，临床心理学得到了发展和壮大，而学校心理学的发展并不顺利，提及学校心理学家，人们总是联想到测验儿童智力、学习成绩和特殊能力的人。

从发达国家的情况来看，扶植学校心理学的主要力量是政府的教育部门。以美国为例，支持学校心理学的主要是州立法。一些州的教育部门重视特殊教育，要求改进心智落后的儿童的教育方法，以立法的形式保证为他们提供良好的教育服务。起初，学校心理学并没有得到政府的资助，学校中没有人员的编制。于是在学校中工作的学校心理学工作者联合起来，组成职业协会。这种职业协会对于促进学校心理学专业的发展具有极其重要的作用。学校心理学职业协会在确立会员的职业化、扩大协会的影响方面颇有建树，像临床心理学一样，学校心理学工作者也定期召开高级会议，吸收一些研究者、职业工作者、受培训的教师和有关人员参加。这样的会议不仅重视理论研究的交流，而且还十分重视制订学校心理学职业实践的规则及本职业工作者的基本要求，有力地推动了学校心理学正规化、科学化，使之得到各方的尊重与承认。如 1954 年召开的泰尔会议对学校心理学家的定义、作用、职业的级别、保障和培训等作出了明确的规定。其中对学校心理学家的规定是：“学校心理学家为具有教育经验及训练的心理学家，他们应用测评、学习、人际关系的专业知识辅助学校工作人员去促进所有儿童的成长，丰富他们的经验，并识别与帮助特殊儿童。”

对学校心理学家的学历也作出了明确规定：或者研习四年的博士课程，取得博士学位，或者读完两年的博士班课程。

对学习障碍学生的关注和相关法律的制定很大程度上与学校心理学的发展有关。美国国会于 1975 年颁布了公共法案“94-142”，最初也把它称做“学习障碍儿童教育法案”，它对学校心理学的发展产生了重大影响。这是历史上第一次颁布一项针对有学习障碍的学生提供免费和合适的公共教育的联邦统一法律。这个法案是学校心理学发展的里程碑。

第一，“94-142”公法要求对学习障碍学生进行特殊教育服务的资格性的评价，这项工作需要大量学校心理学家的努力。这个需求使得从 20 世纪 70 年代到 90 年代学校心理学培训项目出现，培养出了大量的学校心理学工作者。据初步估计，在这个时期，学校心理学培训项目从最初的 100 个增长到了 200 个以上，美国国家学校心理学家协会（NASP）的会员数量比从前多了两倍。

第二，这项立法不仅拓宽了学校心理学领域，也拓宽了学校心理学家的角色。在这项法律颁布之前，学校心理学家的主要任务被认为是心理测评，而在这项立法之后，学校管理者对他们的要求改变了，要求学校心理学家制订干预方案，进行心理行为干预，为改变学生的学习障碍提供综合服务。

第三，“94-142”公法还推动了其他相关的法案，如后来的“全体残障人教育法案”（IDEA，1990，1997 和 2004），这些法案扩展了学校心理学的专业实践。全体残障人教育法案对学习障碍标准的判断不再依赖智商与学习成绩的不匹配模式，要求对有严重学习障碍或其他行为问题的学生进行功能性行为评价（FBA）。这就要求学校心理学家不能一手拿着智力测验，另一手拿学习成绩的分数简单地判定学习障碍，而需要深入课堂和教学过程，对学生的学习行为进行功能性评估。这样的评估与学习过程的联系更加密切，可以有效地帮助制订个别化的干预计划。

三、学校心理学家角色的冲突

（一）重学术还是重应用

在学校心理学的发展中，长期以来的一个矛盾是重应用与重学术的矛盾。有博士学位，在大学中从事研究与教学的人员重视研究，重视实验报告和论文的发表；而在中小学、幼儿园工作的人员重应用，埋头于测验与咨询服务，很少参与学术研究。目前，从学校心理学家的人数和力量上看，重实践的人占优势。这也从一个侧面说明了学校心理学的职业实践的性质。

（二）行为是自我决定的还是被决定的

第二个矛盾冲突已存在了几个世纪之久。决定论认为行为或学习成绩是由固定规律决定的，是由环境和遗传力量决定的，不是人的自由意志所能轻易改变的。自我决定理论则认为，个体的行为或学习成绩就是可变的，个体能改变自己的命运。关于这个冲突的一个很好的例证是在赫恩斯坦（Herrnstein，1994）的文章里提到的投环游戏。作者们通过这个游戏得出的结论是，智力很大程度上来自天生的遗传因素，那些智力低下，在学业上不能取得好成就的个体，即使通过设计得很好的干预项目也不能对其学业成就有很大影响。但是，相反方面也有大量的例证，例如哈特（Hart，1995）在出版的书籍《有意义的差异》中认为，青少年的智力受到早期环境的重大影响，早期的生活经历为以后的学习成绩打下基础。

（三）重客观还是重主观

支持客观态度的学校心理学家认为“眼见为实”，强调数据与实验证明；那些支持主观态度的学校心理家反对以数据为依据，强调人的主观感受在心理评价中的作用。如一些持有主观论的学校心理学家更加偏爱使用主观的投射测验，如画图画测验、补充句子测验和主题统觉测验；而强调客观的心理学家重视使用智力测验、人格测验等标准化的测验，对主观性较强的测验不屑一顾。然而也有人认为，主观与客观方法可以结合，相互补充。

（四）实验室还是自然环境

这个冲突可表述为心理学的实验是在实验室环境下或是自然环境下进行。学校心理学和心理学其他分支不同，是一个特别强调应用的领域，这个冲突还没有那么明显。目前，大多数学校心理学家更加强调在真实自然的环境中研究学生的行为，如功能性行为评价就成为一个评价办法，临床观察和行为观察是更加重要的。

（五）统计研究还是个案研究

统计研究的方法研究现象的基本规律，关注现象间的相似处，比如学生的平均值、标准差，强调统计方法和心理测量学的重要性。个案研究试图理解一个特殊个体的特殊行为或是现象的独特之处。个案研究方法重视定性研究。在学校心理学领域的实际情况是这两种方法均在使用，对大多数人来说这二者不构成特别大的冲突。例如一个学校心理学家可能以课程为基础的评价方法测定一个学生的阅读能力（个案研究），但是把其结果和班级或小组的平均水平相比（统计研究）。

上述这些冲突在其他心理学分支也存在，其中有些在学校心理学中不如其他分支的冲突那样明显。

四、国外学校心理学的发展对我国学校心理学建设的启发

纵观发达国家的学校心理学的发展历史不难看出，学校心理学首先是作为一个职业而非一门专业而发展起来的。先有一些心理学、教育学工作者在中小学开展对学生的测评、咨询工作，然后才逐渐形成了这门学科。所以，职业实践是学校心理学的基本特色，也是推动其发展、壮大和被社会所接受的基本动力，这一点学校心理学与临床心理学的发展最为接近。

学校心理学发展历史所走过的这一特殊道路给我国学校心理学的建设以深刻的启发。我们若要建立自己的学校心理学队伍和学科，也必须立足于学校的职业实践和服务的提供上，即立足于为学生的成长及心理健康服务，把这一心理学的服务落实到学校的实践生活中。我们目前最需要在学校中扎扎实实地开展对学生的测评、诊断和咨询服务，让人们立即见到心理测评与干预的具体成效，使心理

学成为学校管理、学生身心成长和学习的必不可少的服务内容。目前，一些大城市的中小学校已认识到学生测评和咨询的重要性，开始关注学生的心理健康问题，这些学校已经有了对学校心理学的需要，但由于实际生活中缺少专业人员持续而有效的心理学服务，在某种程度上抑制了学校对心理学的需要。缺少有效的服务使本来已经产生的服务需要降低了，而降低了的需要又反过来妨碍了学校心理学的发展，这是一个恶性循环。促进学校心理学走向良性循环的唯一出路在于培养一批懂教育，又掌握心理学知识的学校心理学工作者，让他们在学校中提供有效的服务，以实际效果证明心理学对培养人才的重要作用。

如何让心理学工作者在学校中占有一席之地，确保心理学工作者的职业地位，还要靠全社会的努力，尤其是各级政府部门和有关教育部门的重视与支持。从发达国家走过的道路来看，如果不是政府部门以立法的形式保证学校心理学的职业地位，学校心理学工作绝不会有今天这样的发展。可以设想，如果我国政府以立法的形式规定每一千名中小学生中必须配备一名学校心理学工作者，我国的学校心理学必将成为心理学所有分支中最庞大的一员，按全国有两亿中小学生来计算，我国将需要二十万名学校心理学工作者，这是一个极其庞大的心理学队伍。

第四节 学校心理学家的角色与作用

如前所述，学校心理学中一直存在着学术研究取向和职业实践取向的矛盾，前者抱怨一些学校心理学工作者的服务不符合科学的标准，有损于科学心理学的称号，而注重实践的人则指责前者的研究是学究式的，在实验室中做研究，严重脱离了中小学的实际，解决不了学生的问题，两者如何统一起来是一个重要的问题。其实两者并没有看上去那样深的矛盾，学校心理学工作者的主要使命是解决学生的心理问题，工作的重点是把心理学的研究成果转化为服务实践，他们主要是能够把他人的研究变成解决问题的手段，如一般在学校工作的心理学工作者并不编制测验，只是使用这些测验，而编制测验主要是从事基础研究的人的工作。学校心理学工作者接受的训练也是偏重技术的而不是学术的，重视临床的敏锐而不是研究的智慧，如运用各种手段去促进学生的学习，发现改进不良学习习惯的方法等。学校心理学工作者虽然以解决学生的问题为首要任务，但他们并不是只强调技术而不问学术，学校心理学工作者应当善于把解决某一问题与科学研究结合起来，从事解决问题的科学研究。例如，在矫治某一学生的学习障碍时，学校心理学十分注重将个案与学术的研究结合起来，从中发现新的原理或证明心理学原理的实用性。一般来说，他们使用科学的或客观的描述和记录方法，对学生的变化作出系统的和客观化的评估，探讨某一干预方法与行为改变的因果关系，并对学生行为的未来发展趋势作出预测。这一过程具有一定的学术探讨的特点。

一、学校心理学家的角色

学校心理学工作者的角色十分广泛，起初仅仅是担任对学生的心理教育测评，专门负责筛选智力落后的儿童，现在他们的职业角色已经远远超出了这一范围。除了心理教育测评之外，学校心理学工作者还从事对学生的心理咨询、心理辅导及心理治疗工作，此外，还包括对教师的行为，如教师的教学效果与教学方法、教师与学生的相互作用、教师与其他工作人员的相互关系进行评估和辅导，并对学生与家庭、社会的相互作用进行评估与干预。

学校心理学工作者甚至还对学校管理中的问题及学校的教学计划与进程是否适应学生的学习进行评估和诊断，帮助学校的管理者进行教育改革。

由于同时担负着众多的角色，学校心理学工作者有时难免会遇到角色的冲突，他们所做的事情会引起个别教师的误解。例如，教师为了保证大多数学生的学习效果，必须驱除一个扰乱上课秩序的学生，而学校心理学工作者的任务是保证每一个学生都能达到良好的适应，要帮助他、关心他，发现他行为的原因，不主张驱除他。教师着眼于班集体，而心理学工作者关心个体，两者有时会发生冲突。

学校心理学工作者的角色可概括如下：

1. 为学校所有的儿童进行咨询与测评服务。
2. 为学生群体提供服务。
3. 担任学校教学方案的顾问。
4. 运用儿童心理学、学习理论、社会心理学和生理心理学的知识，为学生进行辅导。
5. 协助教师实施教学方案和行为管理程序，使正常儿童认真听讲。
6. 进行应用性的研究工作。
7. 监督低水平的学校工作人员及其服务。
8. 为文化上不适应的儿童和残疾儿童提供服务。
9. 预防不良行为的发生，进行心理教育的授课与辅导。
10. 为学校的科研提供专业的指导。
11. 帮助学校管理人员建立行为目标，并实施目标。
12. 指导学生社会交往方面技能的发展。

二、学校心理学工作者接受的训练

国外学校心理学工作者的培养大致有两种途径：一是大学心理学系或教育学系培养的博士，这些人从事两年的教学实习，便可以取得学校心理学家的资格；另一途径是在职的教师去大学心理学系学习博士班课程，经过训练，达到博士水平。而在我国，要做到这两点尚不具备条件。可以从中小学教师中选出部分人，去大学心理学系进修，回到学校中从事学校心理学的实践工作。通过这一途径逐渐解决人员不足的问题。

学校心理学工作者接受的训练主要是实践性的，而不是理论性的，他们所学的课程及研究的问题都是围绕着学校的实际问题，这些课程都很小，涉及较强的技术与方法。一般来说，要想成为一个合格的学校心理学工作者，必须掌握以下实践技能：

1. 学习困难的评估与矫正。
2. 行为问题和社会问题的评估与矫正。
3. 心理教育评估。
4. 为教师和家长提供咨询。
5. 心理诊断学。
6. 干预技术。
7. 智力发展评价。
8. 职业伦理学。
9. 咨询技术。
10. 心理辅导。
11. 儿童的发展。
12. 行为矫正技术。
13. 班级管理技术。
14. 研究方法。

这些训练都是涉及如何做的方法与技术，许多内容是经验的总结，这一点正是应用学科的特点。

目前，学校心理学的事业方兴未艾。以美国为例，1956 年，有 20 个州为学校心理学家颁发执照，1967 年推广到 38 个州，1979 年所有的州都颁发执照。培训内容以每年 10%的速度增加，每年有 2 200 人学习学校心理学，这些人尚未能满足社会日益增长的需要。目前，各国学校心理学工作者正在联合起来，交流各自的经验，在联合国教科文组织下，成立了一个国际学校心理学协会，它有自己的刊物和总部，协调各国的学校心理学事业。

法甘（Fagan，2002）认为在美国的学校心理学家数量应在 25 000 和 30 000 之间。其中 70%的学校心理学家是全美学校心理学家协会（NASP）的会员。而根据 1992 年的一个全球性调查，估计全球的学校心理学家共有 87 000 名。有些地区和国家也把学校心理学家称为教育心理学家。目前，学校心理学家的性别是女性主导，而且这个领域的女性比例还在持续增长。来自 NASP 的数据（2002—2003 年度的调查）显示大约 73%的 NASP 成员是女性。

目前在美国和加拿大高等教育中提供学校心理学研究生水平培训的有 200 多

个机构，在这些机构中开展了大约300个不同的项目。虽然对大多数学校心理学家来说，专家水平的研究生培训成为标准模式，但还是有很大部分学校心理学家攻读了博士学位。最新的估计大概是26%的学校心理学家获得了博士学位。

三、学校心理学家与学校咨询员

我国广为人知的职业为学校咨询员。学校心理咨询在20世纪早期从心理卫生学和儿童指导运动中独立出来，从一个关注职业指导和生涯设计的领域发展成为试图对各年级学生发展和适应提供一个可理解的模式的领域。在发达国家学校心理咨询与学校心理学是两个完全不同的概念。以美国为例，美国学校咨询家协会（ASCA）成立于1952年，至今已有会员14 000多人。在学校雇佣更多的是学校咨询员而非学校心理学家。在美国，学校咨询家和学生的平均比率大约是1 500，而学校心理学家和学生的平均比率低于1 2 000。这两个领域在培训和工作重点上的差异在于，学校心理学家接受了更多关于个体测评方法和干预技巧的培训，更关注障碍儿童。而学校咨询员更多地掌握咨询方法，尤其是生涯辅导技巧和谈话技巧，主要为正常学生和具有心理烦恼及认知偏差的学生服务，一般不涉及障碍学生。此外，学校咨询员经常在一个固定的学校工作，受学校雇佣，一个学校可能雇佣多名学校心理咨询员，而学校心理学家则是流动的，更可能对两到四个学校负责或是为一个地区工作，是受政府雇佣的。

除了学校心理学家和学校咨询家，西方公立和私立学校还有众多的社会工作者在工作。以美国为例，社会工作始于20世纪早期美国东北城市地区，关注处于弱势地位的学生。起初，学校中社会工作者被称做“家庭访问教师”，他们的任务主要是做家访。时至今日，学校社会工作者的任务主要是帮助处于危险和危机中的学生，他们倾向于在多元文化的环境中和心理学家、咨询员、教师及健康护理人员一起工作，主要关注心理危机和社会—行为适应事件，如突发事件后的心理危机与适应。

第五节　时代的命题：我国开展学校心理学工作的理论与现实意义

一、教育的现代化与学校心理学的建设

教育随着人类社会的产生而产生，并随着人类社会的发展而变更。在我国改革开放和实现四个现代化的进程中，教育也要现代化。教育的现代化首先是培养目标的变化。我们的教育方针是培养德、智、体、美、劳全面发展的人才，这是一个符合现代教育观念的方针，但在实际的教育活动中，仍存在着片面强调学生的智育和学习成绩，而忽略综合素质培养的倾向。教师只注重教学的技巧与方法，把班级的整体学习水平视为取得教学成效的唯一指标，忽略了学生的特殊需

要和特殊能力。现代教育观念强调为每一个儿童提供高质量的教育服务，重视针对个体特殊性进行培养。培养人不像生产某一产品，用同样的工艺处理所有的材料，教育面对的是有个性差异的人，他们因遗传和家庭环境的不同，在学习能力、社会技能、心理健康等各方面都是有所不同的。现代教育体制对教育提出了更高的要求，要求他们不仅善于创建一种积极的班级气氛，而且要学会处理每一个学生的特殊需要，实施个别化的教育方案。教师传统的、单一的角色正在向复杂的、掌握综合知识的教育者的角色转变，这要求教师掌握一定的心理学知识，善于与家长及心理学工作者相配合，了解学生的想法和需要，探索学生行为的原因，甚至在必要时，在矫正学生不良行为方面作出努力。

在我们的学校中，每个班级都有班主任或辅导员，他们按照行政管理的模式和思想政治工作的模式工作，其主要任务是了解和体察学生的思想动向，管理学生的日常行为。班主任的工作在许多方面接近学校心理学工作者的工作，但两者之间仍有实质性的不同。班主任往往由某一任课教师担任，尽管他（她）经常接触学生，熟悉学生，但并没有受过心理学专业训练，对于处理日常行为问题，如守纪律、品德不良等也许能胜任，但涉及心理疾病或人格障碍及学习障碍等问题，班主任往往无能为力。例如，班级中如果出现一个因人格障碍而不断欺负他人、扰乱课堂秩序的学生，仅靠班主任的权威或管束恐怕难以解决根本问题，在此，需要能掌握心理测评、心理诊断和心理咨询的专业人员，对之进行测评，系统地观察其行为，并有针对性地提出干预方案。班主任的工作模式是建立在经验积累之上的，与现代的科学测评与干预方法尚有一定的距离。

以往的教育模式已不能适应日益发展的现代社会和新一代人，它的低效、僵化、片面正充分暴露出来。在改革开放的时代，我们必须吸收当代心理学知识和技术，将其运用于学校管理和教学中，做到为每一个学生提供最好的教育服务。教育的失败有时并不是教育方法的失败，而是教育方法不适应学生目前的心理水平。有些教育方法是非常有道理的，但由于应用于不适合此方法的儿童身上，所以不能起作用。例如，我们强调对小孩讲道理，但由于小孩子的认知水平不成熟，言语能力和理解能力都没有达到较高水平，所以，这种方法往往难以取得预期的效果。而行为强化的方法对于小孩子可能是一个很有效的方法。近几十年的行为研究积累了大量的行为评估与行为改变的技术，完全可以为我们的中小学教育管理提供指导。

二、学生的心理健康与学校心理学

现代社会变得十分复杂，信仰多元化，价值多元化，家庭不稳定，还有各种社会思潮无不影响广大青少年的成长，适应社会、适应学校环境对于一些学生来说是十分困难的事情。从国内外的调查来看，中小学生心理卫生的情况令人担忧。综合美国1928年、1942年、1959年的调查，小学生中有7%到12%的人社会适应严重不良。另外据加拿大、日本学者估计，中小学各年级学生中，约有15%具有各类心理问题，其中男生高于女生，城市高于农村，包括情绪障碍、不良习惯、性格问题等。

在我国这部分具有各种心理问题或行为问题的学生基本上得不到学校心理学家的帮助，幸运一些的能得到班主任的关心，绝大部分人不得不忍受着教师、家长的误解和责备，无法和他人交流个人问题，更有甚者休学在家。

如果承认上述调查资料是基本可靠的，那就意味着我国目前尚有成千上万的中小学生正在期待着学校心理学家的帮助，他们适应不良的痛苦心灵正在呼唤着职业工作者的照顾、理解与关怀，这是一个惊人的庞大群体。

中小学生心理健康的需要为心理学工作者提出了一个时代的命题，即如何有效地为中小学生提供系统的学校心理学服务；如何说服政府部门以法规的形式确定学校心理学家的职业，尽快在中小学中部署心理学家；如何利用现有的师资条件培养教师，使班主任和学校管理人员掌握心理学的理论与技术。

学校心理学在我国还是一块尚未开垦的处女地，但我们相信在不久的将来，它一定会成为茂盛的园地。目前，一些有远见的中小学校长已经接收了一批高校心理学系毕业生，他们已注意到一个一流的学校必须配备专职的学校心理学工作者。中国的学校心理学这棵幼苗也许正是由这些具有超前意识的校长们来培育。

【建议参考资料】

1. 施密特．学校中的心理咨询［M］．刘翔平，译．5版．上海：华东师范大学出版社，2008.

2. 迈瑞尔，欧文，金佩尔．21世纪中的学校心理学［M］．刘翔平，译．上海：华东师范大学出版社，2007.

【问题与思考】

1. 学校心理学作为心理学科学发展与应用分支，其本质特点是以数据为基础的问题解决模式，你如何比较它与其他人文科学的不同特点，来发现和证明它的这一特点？

2. 学校心理学家与教育心理学家、心理咨询员的工作有区别和联系，如何区分学校心理学家的工作模式和特点？

3. 学校心理学家也存在着自身角色的矛盾和冲突，你想到了哪些解决冲突的方法？比较其他心理学分支中这种冲突与学校心理学中的冲突的区别。

4. 教育立法是推动学校心理学发展的重要力量和机制，你如何看待我国缺少这样的特殊教育法和残障儿童教育法？比较我国的有关特殊教育法与美国的特殊教育法的服务内容。

5. 学校心理学家需要掌握哪些知识和技能？主要在学校中做什么工作？

6. 访谈一个中小学的心理老师，并与学校心理学家的工作模式作一个比较。

7. 预测一下学校心理学在中国未来发展的途径和方向。

第二章　学校心理学的研究方法

【本章提要】

学校心理学由于其服务对象的特殊性以及基于数据的问题解决模式，其研究方法具有自己的特点和适应性。本章首先介绍了学校心理学需要注意的因素和特点，学校心理学研究与基础性研究的区别和联系，目前学校心理学研究存在的误区。接着介绍了几种常用研究设计，在研究中常用的数据收集的方法，以及如何进行实验或准实验研究。最后对学校心理学研究中常出现的问题进行了探讨。

【学习重点】

1. 了解学校心理学研究的问题与研究方法之间的关系。
2. 掌握学校心理学经常使用的研究方法。
3. 了解学校心理学研究方法的特殊性。
4. 了解什么条件下使用何种研究方法。
5. 掌握学校心理学研究方法的应用。
6. 了解与掌握学校心理学研究方法应用过程中常见的问题。

【重要术语】

发展差异　个体差异　社会系统　科学研究的实践化　追踪设计　回溯设计　预测设计　横断面设计　时间序列设计　标准化测验　问卷　访谈　观察法　个案研究　被试间设计　被试内设计　实验设计　准实验设计　方便样本　自变量　因变量

第一节　学校心理学课题的特殊性及其对方法的要求

学生是一个特殊的群体，学生最大的特点是其本身处于不断发展变化之中。因此在应用科学研究方法于学生或学校环境时，就应当注意以下几个问题。

一、发展差异的研究与个体差异的研究

发展差异的研究主要集中于跨时间的个体，要求研究者着重于个体发展的功能。所谓发展的功能指的是要考查某一个体或群体在一定年龄阶段的特定行为，

研究这些行为发生的数量和频率，研究者关心的是不同年龄学生的平均差。而个体差异的研究则重在考查个体在相同年龄群体中的相对位置，如与其他人相比，某人的测验分数如何。这一研究是测量个体的前提，因为只有知道平均分和个体的分值，我们才可能准确地测试学生。

二、社会系统的研究

社会系统包括影响学生行为和心理活动的各类社会机构，如家庭、社区、学校等。我们可以从不同的水平上考查社会系统，如对于家庭系统的研究就可以从家庭凝聚力，适应力和沟通这三个方面进行。当然，我们也可以就某一个具体问题进行深入研究。如在家庭系统水平上，我们可以把重点放在家庭气氛问题上，因为家庭气氛是评定家庭内部交互作用质量的一个心理指标。此外，婚姻关系问题也可能是一个需要探讨的问题，许多智力正常的孩子学习成绩下降就是因为父母关系不良。父母的养育方式，包括双亲和子女所体验到的行为、态度和目标，也都是要研究的问题。

三、选择合适的研究策略

学校心理学要研究的问题有很多，涉及面十分广泛，尤其是对于侧重发展和社会系统的研究策略来说，某些研究策略比另一些研究策略确实要更合适。选择一个合适的研究方法涉及许多方面的问题，如研究设计的选择、研究方法的选择、被试的选择及测量工具、统计方法的选择等。在此有些方法是与其他心理学分支相类似的，还有一些方法是学校心理学所倚重的方法。

第二节　学校心理学的科学研究与实践

正如我们在第一章所述，学校心理学家的独特角色决定了他们一身兼有二职，既应当从事为学生服务的实践，又应当进行科学研究工作。虽然在职业生涯中，学校心理学家主要面对的是学生的实际问题，但他们应当对这些实际问题采取一种科学的态度，他们不仅是研究的评估者，而且是研究的实施者，他们从事直接的应用研究。

应当承认，学校心理学家的研究侧重于把已有的研究成果转化为实践，解决实践问题，但这对于学校心理学家来说不是一件轻松的任务，而是一个严峻的考验。研究的实践转化要求对研究的内容而不是研究方法有更广泛的了解，学校心理学家应当善于组织问题，设计一个解决问题的研究，善于分析数据并解释发现，知道如何根据实验研究的结果解决具体问题。学校心理学家也正是在上述意义上从事其研究活动的。例如，一个干预就是一个研究活动，在这一过程中，学校心理学家要从事靶目标的识别，治疗计划的制订和实施，对结果的观察，必要时候修改原有设计等，这就是学校心理学家的科研活动。

学校心理学家所应用的评估和干预本身就是一个开放的系统，可以不断验证研究假设，更替原有的解释，寻求最佳效果，这正是一个科学研究的模式。

对于学校心理学家来说，还有一个重要的任务就是要善于评估与分析现有的研究成果，了解其对于治疗干预的利弊，将各种研究的长处吸收过来，以决定采用何种方式矫治儿童。

这种研究与出于纯学术的兴趣而做的基础研究有相同之处，也有不同之处。相同之处在于，两者都是应用了科学的方法，以客观性作为检验真理的标准，不同之处在于学校心理学的研究以个体为中心，其结论的推广范围和适用性受到一定的限制。

目前，国外学校心理学家的一个不足之处在于把精力放在应用与实践上，而花在纯科研上的时间并不多。据一项统计显示，美国学校心理学家中只有10%的人从事纯科学研究，而且他们每天对科研的投入时间也仅仅是不到十分钟。美国学校心理学杂志上的科研文章也主要是由大学里的教师和研究人员撰写的，其中在中小学工作的学校心理学家写文章的比例不超过20%。

当然造成这一状况的另一原因是，在心理学科研中还存在着研究与实践严重脱节的现象，学校心理学工作者抱怨科研杂志上的文章远离学校的心理咨询实践，不能为学校的实际问题提供有效的指导。一些研究人员不是从教育实际中寻找研究课题，而是为了科研而科研，造成耗费大量科研资金，而搞出的科研成果无法转化成实践。当然，一些出色的研究成果，如皮亚杰的认知发展理论、科尔伯格的道德发展理论，还有一些严格的测量学研究，学习理论、行为矫正、元认知的研究等，对于学校心理学家的实践具有重要的指导意义。

第三节　学校心理学的研究设计和研究方法

学校心理学的研究都是紧密围绕着儿童、教师和家长所出现的问题而开展的，所以提出问题是十分重要的一环。例如，停学对于教师或家长控制子女的过激行为是有效的吗？有情绪障碍或学习障碍的学生是否应降级？正是带着这样的问题，学校心理学家才去寻找科学研究的答案。回答这些问题意味着要进行严格的科学研究设计。

一、学校心理学经常使用的几种研究设计

出于问题的不同，学校心理学家往往采用不同的研究设计。

（一）追踪设计

追踪设计是指同一被试在一定时间内被连续考查，它可以提供实际年龄变化的数据。如果研究的目的是追踪某些行为的发展过程，追踪设计是必要的。如对

于羞怯、神经过敏、攻击行为等，我们可以采用这一研究设计。从发展的观点来看，对某一群体进行重复测试有很多优点，可以了解这群人在相似的环境下的典型行为，把犯错误的可能降低到最低程度。

但追踪设计本身也有其弱点，如当初测试的被试因时间的间隔而难以再作被试，在开始时使用的测验工具可能不再适用。有时，我们难以断定相隔一定时间的测验差异是由实际的年龄所造成的，还是由于两次测验在不同的时间呈现所造成的。

尽管如此，追踪设计仍然是学校心理学研究的重要工具，尤其对于强调发展和社会系统的研究来说，更是如此。它可以使我们了解一个学生从小学到中学的发展历程，有利于把握年龄发展的规律。

（二）回溯设计

回溯设计是追踪设计的一个相反的方式，研究者选择一组被试代表着研究的终点。如选一些高中生作被试，他们中的一些人表现出逃学、自杀倾向，另一些人没有表现出这些倾向，然后，细致考查他们小学时的表现和行为记录，并找出与上述特点有关的早年特质，指出这些特质与目前问题行为的相关。回溯设计有其优点，如收集数据比较容易，能指出现有行为的原因，但它也有不足的地方，如早期的资料也许不能说明目前行为，没有预测效果等。

（三）预测设计

预测设计刚好与回溯设计相反，这一设计是事先区分儿童的不同心理特点，如区分对挫折的低忍受性和高忍受性儿童，经过一定时间后再比较这两组儿童的行为。这种设计的优点是其结论具有一定的预测性，有利于确定现有的问题与以后的有关的问题的相关性。例如有人研究了一群学业成绩及情绪适应性低的小学一年级学生，三年以后又对同一群人进行了同样的测试，这些四年级的儿童在学业成绩及情绪上仍然落后于其他儿童。

（四）横断面设计

这一设计是研究不同年龄的儿童，把他们的差异当做是一种衡量发展水平的间接指标。例如，有一项小学生社会技能的研究，由于时间条件的限制不能对小学生进行追踪设计研究，只好分别对二、四、六年级的学生进行测试，并把这一差异看做是同一群体发展的近似差异。这种横断面设计的最大优点是省时、省力，可以快速地获得有关行为资料。但这一设计也有其不足，主要是对被试的选择容易出现误差，所得出的差异情况可能不代表实际的年龄差异，而是取样的差异，或者是取样没有代表性。横断面设计目前仍被广泛使用，尤其是在研究不同的教学方法的比较、社会技能研究、班级适应性等问题上，这一方法仍是主要的研究方法。

（五）时间序列设计

这是一种准实验的设计。在设计中，对某一被试或某一组非随机取样的被试实施实验处理，并在实验处理前后进行一系列的测量，记录下结果，分析测量前后的分数是否有变化，从而推断实验处理的效果。这种重复的测量对于研究发展和社会系统的作用是十分有用的，因为这一设计可以跨越几种情境来研究样本的情况，以搞清被试间的变化。如某些治疗是在非治疗的一段时间后才呈现，因此，经过一段测量之后进行干预处理，就能进行实验前后的对比。在进行时间序列设计时，要特别注意实验处理前后测量分数的总趋势和变化的连续性，而不仅仅是根据实验处理前后的两次测量结果进行比较。这就要求在实验处理前对被试的系列测量结果能反映出被试的最初水平和状态，我们称被试在实验处理前的这个系列测量分数为基线。

这一设计有若干变化的模式，最简单的就是 A-B 式设计（见图 2-1a），先经过测试描述被试的行为基线即 A，然后再进行实验干预，并进行后测。由于实验后测的结果明显不同于实验前的基线水平，可以说明实验的效果。但这一设计过于简单，只凭一次实验干预不能有效地说明实验效果的稳定性，于是有人设计了更严密的多重基线设计，即是 A-B-A 模式（见图 2-1b）。先进行测试，确定基线，然后进行干预，重复进行测试，接着不再干预，继续测试被试的水平，如果被试回到了原有的水平，说明实验干预是有效的。A-B-A 模式很好地提示了治疗干预效果，因为第二个基线紧随治疗后，有效地表明了前后的对比。图 b 说明被试回到了治疗前的水平。还有一个更严密的 A-B-A-B 模式（见图2-1c）。这一模式更强烈地说明了干预的效果，当行为治疗取消之后，被试的行为回到了基线水平，如果恢复治疗，则被试的行为又提升到高级水平。说明通过实验，我们可以重新引入治疗方案，治疗的效果是客观的。多因素设计具有控制系列影响的优点，对于教育研究是非常有吸引力的。

在时间序列设计中，首先要建立一个基线，然后将某治疗方法应用于某一行为或某一被试，研究者的假设是只有当治疗后的行为发生改变后，才说明干预是有效的。当某种稳定性获得后，治疗要应用于第二种行为或第二个被试。如果每一行为或每个被试都仅仅是在治疗之后发生行为改变，则说明干预是有效的，如有的心理学家使用时间序列设计来研究特殊儿童的词汇学习问题，先描绘出行为基线，然后实施教学干预，再停止干预，记录行为基线，然后再进行干预，研究证明干预的作用是非常显著的。

时间序列设计的数据结果是不适于进一步分析的，一般来说只靠直观就足以了解，这些数据只有直观意义，而没有统计学意义，我们可从图形的形象中发现我们要寻找的东西。

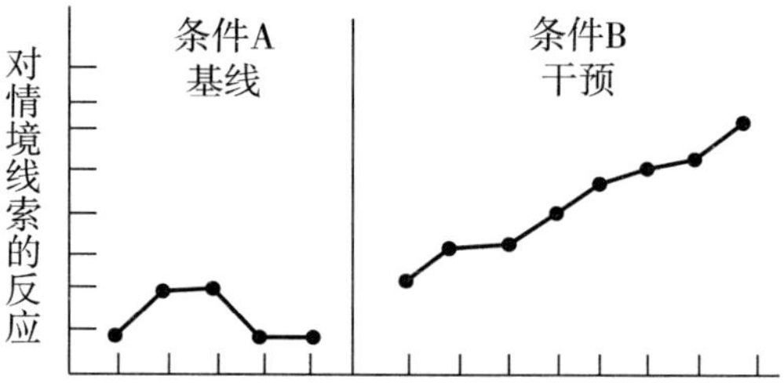

a A–B设计

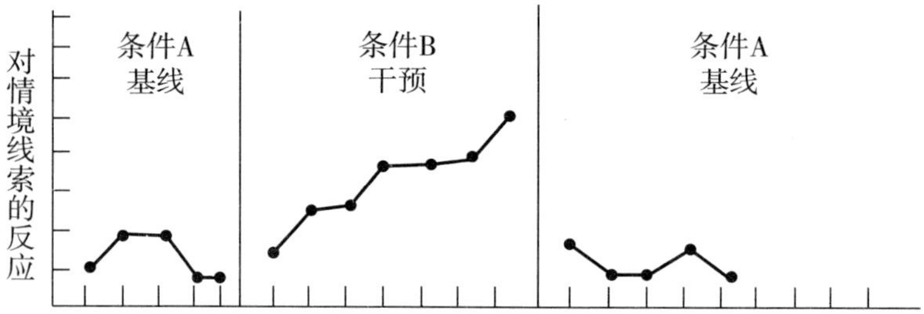

b A–B–A设计

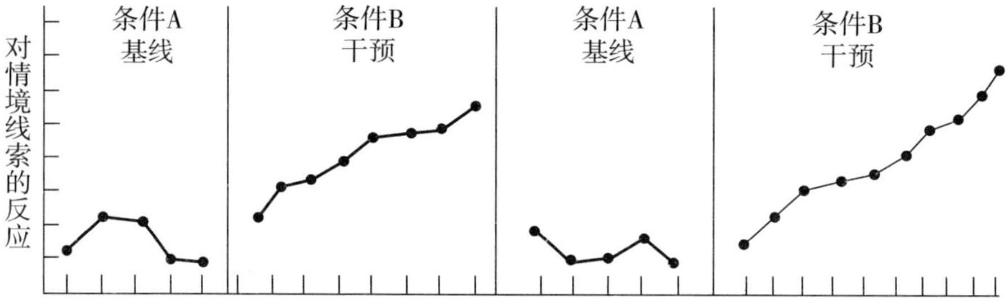

c A–B–A–B设计

图 2–1　时间系列设计的三种模式

二、描述的方法

学校心理学的研究与其他研究领域一样也使用各种描述方法。在学校心理学研究中有相当一些研究被认为是非实验的，即研究者并没有引入独立变量，研究者假定这些变量的影响已经发生了。有时在理解一个现象和知道其因果性之前，我们必须要确定事实是什么，要获得准确的描述。描述资料并不像想象的那样简单，我们不仅要收集事实材料，而且要识别各种内在关系并对其进行分类。描述的方法与其他研究方法的区别在于，研究者并没有出于考查因果关系的目的而引进控制变量，而仅仅以发现相关关系或各种现象的特点为主要目标。研究者更关心自然状态下的现象表现，不想改变事物的面目。正是在变量的控制上，而非在数据的收集和分析上，我们才区分了实验方法与非实验方法。

描述的方法在学校心理学的实践中发挥着重要作用。它可以帮助我们预测学生的发展。例如，如果我们了解了学生的智商分数与其未来的学习成绩分数的相关，我们就可以预测学生今后的学习成绩，从而决定这些学生是否要接受特殊教育。

当然，描述的方法也采用了一些实验心理学的技术，如随机取样、控制测验呈现的顺序效应等。几种常见的描述方法如下。

（一）标准化的测验

学校心理学的研究中经常使用标准化测验，即通过用一套标准化的题目，按规定的程序，来收集数据资料，测验既可包括文字的材料，也可包括操作性的题目。测验必须遵循一定的标准和程序来进行，而不是凭主观的想象。例如测量人的人格就应对人格的结构及人格理论有一个较为系统的了解，根据这一了解来编制有关题目。此外，测验的重点是人的反应，所以题目应能够引起人的有效反应；有些题目虽然合理，但所有的人可能对其都会产生同一种反应，这样的题目也不符合测验的要求。

（二）问卷

在学校心理学家使用的方法中，问卷是最广泛的方法，这一技术的确有很多优点。它可以方便地收集大量的数据，通过施测，整个班级的资料甚至更大群体的资料都能轻易得到。在问卷中，被试的反应是标准化的，每一个人都要在可能的反应中进行某种选择，因此它比完全开放式的访谈更加精确。问卷法的另一优点在于它的目的性很强，可以用来研究被试的多种心理特性、行为和态度。现在随着计算机的普及，对数据的处理大都采用计算机，所以通过计算机能在短时间内处理大量由问卷收集来的数据。问卷的回答主要依靠人的阅读能力，因此在设计问卷时要考虑到被试的阅读水平，如有些问卷就不适合小学生的阅读和理解能力，这样的问卷应事先让教师进行评定，评估其可读性。

（三）访谈

虽然访谈不是经常使用的方法，但它在学校心理学中仍是不可替代的一种方法。访谈是一种面对面的交流，可以从中收集到被访人生动、独特的反应。访谈法的最大特点是整个访谈过程是访谈者与被访谈者的相互影响和相互作用的过程。在一般的观察法中，被观察者常常是被动地处于被观察之中，观察者应努力挖掘自己的观察活动，尽量减少对被观察者的影响，以免被观察者产生某种反应。而访谈法正好相反，整个访谈过程不仅是访谈者通过提问方式作用于被访谈者的过程，而且也是被访谈者通过回答等方式反作用于访谈者的过程。因此，访谈者应努力掌握访谈过程的主动权，积极影响被访谈者，尽可能让他们按照预定的计划回答问题。访谈法虽然有深入人的内心世界、了解人的真实想法的优点，但它也要求访谈者具有较高的谈话技巧，能消除被访谈者的防御。要想利用访谈取得有效的资料，还要善于将访谈的内容整理出来，变成可利用的科研资料。所以采用访谈法的时候应事先有所准备，进行周密的设计，只有这样才能立于不败之地。有时访谈法是与问卷法结合起来使用的，两者相互补充，还有的时候，要对访谈的内容进行定量化的处理，如进行内容分析等，使之与问卷的结果配合使用。

（四）观察法

近年来，随着人们对实验法的人为性的不满，观察法又悄然流行起来，观察法尤其对于发展的和社会系统论的模式具有很强的优越性，观察法对学校心理学的最大好处在于，它能够对个体和群体的交互作用及行为的变异进行系统研究。观察法的另一个长处在于其方法上的简单性，即在教育环境中只需研究者记录被试的日常活动，如游戏、劳动、考试、比赛、上课等，这些行为表现是发生在自然情境中的，所以观察到的行为是自然的行为。在学校环境中使用观察法时，首先要确定的问题是观察什么。观察总是一种有目的、有意识的收集资料的活动，总是为解决一定问题而进行的。是否使用观察往往取决于行为的类型，如外部行为包括攻击性、害羞、合作等，要比焦虑、压抑和梦等容易观察。在观察中，我们不可能记录下所有观察到的事物，因此，必须决定所观察的行为的特殊水平。一般而言，研究者把行为分为整体水平和分子水平。整体水平行为的观察单位是宏观的，而分子水平的行为则是更细致的、具体的行为，观察集中于细节。例如，对于一个学生的攻击行为，可以把打人分成用拳头打人、打耳光、用器具打人，还可以把戏弄、叫外号等也算作是攻击行为。如果包括后者，观察的单位就是更为细致的了。确定观察的单位是整体还是分子的，要视研究问题而定。如果你要研究攻击行为的各类型的确切形式则要观察细致的水平，如果你只想观察攻击行为的事例，总体观察就可以了。有时，观察条件的限制也是影响观察水平的因素，例如，观察者希望观察分子水平上的行为，但接近观察对象是不可能的，只好观察行为的整体水平。

在学校心理学研究中，经常使用三种观察方法：

1. 全部记录。即将被试在一段时间内的一切行为表现均作记录。例如，若观察一个教室中的问题儿童，描述记录的方法即是既记录他独自的行为，又记录他与同学和教师在一起的活动。这种方法的优点是能提供详细的资料，这种详细的资料对于学校心理学家与教师、家长配合制订干预计划是十分重要的，但它也有其缺点，即耗费大量时间，易出现观察偏见。

2. 时间取样。时间取样是事先选取要观察的行为，然后选定某段时间观察该行为，并把所观察到的结果记录到事先拟定的记录上。

时间取样方法主要收集三方面的内容：（1）某一行为是否出现；（2）该行为出现的频率有多少；（3）该行为持续时间有多长。时间取样的特点在于只抽取特定时间观察被试。例如，每小时用 3 分钟观察幼儿的攻击行为。记录这 3 分钟内幼儿所有的行为，如果幼儿有一次攻击行为，则记录一分。所选取的时间必须有典型性，如上例中儿童的游戏。而且要彼此发生联系，独自玩显然不适于观察攻击行为。

时间取样主要指在较短的时间内观察到被试的行为，并把这一行为视为他们平时行为的代表样本，因此，所观察的行为必须经常出现，平均说来至少每 15 分钟出现一次，如达不到这种要求，时间取样则可能无效。

3. 事件取样。事件取样是选取特定行为事件进行观察研究，不考虑观察的时间间隔，事件取样重在考查行为的具体性，而不是行为出现的频率及持续的时间。

由于事件取样是选取特定的行为事件进行观察，因而，必须事先对该行为事件作出详细的操作定义，对行为的性质及其特征有细致的刻画，这样，一旦出现这种行为事件，便可立即准确地将其记录下来。

事件取样的观察还要记录行为事件发生的时间、地点，因为这些信息对于了解行为的背景和原因都是有启示意义的。

三、个案研究法

这一方法是指对某一个体进行细致的考查，包括对其生活史的考查，心理测验数据的收集，有时，还要有家长的报告以及社会工作者、心理咨询者和教师的报告与评估。一般而言，临床心理学家最经常使用的就是这一方法，这一方法也是学校心理学家比较偏爱的方法。个案研究虽然不易形成量化的结果，但对深入分析人的内心世界和心理治疗是行之有效的方法。个案研究应重视科学性，对个体的行为应进行系统的观察和评定，不能像传统的思想工作那样只停留在交谈水平上。在个案研究中，还应坚持采用多种干预方法，将各种疗法的合理之处都吸收进来，如可使用精神分析及行为疗法综合干预个体。

个案法是一种综合的心理学研究方法，它既有观察法的特点，又具有干预的特点。通过个案报告，我们不但可以了解一个特定的人，而且可对这一个体实施治疗计划。

传统的个案研究没有实验控制的变量，因而，因果关系是十分模糊的。个案研究只是依靠人的内省或记录，如果某些人具有同样的特点，他们也被视为一个个案，这样就难以揭示人的心理活动规律。

现在，人们在行为研究中改进了个案研究的方法，把实验设计引入了个案研究。这种设计要求研究者事先进行周密的准备工作，制订严密的计划，在目前的个案研究中，带有实验设计的个案研究十分流行，甚至开始出现了非常复杂的实验设计。尤其是时间序列设计被引入了个案研究，事先制定行为基线，然后进行干预，之后放弃干预，再引入干预，通过这种实验控制来探索行为改变的规律。

四、实验与准实验研究方法

学校心理学的研究中仅有事实的观察和数据的收集是不够的，还必须对某些变量进行人为的操纵与控制，以使事物规律显现出来。这种操纵一定变量，采用一定的实验设计，探索变量之间的因果关系的研究，就是实验研究。实验研究并非都是在实验室里进行的，有些是在现场条件下进行的。

学校心理学经常应用的实验研究设计主要有两种类型：

（一）被试间设计

这种设计指每个被试只接受不同的自变量水平的实验处理，被试是随着取样并随机安排到不同的实验组和控制组的，因而也叫完全随机化设计。

例如，如果我们研究快速阅读训练对学生阅读的影响，就可以将智力、年龄、阅读水平相同的学生随机分布，然后对实验组给予快速阅读训练，控制组不给予训练，并进行后测。对两组被试的结果进行差异性检验或方差分析。

实验组：随机取样→实验处理→后测

控制组：随机取样→后测

有时为了对实验前后的差异进行比较，还可进行前测，增加前测可以对实验组的前后差异与控制组的前后差异进行比较，以进一步证明客观干预的效果。

（二）被试内设计

在这种实验设计中，每一被试或每组被试接受所有自变量水平的实验处理。接受处理后都进行测量，这样每个被试要经过多次实验处理，自然就会经历多次测验，所以这一方法也叫“重复测量设计”。例如，有三组被试，一组为农村学生，一组为城市学生，一组为乡镇学生，分别让这三组学生接受四种实验处理，然后观察各组学生的分数。组内学生应尽量同质，组间差别应尽量扩大；在被试内设计中，所有组都接受同样的处理，然后考查实验处理结果。

在学校环境中，由于条件所限，要真正做到被试完全随机化分布有时是不可能的。比如，在研究中我们常常用两个班级的学生作被试，这两个班的学生各自代表一个样本，我们不可能对两个班的学生重新打乱，来组织新的教学方案，这两个班就不符合随机取样的要求。但我们可以通过特殊的统计方法和其他的控制方法来尽量减少无关变量的干扰，如我们可以选择两个各方面条件，如年龄、智力、成绩和管理水平都相近的班级作为研究对象，在统计时用协方差分析。这种实验研究虽然不能算作是标准的实验研究，但可称做是准实验研究；所谓准实验研究就是接近实验研究的意思。

实际上，我们前面所讲的学校心理学的研究设计，绝大多数都是准实验的研究设计，如回溯设计、横断面设计、追踪设计等都是准实验的设计，因为它们都是以被试的非随机化分配为条件的。所以准实验研究是学校心理学的主要研究设计方法。

第四节 学校心理学研究中经常出现的问题

学校心理学家主要从事实践工作，为学生提供心理学的服务，但他们也从事科学研究工作。他们也在专业杂志上发表文章，撰写实验报告。有人总结了近几十年学校心理学的研究成果，发现在研究中存在着如下这样一些问题。

一、取样出自方便而不是实验研究的设计

一些研究者经常是出于方便的考虑或是容易办到而选取研究被试，比如要研究的问题是某一地区小学生的社会技能的发展水平，而研究者为了取样方便只是选取一所学校的小学生为调查对象，这所小学又是全区内唯一的一所重点学校，这种调查得出的结论显然不具有普遍性。再例如，研究的问题是小学教师的态度对小学生学习成绩的影响，而研究者只选取了参加大学本科学习的教师作为研究对象，而这些参加学习的教师又都是年轻人，平均年龄不超过 25 岁。这种研究取样显然有很大的偏差，不能代表教师的总体水平。对于科学研究来说，取样必须能代表全体研究对象的一般水平，有一定的代表性，在他们身上得出的结论应当具有一定的推广性。而出于方便选取的被试一般不能代表大面积的、众多的人。

二、不能随机地将被试安排到干预中

这一问题与上述问题有一定的关系，如果不能将被试随机地分配到各干预方法中，研究的结果就不能具有公证性，研究的结果就很有可能是由于取样误差而产生的。例如，我们要考查的是某一治疗方法对于学生的社会交往障碍的有效性，我们选取了一些有社会交往障碍的学生，如果在分组时我们不能随机地将这些被试分配到两个小组，而是按先取来的人和后取来的人进行分配，我们就容易犯错误。例如，后十名学生恰巧是社会技能测试得分最低的学生，这时，当后测结果表明两组学生存在着显著差异时，实际上表明的可能是后者原有的社会技能得分较低，而不是干预的结果。

三、被试的数目不符合实验研究的要求

在实验研究中取得显著的差异是很重要的，但由于种种原因，研究者只用很少一部分被试来进行研究，当只有一名被试作为研究对象的时候，取得差异的可能性是很大的，因为一个人的反应受其情绪、心态的影响很大。尤其是实验研究中使用多元分析与统计时，被试的人数就更是一个重要的要求，如果取样太少，多元分析是不准确的。一般来说在多元分析中，变量的设计与被试的人数应达到 1∶10，如果小于这一比例，就有可能发生误差。

四、依存变量的控制失误

在做实验时，主试的期望效应、实验效应等都可能影响或干扰实验结果。例如，你也许在做一项有关三种阅读教学方法不同效果的研究，你选取三位教师进行实验班的教学，但这三位教师的水平是不一样的，有的高，有的低，所以当这三个班的阅读水平在后来的测试中出现差异时，可能是由于第一位教师原有的高水平造成的，而不是你的方法造成的。因此，要考虑教师水平的控制，使之保持在同一水平上。

五、数据统计的正确使用

在研究中，经常出现数据统计的误用。例如，有人要研究两次测试的相关，可却统计了两次测试的平均值，并计算两者的差异，这就是一种统计的误用，应当计算两次测验的相关，而不是测验的平均值。什么时候需要用多元统计、什么时候用描述统计，都是根据实验设计和研究目的而决定的。不能随心所欲，不讲规则。

由于一些学校心理学家是中小学教师直接转行而成的，因此在研究方法上和实验设计上往往与专业人员存在一定差距，他们中一些人需要进一步地了解心理学的研究方法和撰写研究报告的程序，以减少因这方面的不足而引起的文章发表率低。

学校心理学的科学研究始终是其学科发展与兴衰的关键，我们不能永远指望别的心理学的分支的研究成果为学校心理学所利用，应当独立发展自己的科研计划，只有这样才能真正使学校心理学有一个迅猛的发展。

【建议参考资料】

1. 埃尔姆斯．心理学研究方法［M］．马剑虹，译．北京：中国人民大学出版社，2011.
2. 黄希庭．心理学研究方法［M］．北京：高等教育出版社，2010.
3. 朱滢．实验心理学［M］．北京：北京大学出版社，2009.
4. 米勒．发展的研究方法［M］．郭力平，译．上海：华东师范大学出版社，2004.

【问题与思考】

1. 学校心理学的课题具有什么特点？这种课题的特点对方法的要求是什么？
2. 学校心理学家应当如何解决科学研究和实践的冲突？只从事实践性工作有什么弊端？
3. 运用学校心理学常用的研究设计，设计一个有关学校心理学的研究方案。
4. 标准化测验、问卷、访谈和观察法各适合什么样的研究，请举例说明。
5. 学校心理学中的个案法与临床心理学的个案研究有什么样的区别，如何结合科学实验设计个案研究？
6. 用案例说明一个学校心理学家在研究中可能出现的错误。

第三章　学校中心理教育评定的原则和方法

【本章提要】

学校心理学家的首要任务是对学生进行心理教育评定。在学校中，许多问题的解决都有赖于心理教育评定，不仅个别有问题的学生需要心理教育测评，而且整个的教育过程和学校的各个环节都需要评定与测评。本章首先介绍了心理教育评定的含义，对各种术语进行了区分，明确了需要注意的问题。接着简要介绍了科学的心理评定所需具备的条件。详细介绍了心理评定的两大内容，个体内部差异的特异性评定和个体间差异的一般性评定，强调心理评定是为解决问题服务的。为达到这一目标，介绍了一般性的评定策略和过程，评定的基本步骤和如何撰写评定报告。最后对基于课堂的课堂内评定进行了介绍。

【学习重点】

1. 了解心理教育评定、评估、诊断和测验的关系及异同。
2. 掌握心理教育测验以问题解决为宗旨，在个案中了解这一实质。
3. 掌握一般性评定与特异性评定的关系。
4. 了解心理教育评估的策略与步骤。
5. 了解心理评定信度和效度。
6. 了解评定报告的撰写程序及其注意事项，学会撰写评定报告。
7. 了解课堂内评定产生的背景和需求，理解课堂内评定的重要意义。
8. 掌握如何进行课堂内评定的原则和方法。

【重要术语】

评定　估评　诊断　测验　医学诊断的评定模式　污名效应　信度　效度　特异性评定　一般性评定　课堂内评定　功能性测评

第一节　心理教育评定的界定

一、心理教育评定与心理测验

对学生或某一教学过程评定时，我们经常遇到若干容易混淆，甚至有时被人们相互代替的术语，它们是：评定（assessment），估评（evaluation），诊断（diagnosis）和测验（test）。

我们认为，这些术语有相同的方面，都是用于判断、识别个体或群体的心理状态和行为表现的概念，但它们的水平有所不同，如下图：

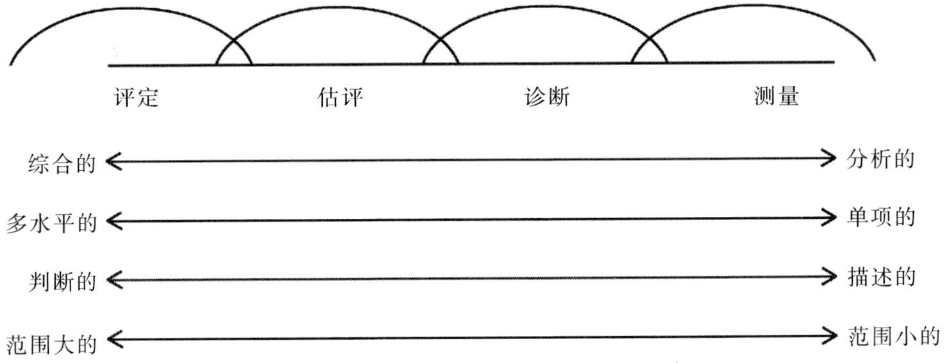

（一）评定与估评

这是两个十分接近的概念，心理评定是一个十分广泛的概念，指运用各种观察、测评手段，围绕解决某一问题而进行的综合评价过程，评定包括各种系统化和客观的观察方法，这些方法可以收集观察资料。而估评则常常与某一目标或方案的完成情况有关。例如，实施某一教学方案或干预方法之后，我们通常要估评一下其效果如何。

（二）评定与诊断

心理诊断也是围绕着问题的解决，但它通常是与心理疾病的病因归类有关。心理诊断一般有两个含义：1. 对与个体的情绪和行为状态有关的信息进行分类的过程；2. 依据某一为人们共同接受的分类体系对个体状态确定名称。诊断通常针对某一症状或一群症状作出确切的归类，判断它们属于什么心理疾病。而心理评定则广泛得多，它不限于对某一心理疾病或某一行为症状的分类，可包括对某一组织行为、某一教学方案、某一教师的教学过程进行评价。

（三）评定与测验

心理测验仅仅是评定的手段之一，仅凭测验所得到的资料，不足以指导心理干预。心理评定与心理测验有两个主要区别：1. 心理测验的基本取向是测试的，而心理评定的基本取向是问题的解决；2. 心理测验主要关心的是描述和研究群体，而心理测验中，对临床的专家并没有什么特殊的要求，测验人员最有发言权，而评定过程中咨询专家的作用是很关键的。

在学校心理学实践中，最基本的工作是心理评定，即对学生、教师及管理中的问题进行多水平的综合评价，而心理测验是重要的，但不是唯一的组成部分。

二、医学诊断的评定模式

学校心理学的评定长期遵循着医学诊断的模式，由于强调心理健康服务，心理疾病一直是评定的重点。人们普遍认为，一个接受评定的人是偏常的、变态的或有心理疾病的。在医学模式中，评定与诊断相差无几，目的在于了解与确定不良行为的性质、起因、分类，为心理咨询和治疗服务。

学校心理学家的一个基本工作是对学生的心理疾病进行分类诊断，即收集、解释和评价所有的资料，以确定学生的心理问题大体上属于哪种有关的范畴。这种分类诊断实际上是给予学生一个标签，如称之为多动症、言语表达缺陷等，会产生一种“污点效应”，使学生及家长感到抬不起头来，也易使其他人对学生产生歧视感。目前，心理学家对分类诊断十分慎重，除非确有把握，一般不轻易贴标签。诊断中应注意下列问题：

1. 在诊断过程中，一个明智的做法是在对学生症状作出大致归类的同时，说明与这一归类相似的范畴，说明使两者得以区分的实质性因素。

2. 应当看到，儿童不像成年人那样相对固定，他们处于发展和发育阶段，因此他们出现的心理问题多具有边缘性和可塑性的特点。他们的症状可能因时间的不同而发生变化，或者有其独特的发展特性。此外，不同的评定者也很可能对同样的资料作出不同的判断。

3. 在诊断中还要注意评定者与被评定者发生的关系的性质。无论受过多么出色的训练，学校心理学家在诊断时总摆脱不了对被评定者的关系。对心理障碍诊断时，诊断者总是通过人际关系的中介收集资料、观察症状，并将之融会于所掌握的理论中；正是在这种人际关系中，评定者揭示着儿童的发展、情绪和智力的功能及其教育、家庭、社会的影响。评定者要清楚地认识到这一关系的性质，在此基础上理解被评定者的内心世界。

心理诊断是一个复杂的过程，它至少包括六个环节：

（1）观察：询问、查看儿童的行为表现。

（2）描述：对观察到的资料进行系统描述。

（3）确定心理障碍的原因。

（4）对心理障碍进行分类。

（5）对心理障碍进行预测。

（6）提出控制和矫治的计划。

对于学校心理学家来说，诊断过程中还有一项特殊的任务是考查学生对不同的治疗方案可能作出的反应。学生生活在学校和家庭之中，每个学校和家庭都有自己的特点。治疗方案的确定要结合这些特点，利用这些特点，这样才易于为学生患者所接受。

对心理障碍的诊断必须遵循一定的标准，国内目前对残疾儿童的诊断有相对固定的标准，对心理障碍儿童的诊断尚无权威的标准。在此，我们介绍一下国外的有关情况。

美国的学校心理学在诊断心理障碍的儿童时，一般都接受《心理障碍的诊断和统计手册》所颁布的诊断标准，现举第三版如下。

[儿童发展过程中阅读障碍的诊断标准]

A. 经由标准化的、个别实施的测量表明，阅读成绩明显低于参照其学习能力和智能而确定的预期水平。

B. 阅读方面的障碍严重妨碍了其学习成绩或需要阅读技能的日常活动。

C. 障碍不是由于听敏感性或神经障碍引起的。

[儿童数学障碍的诊断标准]

A. 经由标准化的个别施测的测验表明，数学成绩明显低于根据其学能和智能而建立起来的预期标准。

B. 数学障碍已严重地妨碍了其学习成绩或要求数学技能的日常活动。

C. 障碍不是由于视、听敏感性和神经障碍引起的。

[儿童发展中言语接受障碍的诊断标准]

A. 言语接受方面的标准化测试得分明显低于非言语智能方面的标准化测试的得分。

B. 这一障碍严重妨碍了学习成绩和需要理解言语词汇的日常生活活动。在更严重的事例中，这一障碍表现为不能理解简单的词汇或句子。在不太严重的事例中，可表现为理解某些词汇如空间方面的词汇出现困难，或不能理解较长的或较复杂的陈述。

C. 这一障碍不是由于一般的发展性障碍，如听力缺陷或神经障碍引起的。

[发展性协调障碍的诊断标准]

A. 参照其年龄和智能，其需要运动协调的日常活动的操作明显偏低。这一障碍可表现为达到运动目标的迟缓（走路、爬行、坐）、拿不住东西、书写水平低下或运动操作低下等。

B. 这一障碍严重妨碍了学生成绩或日常生活活动。

C. 这一障碍不是由于已知的身体障碍如脑瘫、偏瘫或肌肉退化引起的。

这些诊断标准虽然有明确的操作定义，并具有权威性，但在具体实施过程中仍有许多困难。例如，同一心理学家使用不同的评估方法对同一个人的评估会得出不同的结论，或不同的心理学家使用同一测评工具对某一个人会得出不同的评价。有时，某一个人此时被测试为符合诊断标准，过一段时间后测试则不符合这一标准。还有一些介于诊断标准临界点上的边缘人，难以作出确切的判断。

第二节　心理评定的信效度

科学的评定要求具有一定的信度和效度，它不同于生活中给某人作鉴定，或根据印象对某人作评语，信度和效度是心理测验中经常使用的概念，让我们在此作一下简要介绍。

一、信度

测量的信度又称测量的可靠性，是指测量的一致性程度。一个好的测量工具必须稳定可靠，即多次测量的结果要保持一致。在测验过程中经常会出现两种误差，一种是系统误差，它产生恒定效应，不影响信度。一种是非系统性误差，或称随机误差，它影响信度。非系统性误差包括个人对量表内容的熟悉程度，疲劳状态，努力程度等。

在学校环境中，有些心理测量虽然量化方面很出色，且使用方便，但所产生的结果可能信度很低，因为被评学生和评定者均可影响信度。为了消除可能产生的随机误差，学校心理学家采取两种方法：一是在某一诊断中运用不同标准的测试工具，如用韦氏和比奈智力测验同时测查学生，这样可解决评定者和被评定者造成的随机误差，这一信度叫做判断间信度（interjudge reliability）。二是让几个心理学家分别解释某一测量结果，这也是解决随机误差的方法，这一信度叫做判断内信度（interjudge reliability）。

二、效度

测量的效度是测量中最重要的指标。所谓效度指的是测量的准确性，即一个测量能够测验出所要测量的东西的程度。一个信度高的测验也许并不能反映出所测内容的特性或水平。

效度是一个相对的概念，它只对一定目的而言是有效的，所以，断言测量的效度时，总是相对于它测量什么有效，测量什么无效。所得结果符合测量的目的，即为有效。如人格测量有多种，都是针对人格的不同方面，效度就是考查它是否测试了所指向的人格方面。

确立效度有许多方法，如表面效度、构想效度等。心理测量的书中有专门的介绍，故不在此重复。

第三节　心理评定的策略

一、特异性与一般性评定

心理评定不外乎要解决两种差异：一是个体内部的差异，一是个体间的差异。特异性的评估要评定第一种差异，一般性的评估要解决第二种差异。

特异性评定指向儿童个体独特的发展史及塑造儿童的环境和个人因素。这种评定指向儿童的健康、文化和语言的特点，家庭生活、残疾性、才华、教育背景的特色等。这一评定所要回答的是个体病理学，适应的动机和预测性。通过了解儿童的生活史，我们可以知道他经历特殊的挫折和冲突，他的与众不同的心理矛盾以及他的心理发展是否平衡。这主要是借助访谈来进行的，评估的重点是儿童的病史，小时候的经历，有无特殊的创伤等。

实际上，特异性评定与一般性评定是有密切关系的，因为个体差异只能通过儿童与其他儿童的比较才能确定，而这种比较的成立要以儿童身上的某些共同的特性，如能力、人格等为前提。

一般性评定主要指向个体间比较，通过比较确立一个人的个性。学校心理学家使用的常模有许多是标准化的，通过与一组人典型的操作水平或人格相比较，确定个体的水平。测试中，单纯的原始分没有什么意义，只有对比常模才能确定其意义。但这种评估方法也受到一些人的反对。他们认为心理教育的评定主要是为干预服务，旨在促进学习和顺应，为此，应着重进行环境评估，即重点评估儿童是如何学习的，而不是寻求像智商分数那样的结果。

在评定中片面强调某一个方面是不可取的，实际上，个体内部的特点与个体间的差异是密切相关的，不了解个体独特的生活史，我们就不可能对其特长或特点有一个深入了解，而不知道其与他人的比较，我们就无法断定其特点所具有的意义。所以，可以说特异性评估与一般性评估是一个问题的两个方面，两者互为参照，相得益彰。

二、以问题解决为宗旨

心理教育评定是为解决问题服务的，评定本身不是目的。因此，所有的评定过程都是进一步明确问题，发现解决问题途径的过程。学校心理学家要善于认清问题的所在，把问题分成有意义的部分，建立干预计划、评价干预结果等。

学校心理学家解决问题主要遵循下面七个步骤：

1. 定义并澄清问题。
2. 分析影响问题的力量。
3. 快速想出所有的备选方案。
4. 从各备选方案中评估和选择一个最合理的。
5. 划分每一个要涉及的职业的职责。
6. 实施备选方案。
7. 评估方案实施的效果，必要时改变方案。

一些测验实施者一味关心测试分数，迷信数据，反而忽略了所要解决的问题。或者把最初发现的问题当做固定不变的，不善于在测试中验证原有问题和发现新的问题，他们的测评难以取得有效的结果。

三、选择测验的策略

一个人所具备的有关测验的知识越丰富，对各种测验越熟悉，就越善于选择有效的测验。目前，随着心理学的发展，心理教育测验越来越多，其中良莠混杂，如何选择适当的测验已成为一个令学校心理学家困惑的问题。

测验的选择策略包括下面五个步骤：

1. 确定测评范围。

2. 确定测评的一般目的。

3. 对收获进行评估。

4. 选择测验工具。

5. 确定测评信息的信度。

在贯彻上述步骤时，一定要始终考虑学生的特殊需要、特点及测评工具的特点。这里的关键问题是所选择的测量尺度要与被测的特性相贴切。

选择测量工具时的另一重要标准就是必须要知道该测量的效度。各国的心理测量学会都规定，使用某一测量工具测量学生时，必须提供效度的说明或证明。否则，违背职业道德。如果该测量工具的效度解释不充分，使用该工具时，必须要指明其特殊用途和特定的解释范围。心理学家必须本着科学精神选择与实施测验，这正是他们的专业训练所要求的，也是他们区别于江湖骗子的根本标志。

第四节　评定报告的撰写

在心理评定中，观察、测试所得到的资料最终都要体现在评定报告中，评定报告是心理评定的最终结果，其中所作的综合性判断和诊断结论对于以后的矫治和干预具有决定性的影响。

评定报告一般都是按照临床诊断报告的模式撰写的，因为一开始学校心理学家与临床心理学家是不分的，而且临床的报告简洁、明确、程序化，对于心理障碍的问题很适用。

一、有效报告的撰写

一个有效的评定报告应是简洁的、有利于解决问题的，它大致应具备如下特点：

1. 有针对性。在进行评定之前，首先要了解评定报告是写给谁的，是给任课教师，家长，还是教育部门。评定者必须首先了解使用报告或需要评定报告的人期望知道些什么，要从他们的需要的立场想问题。许多评定报告中包含了精确的测试数据，评价也很全面，但由于没有针对使用者的要求，所以效果并不理想。评定报告总是要服务于一定的目的，如为使用者制订辅导计划服务，或为分班服务，目的决定了评定的侧重点。

2. 描述行为。评定报告中应尽量使用描述行为的术语，而不是抽象概念。在评定中，一些没有经验的人往往重视个体在测验中的操作，记录其得分，而有经验的人则重视描述接受测量的人。一些心理学家认为在评定报告中应包括行为描述：(1) 那些代表人格实质的行为表现，如能表明其人格独特性的姿势、表情及手势等；（2）对特殊访谈或测试题的特异行为反应，即重视那些不同寻常的、独特的新反应，忽略那些答题时与其他人一样的反应。

3. 描述个体的独特性。评定描述个体时应着重其特殊性而不是一般性。个别的差异包括强度上和能力上的特点，代表着被评者的特殊需要和特殊能力。

4. 报告的撰写要清楚、准确、直接。为了避免报告撰写者和报告阅读者交流的困难，撰写报告时要尽量避免技术术语，要简洁、明了、准确、概要、可读性强。

5. 提供综合服务的信息。有人撰写评定报告时把测验结果照搬上去，成为一堆数据，这是不明智的。要整理测验数据，报告综合结果，省略细节，综合重要的发现，经过自己的判断，形成一个一致性的结论。

6. 提供一个清楚、特殊和可实现的建议。许多报告的使用者对建议部分最感兴趣，建议中应包括针对能力、人格而采取的补救措施和改进措施。提建议时还应考虑报告使用者能否有条件采纳建议，不可脱离实际。

7. 报告的提供要及时。评定报告要及时返回给有关部门或个人，以便使他们尽快地影响、干预被评定者，尽快地作决定。

二、报告使用者偏好的报告内容

心理评定报告的使用者是一些不同的人，有的是评定者本人，有的是精神病学家，有的是家长或教师，也有的是社会工作者如校外辅导员等。不同的人对评定报告的内容有不同的偏好。他们因目的、经验和兴趣的不同，阅读评定报告时有所选择和侧重。

由于国内的心理评定不够普及，有关方面的研究尚为空白，国外的一些现状也许对我们有所借鉴。

一般来说，精神病学家不喜欢建议部分，更喜欢对实际行为的描述和量化的资料，如测验中的具体表现。

社会工作者偏重行为解释和量化资料的解释，大多数喜欢建议部分。

教育部门的人员喜欢行为管理、社会成熟和社会技能方面的评定，对智商和投射技术的资料不感兴趣。因为他们的目的是如何使被评定者重新适应社会生活，适应集体生活。

教师和家长更关心建议部分，希望知道如何采取新的措施来帮助孩子、解决孩子面临的问题。

有经验的精神病医生和心理学家偏爱原始资料，不要求过多的解释，而非专业的、经验不足的人喜欢解释与说明。

三、效果不好的报告

效果不好的报告一般是过于模糊的、推测性的，缺少资料的支持，或前后矛盾的，没有对行为的描述。

教师对评定报告的不满主要为：

1. 评定报告没有作出有意义的建议，对改进教育无帮助。如有的教师认为心理学的报告只是用心理学术语表述了经验内容。

2. 建议过于空泛，如鼓励儿童参与社会活动，多让孩子自己独立做事情等。

3. 建议不可行，因时间、场合及设备和教师技能的原因，建议是纸上谈兵。

4. 建议的内容是教师职权范围内的，如建议升级或留级，这正是教师要在把握报告后自己要作出的决定。

5. 报告内容教师理解不了，接受不了。

6. 报告中含有对教师的责备，如认为教师对待学生态度不对等。

这些不足之处妨碍了心理学家与教师的交流，使教师对心理学的报告反感，这些问题也暴露了心理学家对教学过程缺少了解。

第五节　评定的步骤

心理评定是为解决学生的心理问题服务的，因此，选用什么具体的手段，如用什么样的智力测量工具和人格测量工具，随着问题的不同而异，或因评定者的个人风格而有所不同。然而，评定的步骤与程序总是相似的。

一、如何开始

心理评定开始时要收集有关被评定者的基本情况，一般包括年龄、出生日期、年级、学校及学校所在地区、教师姓名、评定日期、评定者姓名等。父母的姓名、职业、家庭住址、电话号码也要写上。如果该生以前接受过检测，要写出上次评定日期。

在评定报告的开头，必须描述要评定的问题是什么，问题的界定可以取自教师、家长和孩子三方面。这样使人可以清楚地了解不同的人对孩子存在的问题的看法。这一部分还可以描述学生家庭的历史概况、学校生活的过去状况等。

对学生现存问题的描述可以通过两种途径进行：一是使用专门为此设计的描述问卷，二是直接询问教师、家长及有关人员。在询问教师、家长时主要问及现存的问题有多长时间了，问题表现在什么方面（如学习不好、自卑、打闹等），与问题有关的附属表现是什么。还要问及教师该学生的长处及弱点、各门课业的学习情况、人际关系情况等。

心理学家也可以单独访谈学生家长，询问学生的情况。心理学家要着重了解家长与孩子的相互作用情况。要家长详细描述采访前一天家长与孩子所做的一切事情，细节也不能忽略。这样才能了解父母与孩子的各种关系。

如果学生的问题与身体缺陷有关或被诊断为发展障碍，则还要询问家庭病史，如母亲怀孕时的情况或遗传病史等。

家访时，心理学家还要注意观察学生家长的举止、家庭的环境、家庭其他成员的仪表等。

【举例】

应李女士的请求，学校心理学家对其女儿小红进行评定。小红的学习成绩中等，但她母亲认为她能取得更好的成绩。小红的阅读成绩为60分左右，但她母亲确信，她能达到80或90分。她把女儿描述为反应快，有创作故事的能力。问及特殊能力时，母亲说小红解数学题准确，为同学所不及。李女士与小红班主任讨论该问题，一致决定让小红接受智力能力评估。

小红被认为言语表达能力强，并在艺术与音乐方面有创造力。她的老师报告说，小红阅读水平偏下，数学水平偏高，其他科目中等。老师还说，小红在阅读时学习新词有一定的困难，在阅读遇生词时试图猜测词，而不是发音。她试图记住新词，但总是记不住。她注意力不够集中，很快就忘记了新的概念。老师说，小红的思维总是跳跃式的，不能专心做作业。她算术很快，尤其是解决口头问题时，但她关心最后成绩，运算过程马虎。教师曾试图通过表扬她作业的认真来纠正她的马虎。

前一年的幼儿园记录表明，她各方面居中等。入园时，一项智力测验表明她的智商为120。

小红与妹妹和母亲生活在温暖的家庭中。父母两年前离婚，但仍是好朋友，双方自愿离婚，父亲住在邻市，小红偶尔去看望父亲。

在测试前，小红经常与测试者谈到朋友们，她似乎与同学关系很好，也谈到去探望父亲，她似乎为自己能够独立成长感到骄傲。她经常以肯定的方式提到父亲和母亲，她似乎接受了父母的离婚。

小红3岁时得过肺炎，冬天经常咳嗽，没有其他身体疾病。母亲也未见身体异常，没发现视力和听力问题。

可见，评定目的是小红的智力能力。她的母亲和老师希望了解她是否能取得更好的成绩，尤其是在她的薄弱环节阅读方面。

二、外表与观察

心理评定的第二步就是在各种时间、场合下定期观察被评定者，考查该学生的各种活动。有一些可资利用的观察工具，但更主要的是要现场观察，这是一件十分费时的工作，心理学家往往要求任课教师的帮助。理想的情况是在一天的不同时间、不同的活动中，一周的不同天和让不同的教师观察记录被评定者的行为。如观察该生的竞赛行为、与同学相处、家庭中与父母的相处情况等。但实际上，这不大可能。在此，主要是牢记所要评定的问题，根据问题选择观察时间和场合。如果问题是评估教室中的行为，就应大量观察学生的课堂学习，如果是学习障碍，则要观察与学业有关的行为。

在观察学生的社会行为时，要注意社会行为跨时间、跨场合的一致性。如学生上午和下午的社会表现是一样的吗？与不同的教师和同学在一起时是一样的吗？在教师面前和在父母面前是一样的吗？注意该生愿意与谁在一起。

观察行为时，还要对其发式、眼睛、肤色、身体特点进行描述，如有残疾和缺陷应记录下来。还要记录服饰、整洁、说话声调及语言特点。

另一重点是观察儿童卷入当下环境的水平。例如，可观察该生是否主动参与教室中的活动，是否眼光注视说话者，是否服从教师指导，他的议论是否与课堂讨论有关。

还可观察该生完成任务时的独立与依赖性情况，观察他完成任务的能力和方法及注意力集中的长短等。

对观察到的信息概括时，可先描述该生的外表，尤其是身材或长相的与众不同之处。然后根据要评价的问题进行行为描述。既要有综合的描述，也要有特殊情况的描述，后者用来避免使前者泛化。

【举例】

小红是长了一头秀发的漂亮女孩，身材中等，对其课堂及竞争中行为观察表明，她的社会适应力良好，与同学关系很好，如被邀请加入谈话及游戏等。观察证实了教师关于他学习时注意力分散和粗心大意的报告。当听到噪音或发生活动变动时，她的注意力就会从眼下的任务离开。做作业时，她还分心了几秒钟，注意外面的事，不知下面该做什么了。她用几秒钟完成后面的作业，听到噪音后起来看一看发生了什么，交作业时，剩下几道题没有做完。

三、测验中的行为表现

被评学生在测试中的行为表现也很重要，可以进一步验证前面的行为观察的结果，并有助于准确解释测验操作。在这一步骤中，重点要观察被评学生对测验材料和测查者的表情反应，说话方式和态度反应。如目光对视时间长短等。

测验情境中表现出的行为有些与课堂行为相符，有些不相符，作为评定者应当善于发现两者的相关性。还可观察记录孩子对有结构的测验项目（如走迷津）和无结构的测验（如讲故事）的注意力是否有差别及是否偏爱自由活动时间和规定任务时间。

测验中还可能暴露儿童的意志力及人格特点，可记录孩子在困难、复杂任务面前的态度，是迟疑还是果敢，考查鼓励是否对孩子有效，其能否认识到自己的成功，是否坚持不懈地完成任务等。

测验中的行为记录可作为测验数据效度的一个指标，测验的分数总是与测验操作中的行为表现有联系的，如一个在数学方面得分低的人，总是在数学题面前畏惧，或不知所措，或拒绝完成任务。

【举例】

小红在测验中想支配情境。在拼积木时，没等检查者说明，她就说“我要这样拼”，但在测试者的要求下，她还是服从指导，没表现出类似的行为。

她对手工操作很喜欢，对词汇部分表现出焦虑和担忧，常问自己的反应是否正确。她说自己累了，要求原谅她不知道答案，如定义歌剧院一词时，她说“我从未听到这个概念”，显然她害怕失败，尤其是完成词汇任务时。

听觉记忆任务方面，她听几次后才能跟着发音，但她视觉较为灵敏，这是一种听觉短时记忆的补偿。

在笔纸测验过程中，小红粗心大意，在完成迷津作业时，她没有事先的计划和思考，有很强的冲动性。

四、测验的实施

心理评定最重要的一步就是测验的实施。为了准确、客观地评定学生，学校心理学家经常使用标准化的测验工具，以测试学生的智力和人格问题。

选用何种测验工具是首先要考虑的问题，测验工具多种多样，如美国的心理教育方面的量表已达十万多种，每种量表都有其各自的编制角度和运用的范围。选择量表首先要依据所评定的问题的性质，例如，你所考虑的问题是儿童能力的类型，你就要考虑所选择的测验工具是否能够衡量或区分儿童的能力类型。如果你要确定某一儿童注意力的情况，你选择的量表就应能很好地确定该儿童注意力与其他儿童相比处于一种什么水平。

选择量表时另一需要考虑的问题就是应针对你要作出的特殊建议和正确诊断。例如，如果你选用认知风格的测验，你就要考虑这一测验是否支持有关儿童到特殊班级或接受特殊教育方法的建议。

选择量表时还要考虑该量表能否将该儿童与其他正常儿童相比较，是否有常模，是否适用于该年龄的儿童，该儿童能否忍受测验过程等。

在这一步骤中，要将所使用的量表名称按性质或使用的先后顺序罗列出来，并附上量表内容的简短说明，如：

韦氏儿童智力量表

瑞文推理测验

TAT 测验

语句完成问卷

五、测验结果及其解释

实施测验之后就是结果的呈现及其解释，这是十分重要的工作，测验所得数据是固定的，而对其所作解释是灵活的。出色的结果呈现不仅能使读者产生综合的意见，而且还能使他们通过量化的资料形成个人的独特评价。

在对测验结果进行解释时，要牢记下列几个任务：

一是要查看被评儿童与标准化的群体的比较，通过常模确定儿童的智力、人格或行为偏离正常群体的程度。使用标准化的量表的最大优点即在于此。

二是确定问题的性质。通过测试要确定儿童的问题是能力不足还是操作的不足，哪些任务能顺利完成，哪些不能完成，这些不足之处需要什么样的训练。在测验中还能发现一些新问题，这些新问题需要引入另一些测验。

三是在呈现测验结果时，通常还要报告分数。但一些情况下可不必报告测验的得分，只需指出问题的性质及儿童心理功能的不足之处。在解释测验结果时，一个通行的做法是把测验分数单独呈现，然后对之解释。但一个更为可取的做法是参照前面的几个步骤得出的结论，对儿童行为进行综合解释。例如，一个智力测验中言语部分测验得分低的学生，在社会判断、词汇量的测验中得分也低，但推理能力得分高。结合以前的家访及行为观察可以判断，儿童家境贫寒，只能满足其温饱，儿童除了在家就是上学，没有丰富的社会生活，穿衣整洁，但破旧。所以，儿童的语言能力不足主要由于封闭的生活方式，缺少社会知识，而不是智力的低下。

在报告测验结果时，要首先报告与评定问题有关的内容，如果最初关注的问题是小红的智力，就要首先报告这方面的情况，如果最初关注的是小红的无力完成课业的行为，主要报告的则是情绪、性格、动机方面的问题。其次再报告与主题有关的次要内容，这些内容不直接与被评定问题有关，但对于理解儿童或对于建议有重要意义，如小红对父母离婚的态度，对学校的态度等。

【举例】

在麦卡锡智力测验中，6 岁半的小红在 109 个普通认知项目中通过了 75%。韦氏测验中，语言智商为 124 分，操作测试为 118 分，总分为 123 分。这些测试结果表明，小红可被认为是智力正常，甚至是出色的。

总体上说，小红在非语言推理方面有突出的能力。在画小人、解决图画迷津和解释图画概念关系方面，达到了 8 岁半的水平。在一项非言语的推理任务迷津测验中，她在操作中表现出了粗心大意和冲动性。

在机械记忆方面，小红一般，记字母或数字时，仅达到 5 岁半的水平，要跟着施测者说出声来，并要他人指出定义。这一点可参照教师的报告。教师说她很难记住新词，忘事很快。看来小红对于没有构成意义的材料的短时记忆的弱点，很有可能是导致她不能长时间记住课堂上新概念和所读生词的原因。

此外，小红记忆方位能力较差，记不住左和右，运动能力如打球等只达到 5 岁半的水平。

小红在测验中还表现出善于与他人分享经验，对朋友、自己和家庭成员持积极态度。

考虑到她母亲的关于小红能够在学校中学习更为出色这一感觉，而她的推理和概念形成能力又属于中上，这说明她有这个潜力。然而，小红的问题的确存在：即对无意义材料不善记忆，做作业时粗心大意和好冲动，对失败的焦虑，这些都影响了她的操作表现。

六、提出建议

心理学家综合观测儿童所得到的各种信息，指出儿童的特长与不足之后，还要提出一些改进儿童学习经验或教育环境的建议。建议的提出是紧紧围绕着前面的评估结果及其解释的，所以是有科学根据的，而不是无的放矢的。

提建议时，还应考虑到儿童现有的时间、抚养人、所学课程等情况，儿童的爱好、兴趣及家长的要求。总之要切实可行。

建议应针对不同的方面，有给家长的建议，也有给教师的，还有给孩子的及孩子同学的。必要时还可包括给孩子周围有影响人物的建议。

提建议时切忌空洞、抽象，应规定具体的目标和实施的方法，包括何时、何地、在何种环境下实施建议。建议中还应包括监控的描述。

建议中应指出改变学生现有环境的方式，如告诉负责特殊教育指导的教师改变现有的课程，对症下药地布置家庭作业，要家长改变教育方式等。

【举例】

1. 建议小红接受学习咨询专家的评估，这种评估进一步提示她的成熟水平并了解她的记忆问题。该评估结束后，建议心理学家、学习咨询专家和教师与小红的母亲一道讨论建议。

2. 帮助小红掌握使无意义材料变成有意义材料的方法，如学会联想法、配对法等。

3. 帮助小红在行为之前学会思考。首先，向她指出她的作业中错误来自无思考的活动，然后，当她活动之前思考时或做作业认真时给予鼓励。让她在交作业之前，检查一两遍。

4. 重视小红的语义方面的特长，鼓励她使用这些技能阅读新材料。帮助她先读一个词的一部分，对自己陈述这个部分，然后再把这些部分合成一体。

5. 测试结果应告诉她的母亲，以使其鼓励女儿的学习，而不是施加压力，拔苗助长。

6. 告诉小红，一个人不可能期望什么都知道，而且任何人都会犯错误，以此来帮助她实际地接受教训、失败。

7. 教师应更细致地监控小红的学业成绩，学习咨询专家应提出合理的计划。

心理教育评定是一项十分繁琐的工作，需要我们具有耐心和智慧。我们常常犯的一个错误就是把问题简单化，认为学生的问题没有那么复杂，有时由于缺少从心理学角度看问题的意识，使我们抓不住问题的实质。另外，由于不够耐心和缺少心理学的意识，使我们的评定容易流于空泛，只是就大的问题或面上的问题作出了结论，而这些问题不用心理学家的评定，只凭借常识或一般知识就可以知道。心理教育的评定是要找出真正的心理缺陷，并针对这一缺陷设计干预方案，而心理缺陷总是具体的，以功能为单位的，尤其是在学习和智力方面，学生的不足总是表现为某一方面的功能失调，应当发现这种失调，对之进行补偿。

如果我们的干预效果不尽如人意，要么是我们根本没找准问题，因而干预得不是地方，要么就是虽然问题找对了，但干预的技术或方法不对。一般来说我们应当首先排除前者，才能对后者进行检讨。而这两个问题中，一般没发现真正的问题的可能性更大一些，所以，对于心理教育咨询来说，测评是一个难点和重点，值得我们下大力气。

第六节　课堂内评定

传统评定通常是指课堂外评定，如智力或人格测验，其主要的功能是由学校心理学家来确定一个学生是否符合某些障碍类别的标准，是否可以享有特殊教育的权利，然而，这种评定和测评有一定的局限性，受到任课教师的质疑。任课教师认为，传统的评定与学校的学习过程无关，与学生的课堂学习关系不大，尤其是这种评定脱离了课堂的教学环境，不能诊断学生有课堂的学习困难的具体原因。因此，学校心理学家开始强调课堂内评定，即由课堂内目标引导的评定与测评，根据学生所学习的课业内容和学习过程，来考查学生具有哪些特殊技能，哪些技能落后，为课堂干预和课业干预提供直接的参考。课堂内测评可以评价某一特定的教学内容对于个体是否合适，是否可能具有积极影响。以课堂内应用为目的的测评推动了问题解决过程，在这个过程中信息的搜集是为了用客观的方式帮助指导问题的解决过程，如现有的问题是什么？为何发生？如何解决？解决方案是否有效？

一、基于课程的评定

基于课程的测评是由任课教师实施的一套特殊的评定程序，有独特的操作和计分手册，特定的测试材料。它通常针对所学的内容，而且最多持续几分钟。最常用的是针对阅读的测评，让学生大声朗读一篇文章一分钟，观察者或施测者记录正确阅读的单词数目。或让学生口算 10 道题，找出错误的数量与类型。

基于课程的评定虽然是教师用于评价课程学习及其指导的有效工具，但也是在学校心理学家指导下完成的。这种评定也可以用来丰富学生的个别化教育方案，对干预进行直接指导，提高特殊教育的成果。学习障碍学生存在着普遍性的认知能力落后，可以通过标准化的课堂外测评加以确定，同时，他们的困难还表现在与当前所学习的课程内容上，比如一个计算能力落后的儿童，可能只是在减法与除法的运算上出现落后，但加法和乘法的计算上就没有问题，再比如，一个阅读能力落后的儿童，在童话文章的阅读上落后较小，而在科技文章上明显落后，这些都可以通过与课程有关的评定来考查。

此外，特殊儿童也要在正常课堂内学习，基于课程的评定可以考查他们是否有能力接受这种正常教学，正常教学对于这些学习困难的儿童是否起作用，他们能否在这种课堂上受益。在此介绍一个正在使用的测评系统，俄勒冈州立大学的研究者开发的《早期基本读写能力动态指标》（DIBELS）。DIBELS 用于测评基本读写技能的几个重要方面，如语音意识（听和操作词中的音的能力）、正字法规则（将字母和单词建立连接并用字母构成单词的能力）和与情景相联系的流畅性（毫不费力地识别情景中的单词的能力），DIBELS 有针对每一项的快捷测评内容，这种测评可以是标准化的并可以重复使用来帮助监控学生的阅读过程。在 DIBELS 测评系统中使用了五个主要测验：两个语音意识测验——首音流畅性测验（要求学生从四幅图中挑出有某个首字母的图）和语音分割流畅性测验（要求学生口头报告将单词如何分割成独立的音位）；无意义单词流畅性测验测评正字法规则，要求学生阅读呈现的无意义单词或口头报告无意义词中某字母的发音；口语阅读流畅性测验是测评在特定情景下的流畅性，要求学生大声朗读课文；字母命名流畅性测验要求学生命名呈现的字母，并通过这个测验为有早期读写困难的识别提供测评工具。DIBELS 系统常用于幼儿园和小学三年级前的学生，这个系统包括年初、年中和年末的基准目标以帮助确定学生是否达到了合适的水平。

目前，在学校心理评定中，以课程为基础的评定方法得到了大力提倡，因为它与干预目标更加接近，更加指向了学习内容和过程，它比其他测评学业技能的方法更清楚地联结了测评和干预。

二、功能性测评（FBA）

功能性测评主要是针对学生课堂行为的直接评估，以评定不良行为的目的、不良行为的形成和行为表现与环境的关系为内容，有一套有关不良行为的假设和概念。虽然这种方法一直更多地与行为问题而不是学业问题相联系，但也有助于人们了解学生的厌学行为和学习动机的高低，对于解决学业问题有一定帮助。在功能性测评中，可以确定行为的前因和后果，并且理解包含了问题行为的环境条件。由于对个体行为和能够预测及强化问题的因素的进一步理解，可以通过处理行为功能来设计改变行为的干预方案。例如：如果学生在课堂中捣乱（如与其他学生交头接耳，擅离座位），但适当的课堂行为一直没有得到积极的反馈，那么就可以假设这种不良行为的功能就是获取老师的注意。我们要进行的干预将根据这种假设，方案中包括停止对这种违反纪律行为的关注，除了对这种行为置之不理之外，还应该包括对更多的积极行为的关注，如发言前举手等。

学校心理学家或教师可以针对学生不良行为进行功能性访谈，主要了解的内容有四个方面：1. 确定和定义不良或问题行为的性质和表现，及其操作定义；2. 确定该问题行为的前提；3. 得到关于不良或问题行为可能的功能的原始信息；4. 发现可以替代不良行为的行为。

还可以对不良或问题行为进行直接观察，观察方法能够帮助我们更好地确定行为和环境因素之间的功能性联系。观察允许学校心理学家直接的观察行为，并且在问题行为尚未发生的情景下发现与行为相关的前提和后果。观察的行为功能有三个重点：不良行为是为了什么，如为了获取注意或为了达到某种期望；行为要逃避或厌恶的任务是什么；自我激励和强化的因素是什么。比如，一个人在课堂上讲笑话，其功能是可以得到同学的积极注意（讲笑话使同学大笑），但也得到了消极注意（教师的申斥），两者都可能对问题行为具有正强化作用。只要结果（正负注意）增加了行为再次发生的可能，这种结果就是正强化的。

达利（Daly，1997）等人从功能性的视角讨论了五个关于学生为什么表现不好的“合理假设”，包括：1. 学生不想完成任务；2. 学生没有在该任务上花费足够的时间；3. 没有获得足够的帮助来成功完成该任务；4. 学生没有预先按要求的方式完成任务；5. 任务对学生来说太难了。如果困难的功能被定义了，就可以发展相匹配的干预方案。如果确定学生不想做作业或是没有完成作业的动机，可以提供完成学习的诱因。当使用功能性方法时，评定者要形成关于学业问题的功能假设，并通过小实验进行评价。这个过程需要课程为基础评价的辅助，因为测评者必须在不同情境下对学生的成绩作出快速和可重复的测评。例如：学生的阅读水平可以在几种不同的学业干预中进行测评，每个都与功能性假设有关。

从功能性测评中获得的信息可用于设计有效的干预方案，尤其是可以结合课堂教学环境来设计矫正方案。如果假设学生违反课堂纪律的行为因为老师的注意而得到了强化，那么我们应该对积极的、符合任务要求的行为给予关注而不关注违反纪律的行为。因为功能性测评技术直接与干预相连，它们比其他的测评方法在治疗上得到了更广泛的应用。功能性的测评方法在测评外倾性的不良行为方面（如对抗行为）比较有用，但在测评与环境因素没有明显的关系的内倾性问题行为方面（如抑郁、焦虑）用处并不大。

虽然功能性测评方法是因为有严重的问题行为的学生而发展起来的，但是已经被广泛应用于学校的环境下，随着功能性测评方法在学校中的使用越来越普遍，我们希望，它们将成为针对学生学业困难的问题解决测评的一部分，同时也成为针对行为障碍的问题解决测评的一部分。

【建议参考资料】

1. 科恩．心理测验与评估［M］. 6 版．北京：人民邮电出版社，2005.

2. 张厚粲．实用心理评估［M］. 北京：中国轻工业出版社，2005.

3. 布拉滕．儿童心理测验：更好地理解孩子［M］. 傅莉，郑铮，译．北京：中国轻工业出版社，2008.

【问题与思考】

1. 学校心理评定的主要目的是什么？它与干预的关系是什么？试举例说明。

2. 心理评定与测验的关系是什么？两者是一回事吗？

3. 学校心理学的干预与一般临床心理学的干预的不同是什么？测评在其中起什么样的作用？

4. 课堂外的传统评定主要是指哪些方式的评定？课堂内的评定主要是哪些方式的评定？两者的主要差别是什么？主要功用是什么？为什么要提倡课堂内评定？

5. 撰写一个完整的评定报告，分别给中小学任课教师和学校心理学家。

第四章　学校中的智力测验

【本章提要】

本章主要介绍学习心理学评定中常用的智力测验。首先概述了智力测验的类别和功能，然后详细介绍了常用的智力测验的编制基础和理论假设，其测定的智力概念和结构，适用的测查群体，测验方式、题目类型、计分方法，以及测验结果分数的解释等等，并辨析了各种智力测验的优劣和适用范围。接着介绍了几种测量底层的视觉、知觉发展水平的知觉—动作统合测验。最后区分了基于年龄常模的智力测验与基于教育水平的教育测验，并介绍了几种学习困难诊断测验。

【学习重点】

1. 了解智力测验的理论基础和功能。
2. 掌握智力测验的一元论和多元论理论。
3. 了解智力测验的分类。
4. 比较不同智力测验的特点和适用对象。
5. 学会解释智力测验的分数和结果。
6. 了解非言语测验的特殊用途。
7. 掌握各类学习能力诊断测验的内容和功用。
8. 掌握智力测验和教育测验的区别。

【重要术语】

智商测验　特殊能力测验　教育测验　言语测验　非言语测验　普通测验　诊断测验　一元智力理论　多元智力理论　斯坦福—比奈智力测验　韦克斯勒智力测验　麦卡锡儿童能力量表　古德依纳夫画人测验　知觉—动作测验　本德视动格式塔测验　视—动统合发展测验　年级常模　教育年龄　教育商数　成就商数

人的智力是各不相同的，有上智，有中才，有下愚。聪明的人一目十行，学习速度很快，也可以学会艰深的学问；愚笨的人学习得很慢，只能学习简单的事情。我们不能要求愚笨的学生学习很深的数理或学理。要想了解学生能力的高低，就必须运用心理测验，而不能凭借主观的判断。例如，要想评判某一学生的一篇作文，仅凭主观评判就无法断定成绩的高低，某位老师给 75 分，另一位老师给 95 分，如果采用作文测验来衡量学生的写作能力，就不会出现这个问题。

心理测验要测量的是内部的心理特性，这就造成了方法上的困难。智力、人格能否像重量、长度、温度那样被测量？能否被精确地数量化？答案是肯定的。

心理测验有两个基本前提：第一个前提是美国心理学家桑代克提出的，即任何现象，只要是存在的，总有数量原则。智力有高低之分，能力水平有高低之分。程度上的不同，就是数量的差异；数量上有差异的东西，当然有测量的可能。第二个前提是，凡是有数量的东西，都可以测量，这是美国测验专家麦克提出的。物理的现象都是有数量的，显而易见。心理的东西如人格、理想、态度等不易量化，但不等于不能量化，仅仅是由于测验工具不完善，人们对于数量化的规律的认识还不够完善。

心理测验的对象是能力、人格等精神特性，不容易直接去测量，只能用间接的方法去测量。我们虽然不能够直接测量学生的记忆能力，但我们可以测量他十分钟之内能记忆多少字；我们尽管不能直接测量人格，但可以测量他面对挫折时的行为反应或态度反应。

第一节　智力测验的分类及其功能

智力测验有狭义与广义之分，狭义的智力测验是指鉴别人的智力高低的测验。广义的智力测验还包括特殊能力测验和教育测验。

所以，广义的智力测验（智能测验）从内容上看有三类：

1. 智商测验：旨在确立智商的高低。

2. 特殊能力测验：旨在测量学生的特殊才能，如音乐能力、机械能力、写作能力等，又称为性向测验（aptitude test）。

3. 教育测验：旨在测量学生的学业成绩，所以又称学绩测验，如语文测验、算术测验、自然常识测验等。

这三种测验在目的、功能和对象上均有所不同。

从测验的材料上看，可以把测验分成：

1. 文字测验：凡测验内容完全是文字材料，或者大部分为文字材料，都称为文字测验。大部分的教育测验和文字测验，都是文字测验。文字智力测验可以测量人类的高级抽象的智慧，但对于未受教育的人却不适用。

2. 图形测验：又称非文字测验，其内容以图画、模型等作为测验材料。图形智力测验虽可免去教育的影响，但有时不能测量高级的智力。

从功用上可把智力测验分为普通测验和诊断测验：

1. 普通测验：其功用在于考查一个或一群学生在某方面的大概程度。例如，我们用一种智力测验去测量某个儿童，就知道他的智力高低；或者用一种语文测验去测量某个儿童，就知道他的语文科目的程度。

2. 诊断测验：其功用在于诊断学生在某种能力上的特殊优点和缺点，以作为实行补救教学的根据。例如，我们用一种算术诊断测验去测量某个儿童，就可能发现他在加法、减法、乘法、除法上的缺点。从而对症下药，采取补救措施。

目前，学校心理学家在使用智力测验时，主要遇到两个有争议的问题。第一个是这些工具具有什么样的理论构想？这些年发展起许多不同的智力理论，一般来说这些理论主要可以分成两类：一、认为智力测量了人的一般能力因素（即G因素）的理论，即一元的智力理论。一元智力理论根据学校核心课程理解智力。其哲学是精英统治论，将智商最高的人送到最好的学校。20世纪60年代以前的智力测验主要是一元的。如皮亚杰的智力理论实质上只涉及一种智力，即数学逻辑，但他却认为自己发现了全部的智力规律。二、智力的多因素理论，即多元智力理论。传统的智力测验的理论设想认为，智力测量的是人的思维、逻辑或解决问题的一般能力，这个能力是抽象的，适用广泛的，环境适应是人的主要能力。而新近的多元智力理论则认为，人类大脑神经经过数百万年的进化，形成了互不相干的多种智力。智力能力应当包括许多不同质的、相互独立的、特殊的能力。那些支持智力的多因素理论的学者则相信，智力的不同方面是有区别的，不能简单地结合成一个一般的智力因素。美国心理学家加德纳认为，智力可以分为七种不同的能力，如逻辑的、语言的、空间的、人际关系的、反省的、运动与动作的、音乐与艺术的等。而斯滕伯格则认为，智力理论包括三种与环境适应有关的能力，第一是逻辑思维能力，与学习知识有关；第二是创造性智力，与提出好问题有关；第三是实践能力，与达成个人目的的能力有关，是能够处理日常事物的能力。多元智能论更强调智力的文化相对性和历史相对性。民主与平等精神，符合人本主义潮流。

虽然多元智力理论在幼儿园和学校越来越受到重视，但学校心理学家在评估学生的过程中，仍然多使用传统的强调一般能力的智力测验。这就涉及第二个争议的问题：智力测验的结果是做什么用的？这个智力测验的分数是否有助于干预的设计？

目前，研究者和应用者越来越多地强调测评和干预之间的直接联系，智力测验是否具有治疗的效果这个问题越来越成为学校心理学关注的焦点。如果测评的目的是指导治疗计划，那么传统的IQ测验结果如何才能匹配这个目的呢？智力测验对于学生的学习具有中等的预测效度；一般来说，高智商的学生比低智商的学生在学业成绩上可能表现更好，智力测验分数与年级之间的相关大约是0.5。然而，正如瑞斯利（Reschly，1997）指出的那样，智力测验“很少用来预测学术背景下学生的学业成就表现如何，却经常用于那些已经表现出成绩不佳的学生”。然而，教育者们所关心的问题并不仅是确定这些学生和他们的同龄人是否在能力上有差异，更加需要确定能够导致他们学业成绩提高的目标和指导方法。

智力测验还在广泛使用，说明它还是有其重要作用的。那么，智力测验有哪些功用呢？

智力测验对于教育与心理干预有很重要的作用：

1. 辨别智愚的扫描作用。一些学生出现学习困难或学习障碍，对于学校心理学家来说，首先要确定的就是学习困难是由于智力低下造成的，还是由于对环境的适应不良造成的。智力测验可以解决这个问题。人的智力高低不齐，有人聪明，有人愚笨，通过智力测验，可以将那些智力低下的人选出来，进行特殊教育。

2. 诊断学习困难。虽然诊断学习困难有若干种方法，但智力测验仍是重要方法之一。学习与智力水平有显著的相关，一个学生的学习困难可能就是不具备相当的智慧。

此外，学生学习各种学科，都有其适当的学习年龄。如果智力发展到某种程度，多面手学习某种学科，学习起来就可得心应手。美国心理学家华适波恩研究儿童什么时期学习各项算术教材最为适宜，发现各项教材都有最适宜的学习年龄：10以内的加法，最早要在智龄6岁半开始学习，最佳学习期应从7岁4个月智龄开始。又如50以内的减法，最早要在智龄6岁7个月开始学习，以在智龄8岁11个月开始学习为最宜。算术一科如此，其他学科的情形也是如此，如果教师和家长了解各门教材学习的最适宜的智力年龄，就不会揠苗助长。

有些智力测验就兼有诊断学习困难的性质，如有一种算术诊断测验，可用来诊断学生在何种计算方法上尚未彻底了解。心理学家特玛编制的一个算术四则测验就是这个类型的诊断测验。这个测验有80个题：加减乘除各20题，包括整数四则和小数四则，每两题代表算术上的一种计算方法，例如第一题和第二题代表不进位的简单加法，第三题和第四题代表进位的简单加法。儿童若把第三、第四题做错了，则表示该儿童不会做进位加法，如下所示：

	(1)	(2)	(3)	(4)
加	3	6	7	7
	+4	+2	+5	+9
	______	______	______	______
	(5)	(6)	(7)	(8)
减	6	8	9	9
	−3	−4	−5	−0
	______	______	______	______

3. 作为分班的依据。如果某一班学生的智力不一致，其进步的速度也不一致，教学时便颇感困难。若对全班学生施以智力测验，然后根据智力商数分为快、中、慢班，使各班学生进步速度相近，就会使教材与教学进度适合学生的能力。

4. 可作为教育实验的根据。在进行心理或教育实验时，常要控制条件，使两组学生在智力上等质，智力测验是很好的工具。

5. 可作为就业指导的根据。各种职业所需要的能力不同，学生所选择的职业若和自己的能力相称，将来就容易有成就。

第二节 学校中经常使用的智力测验

测试学生的智力具有近百年的历史，比奈于 1905 年编制了第一个诊断异常儿童智力的测验，这是世界上第一个标准化的智力测验。以后，各种测验层出不穷，时至今日，发达国家各种测验名目繁多，令人眼花缭乱。

目前，的确存在智力测验的滥用问题。实际上，任何一种智力测验数量化再完美，常模再精细，也是受一定理论指导的。对智力的测量必须先假定什么是智力，智力的基本结构是什么。然而对于智力的结构究竟是什么，目前仍然是一个众说纷纭的问题。在这种不尽完善的智力理论基础上编制智力测验，所测量的智力必定是不完善的。在心理测验编制过程中，存在一种流行的数据导向的取向（data-driven-approach），强调测验的编制取决于所收集的数据。一些人在尚未细致推敲测验的内容框架是否合理之前就已经进行数据的统计了，在这种不坚实的假设基础上统计出来的数据，究竟说明什么问题，是颇令人怀疑的。所以，对于使用测验的人首先要问的问题是，测验是测什么内容的，其范围是什么，适用的问题又是什么，否则就会像一个迷路的人，不知自己正在做的事情是什么。

一、斯坦福—比奈智力测验

目前，学校中用于检测智商的最常用和最具权威性的标准化测验仍是斯坦福—比奈测验和韦氏测验，兹作以下介绍。

比奈认为，智力测验试图评估的是人的一般智力，这种一般智力是通过各种类型的任务来实现的，各种类型的任务的得分被整合成为一个分数，这个分数被称为智商。

而一般智力指的是一个人判断、理解、推理的能力。它强调的是个体的思考过程，即大脑是否灵活，是否能够解决问题。所以，比奈量表所选择的试题和材料也是为了反映这个一般智力的。

斯坦福—比奈量表的另一个特点是年龄与智力发展的比较，所以，它是一个年龄量表，智商是与不同年龄的常模相参照得出的。与同龄人相比，智力成绩偏低或偏高被认为是智商低的或智商高的。后来的韦氏量表也是吸取的这一基本模式来解释智商的。

斯坦福—比奈测验经由我国心理学家陆志伟在 20 世纪 30 年代进行修订后，介绍到中国。经过修订后的测验共有试题 54 个，分为语言文字、数字、解图和技巧操作四个部分。试用年龄 6—14 岁，尽管也有代表 6 岁以下和 14 岁—18 岁的题目，但所得结果仅有参考作用。

该测验简明易懂。从 3—11 岁，每岁有六个试题，每题代表智龄两个月；12—18 岁，每岁各有三个题，每题代表四个月。54 个题中有若干试题可以用于不同年龄。如学说语词这个题可用于 6 岁组第二题（6:2），也可以用于 8 岁组第五题（8:5），还可用于 10 岁组第二题（10:2）。这一题可用于三处，所以 54 个题变成了 75 个正式测试题，兹举例如下：

1. 比较线的长短（3:1）
2. 说出自己的姓（3:2）
3. 数硬币 4 枚（3:3）
4. 说出自己的年龄（3:4）
5. 顺背数目（3:6）
6. 辨别形式（4:4）
7. 数硬币 13 枚（4:2）
8. 说出颜色（4:3）
9. 说出物名（4:4）
10. 三种职业（4:5）
11. 摹画方形（4:6）
12. 问手指数（5:1）
13. 上午与下午（5:2）
14. 倒数数目（5:3）
15. 三角形拼成长方形（5:4）
16. 说明性别（5:5）
17. 简单的迷津（5:6）

例如，［试题 1］比较线的长短（3:1）：

将说明书上的横线放在儿童前，问他："你看这两条线哪一条长？把长的一条指给我看。"

指完一次，上下倒置，再问一次。

答对算一个月的智龄。

再如，［试题5］顺背数字：

先对儿童说：“我现在要说几个数目，我说完了你照我说的说给我听：2–7、6–1，3–9”。

说数目时，声音必须断，每念一个数目，须有一秒钟的时间。

(1)	(2)	(3)	(4)	(5)
27	381	6477	63139	974258
61	279	3155	62141	825396
39	528	6193	27465	681372

(6)	(7)	(8)	(9)	(10)
4381579	72413536	861793542	7573269287	71829536814
9315874	37591438	72516B739	8231597295	39271648517
1498637	49572689	613567482	4192478315	95217368492

组（3）中答对两个的算通过，如连续有两组不通过，不必再试。读数字时，不可有节奏，有调子。

成绩：通过组（3）或组（4），智龄算两个月（3 6）；通过组（5），智龄算两个月（6 3）；通过组（6），四个月（9 5）；通过组（7），八个月（15 4）。

对于通过组（3）或组（4）的两个月，应另算，不在累计中。

［试题24］指出谬误：

对儿童说：“我念句子给你听，其中有点不通的。你细细地听，对我说什么地方不通。”

1. 摇船的人说：“坐船的人越多，船走得越快。”

2. 从昨天早晨下雨，到今天已下了三天。

3. 有一个人说：“从城里到家里要下山的，从家里到城里也要下山的”。

4. 火车翻了，没有什么妨碍，不过死了些人。

5. 一个人骑自行车摔倒了，头碰在地上，立刻就死了，有人把他送到医院里，医生说：“恐怕治不好了。”

只说不通，不说理由者不算通过。

答对两问或三问，两个月；

答对四问或五问，六个月。

［试题70］心算：

问：(1) 一个人每月薪水是20元钱，每月付房租和饭钱是14元，别的费用一概没有，你想，他要多长时间才能积攒到45元钱？

(2) 两支铅笔值5分钱，现在要买30支要多少钱？

(3) 布4角钱1尺，现在要买2尺10寸半，一共要多少钱？

每题至多一分钟。

成绩：答对两问或三问：四个月。

计算成绩的方法：

1. 计算实足年龄。

2. 将各试题所得之月数相加即为智力年龄。如果一个10岁小孩各试题所得之月数为68，且10岁小孩只从第19题才开始做，查表可得知前19题之月数为60。所以该儿童所得的智力年龄为68+60=128，即10岁8个月。

3. 算出智力商数。按公式，这个儿童的智商为：

IQ=128/120×100=106.67

斯坦福—比奈智力测验几十年来经过了不断的修订，以不断适应变化，虽然后来出现了韦氏量表，但它的地位仍不可取代。在中学生和成人方面，它已开始向韦氏让步，但在幼儿和儿童方面的应用仍是无可非议的。

时代在变化，人们对老一套的斯坦福—比奈智力测验面临的最大问题不是常模修订的问题，而是测验题目和材料的老化问题，测验题目和材料已经熟知，应当不断变换题目。

无论如何，比奈量表中重视儿童发展与智力的测验及用年龄与智龄相比较而推算智商的思想，被后人继承并发扬光大了。

二、韦克斯勒智力测验

韦氏智力测验是由美国韦克斯勒教授编制的。韦氏的第一个智力测验产生于1939年，韦氏儿童智力测验产生于1949年，韦氏成人智力测验发表于1955年，而韦氏幼儿测验则发表于1967年。我们在此着重介绍韦氏儿童智力测验。

韦氏智力测验经过三年的修订，于1984年开始了新的版本。我国心理学家林传鼎、张厚粲教授修订了该测验。我国目前流行的就是1984年版本的测验。

韦克斯勒对智力的看法与众不同，他认为智力不能以抽象的术语来定义，智力应当具体，应当对人适应环境有帮助，所以规定智力概念必须有四个限制：1. 一项智力活动对个体来说必须是清楚明白的；2. 必须有意义；3. 必须合理；4. 必须是有价值的。韦克斯勒认为，智力能力虽然有多项存在，是受许多因素影响的产物，但它是一种综合的，全面的能力。我们利用测验所测量的并不是分测验所命名的那些东西，不是空间知觉，也不是推理能力。智力所测量的东西，正如我们所希望它测量的那样，是更重要的东西，是个体以自己的智慧迎接世界上各种挑战的能力，所以，智力不像一些人理解的那样是内在固有的特质，而是受环境和遗传共同决定了的适应外界的能力。

具体而言，韦氏把智力分为两大基本部分，一是言语能力，二是操作能力。

言语能力包括六项测试项目：常识、类同、算术、词汇、理解、背数；操作能力包含填图、排列、积木、拼图、译码、迷津。

【试题举例】

常识：第 6 题，捉老鼠的动物是什么？第 10 题，太阳落在什么方向？第 23 题，中国面积有多大？第 25 题，玻璃主要用什么原料制成的？第 29 题，什么是象形文字？题目难度逐渐增大。每题答对给 1 分。

类同：要求回答两个东西或两件事相像的地方。如：第 2 题为轮子—杯子；第 8 题为电话—收音机等。

算术：主要包括加、减、乘、除的应用题口算，这部分之所以放在言语类，主要是因为这一计算并不是单纯考查计数能力，而是考查言语与计算相配合的情形，这种配合对于人们适应环境很有利。人们在生活中（除了会计等职业）并不需要单纯的计算，而是为了解决问题的计算，这种计算总是要借助言语辅助的。如第 19 题，一个盒子里有四个小盒子，每个小盒子里又有四个小盒子，那么连大带小的总共有几个盒子？

词汇：32 张小卡片，每张上面分别横写着一个词，如消灭、损害、小刀、伞等。这部分的评分标准较为复杂，共有三个等级。能说出适当的同义词（如危险的意思是不安全，或者说出主要用途，如刀是切东西用的），或事物的一个主要特征（凉台在屋顶，可以晒太阳）及指出词所属的类别（驴是一种动物）等给 2 分。说出模糊的同义词或仅讲出次要用途、仅举出词意的实例，但未加阐述给 1 分。对于显然是错误的回答（拖延是勤奋）或追问后仍然回答模糊的（凉台很高）的给 0 分。

理解：这部分主要测试的是人们的社会知识和生活知识。例如，如果你把小朋友的皮球弄丢了，应该怎么办？（赔偿损失）第 11 题，为什么说话必须守信用？（是信任和相互依赖的基础，具有契约作用）意思对了，也给分。分三个等级给分。

填图：有 26 张图片，每一张都缺少一个部分，要儿童回答或指出每张图上缺少的部分。如狐狸缺少耳朵，钟缺少数字 8 等。

图片排列：测试儿童理解事物顺序的能力。有几张标有数字的图片按数字的顺序摆在儿童面前，但顺序是错误的，要儿童重新按事情发生的先后重新排顺序。如拳击和野餐的各三张图片。手册中规定了具体的施测时间和评分方法。

积木：测试儿童的空间操作能力。主要材料为红白两色组成的木块四方体，主试设计一个图案，然后给儿童积木让他们按照这个样子摆一个，有时间的限制。

拼图：测试儿重的空间秩序能力。有苹果、女孩、马、汽车、面孔五套图像组合板。让儿童拼成图形，根据正确性和速度给分。

译码：测试替代能力。如有一个颗星，一个圆球，一个三角等图例。星星当中有一竖线，圆球里有两道横线，三角上有一道横线。下面是星、圆球、方块、三角等掺杂在一起的图案，让儿童把相应的符号填在这些图形里。根据严谨和正确性给分。

迷津：测试空间知觉能力。有迷津图，让儿童用笔从外面向中央台画，或从中央台向外画出来。根据时间及准确性评分。

图 4-1 智力测验中的迷津图

那么透过韦克斯勒测验的分数，我们能对学生的学习有什么分析和解释呢？对学生的学习能力诊断有什么帮助呢？

（一）言语和操作智商的差异问题

韦氏智力测验的一个重要的分数解释是言语和操作智力的分数差异，一般10—15分以上可被认为是有差异的，分数的差异说明了什么呢？

第一，可以用左右脑功能的优势来解释。脑科学认为，左脑的主要功能是语言加工过程，包括语音的记忆、语音的分辨、语音的加工与语言的理解能力，而右脑主要是抽象的和空间的能力，如空间记忆与操作能力，空间符号的替代、抽象的逻辑推理、空间想象能力和视知觉的加工能力。

第二，晶体智力和流体智力的解释。晶体智力主要涉及记忆与学习原有知识，整理过去知识为主的能力，而语言智力具有这个特点，有助于学习文科知识或记忆性的知识。而流体智力则主要涉及学习新异知识的能力，如创造性地想象、发现新的逻辑关系，抽象出共同的概念或原理，这是与操作智力有关的能力，是灵活的，适用于解决新问题的。

第三，家庭教养的解释。如果语言能力高于操作能力，说明一个人的家庭教养环境较好，父母重视教育，重视语言能力的开发，家庭可能有较多的书籍，家长语言表达能力较好，有较高的教育背景。而如果语言能力不如操作能力，说明一个人先天的素质不错，大脑灵活，思维敏捷，但后天教养不如先天的素质好，早期没有丰富的语言刺激。

第四，学习困难的解释。研究表明，学习困难儿童中大多数表现为语言智力低于操作智力，相比之下，他们思维灵活，但语言、阅读、记忆能力落后，注意力缺损多动障碍儿童中也存在这个现象，即言语能力落后的多于操作能力落后的，有些障碍儿童，学习数学注意力集中，学习新知识注意力集中，但语文课或者需要重复记忆的课程则注意力不能集中了。

第五，心理语言学的解释。认为如果语言智力优于操作智力，说明一个人心理语言能力占优势，对文字的解码、加工和记忆、理解能力都有优势，这种人总体上学习成绩好于操作智力强于语言智力的学生。

（二）第三因素的解释

所谓第三因素指抗干扰的有关因素：即数学、背数和译码，如果这三个因素与其他测验的平均值有偏差，或有方向一致的变化，可考虑第三因素的问题。

第三因素可解释为抗干扰能力差，易分心，即出现选择性注意力的缺陷。因为这三项测验任务枯燥，需要持续的注意力集中，不能分心，如果落后，应当结合其他指标考虑学生是否具有注意力缺损多动障碍。

（三）语言量表内部的差异及解释

1. 记忆与推理：也有学者提出，可以通过语言量表内部的差异对学生的学习能力进行诊断，如：

记忆能力	推理能力
常识 词汇 背数	数学 类同 理解

语言智力六项中可以分为两个成分，一个与记忆有关，不涉及推理，而另外三个则偏重推理，分别统计三项的平均分，如果差异显著则可以进一步得出该学生的语言能力内部的特点，是偏向记忆还是偏向推理，如果结合操作智力的分数，则能进行更好的解释。

2. 长刺激和短刺激

长刺激	短刺激
常识 词汇 背数	数学 类同 理解

该解释认为，常识、词汇、背数这三项代表的是听觉输入为主的刺激，需要更多的记忆和专注的能力，如果这三项高于数学、类同和理解能力，说明该生听觉记忆能力较好，进而可以预测学生的学习风格和认知特点。

3. 表达技巧的多少

表达多	表达少
类同 词汇 理解	常识 算术 背数

类同、词汇、理解等三项需要较多的表达技巧，如果分数低于另外三项，表明该学生表达能力不好，但接受能力不错。如果高于另外三项，则说明表达能力很好，能把自己掌握的知识较好地表达出来。

（四）操作量表内部差异

操作量表内部的项目差异也可以提示学生不同的学习风格和认知特点。

1. 语义刺激丰富与否

语义刺激丰富　　　　语义刺激不丰富

填图 排列 拼图	积木 译码

如果语义刺激丰富的项目上得分高于不丰富的，则说明该学生偏向语言能力，结合语言智力分数可以进行分析，如果语义刺激不丰富的项目得分高，说明该学生的抽象思维能力很好，空间推理能力高。

2. 视觉组织与手眼协调

视觉组织	手眼协调
填图 排列	积木 拼图 译码 迷津

如果填图与排列得分高，说明不涉及手眼动作的视知觉组织能力高，而以积木为代表的能力分数高，则可以说明手眼协调的能力较为优秀。

通过上述描述我们可以看到，智力测验的目的不是把人分为三六九等，而是为了诊断一个人加工信息的不同风格和特点，发现个人的特殊偏好和倾向性，为解释和说明学习过程提供丰富的说明，进而为干预方案的制定提供指导。

斯坦福—比奈测验与韦氏智力测验在许多方面是不同的，选用其一测验时，测试者必须考虑两者主要的理论差异而导致的实际差异：

1. 与韦氏智力测验相比，比奈测验主要评估的是抽象的认知能力，韦氏主要测量的是个体的总体表现、竞争与适应环境的能力。

2. 比奈测验所得出的 IQ 是恒常的，评估的是固有的遗传能力。韦氏测验所得出的 IQ 是变化的，是随着社会推崇的实用价值的变化而变化的。韦克斯勒认为，所谓 IQ 的恒常性是相对稳定的。

3. 比奈测验只给出了反映儿童一般能力的一个分数，而韦氏测验则通过对多个分测验的分数合成一个对智力的总体评估。

韦克斯勒智力测验仍然在进行不断的修订。在最新版本中，一个完整的 IQ 分数也就是包括四个方面的分测验分数：阅读理解、知觉推理、工作记忆和加工速度。由 15 个独立的分测验组成，强调对学习的指导与影响。

三、麦卡锡儿童能力量表

这一量表是美国心理学家麦卡锡于 20 世纪 70 年代初编制的测验儿童能力的量表，简称 MSCA。它主要用于测试 2.5—8.5 岁儿童的认知和运动能力。MSCA 包括 18 个分测验，产生六个维度的测验分：言语能力（V），知觉操作（P），计数能力（Q），运动能力（Mot）、记忆能力（Mem）和一般的认知能力（GCI）。总而言之，MSCA 评估的主要内容为儿童在解决言语和数量问题及操纵具体物品时所表现出的推理、概念形成和记忆能力。

麦氏量表大概要用一小时左右完成，通过测试，我们可以了解儿童的词汇概念的形成、视动协调、短期记忆、注意、空间关系、早期语言发展、言语表达、非言语推理、精细运动和大肌肉运动的能力或技能。下面是有关麦氏的分测验及所测试领域的图表，一个分测验不止测试某一领域，可能测试多个领域。

1. 积木：与韦氏相仿，这一分测验测试儿童手指运动的模仿技能，要求儿童能用积木仿造出主试建构的模型。

2. 解迷：测试儿童将程度不同的困难整合到一起的能力。

3. 图形记忆：测验儿童的记忆及言语能力，向儿童出示一张包含有六个相似物体的卡片。当主试命名物体时，向儿童出示卡片 10 秒钟，然后让儿童尽量回忆刚才的物体。

4. 词汇知识：分为两部分。图形词汇部分测试儿童指出和命名相似物品的能力；口头词汇部分测试儿童定义某些词的能力。

5. 计算：让儿童口算一些算术问题，测试儿童运算能力。

6. 按顺序敲键：让儿童跟随指令重敲四键木琴。

7. 词汇记忆。

8. 左—右方向：让儿童指出身体的左右，测试他们辨别左右的能力。

9. 腿的协调：测试儿童后退—走直线和滑行的能力。

10. 胳膊协调：测试儿童拍球、扔物体、击中目标的能力。

11. 模仿动作：测验儿童模仿主试动作的能力。

12. 画草图：要求儿童根据记忆画一个草图并临摹一个复杂的几何图案。

13. 画小人：要求儿童画一个同性别的孩子。根据其年龄水平为图画评分。

14. 数的记忆。

15. 词汇的流畅：让儿童在限时内对词汇进行分类和概括。

16. 计数与辨认：测试儿童计算和理解简单的量的概念。

17. 反义词：测试儿童的概念能力。如羽毛是轻的，石头是______？

18. 概念分类：主要测试儿童理解形状、大小、颜色的能力。

下面是各分测验所要测试的领域：

测验	言语能力	知识操作	计数能力	一般认知	记忆	运动
1. 积木		P		GC		
2. 解迷		P		GC		
3. 图形记忆	V			GC	Mem	
4. 词汇知识	V			GC		
5. 计算			Q	GC		
6. 按顺序敲键		P		GC	Mem	
7. 词汇记忆	V			GC		
8. 左—右方向		P			Mem	
9. 腿协调						Mot
10. 胳膊协调						Mot
11. 模仿运动						Mot
12. 画草图		P		GC		Mot
13. 画小人		P		GC		Mot
14. 数的记忆			Q	GC	Mem	
15. 词汇的流畅	V	V	GC			
16. 计数与辨认			Q	GC		
17. 反义词	V			GC		
18. 概念分类		P		GC		

麦氏测验备份测验的原始分数可转换成各维度的分数。一般认知能力的均值为 100 分，标准差为 16，每个维度的均值为 50，标准差为 10，量表还可以统计百分位与智龄。

麦氏测验专门用于测试小孩子的能力，其特点在于针对小孩子在测验中易疲劳、分心的特点，设计了新颖的、适于儿童兴趣和需要的测试材料，图形是彩色的，积木也是儿童熟悉的，另外身体的运动也是儿童喜爱的游戏；此外它的先后顺序也很符合儿童的需要。先是有趣的积木，然后是较难的计算，接下来是运动测试，运动测试之后是画图，有利于儿童稳定下来，接着是词汇测试。整个测试过程始终让儿童感到新奇和有趣。与比奈测验和韦氏测验相比较，儿童们认为麦氏测验是最有趣的。

理论上麦卡锡接受了皮亚杰和盖赛尔的理论，把具体运算和前运算的认知任务作为测试目标，强调命名、分类、动作等功能，结合麦卡锡本人临床的、教学的经验，创立了新异的测验材料。

麦氏儿童能力测验的另一个优点是诊断性强，可诊断学习困难、动作障碍、短时记忆障碍等，这些对于帮助学习困难的孩子及预防学习障碍都是大有帮助的。总之，这一测验与儿童学校的学习操作联系极为密切，对儿童学习操作的反应最为敏感。

四、非言语性智力测验

言语性的智力测验在很大程度上测试的是与教育有关的因素，受教育程度越高，言语能力越高，测验的得分就会越高。尽管在一般的智力测验中，包含着非言语能力的测试，但仍有心理学家试图编制完全不带有言语色彩的智力测验。

（一）古德依纳夫画人测验

主要适用于5—15岁儿童，个人施测和团体施测均可，要求儿童画一个男人或一个女人或自己的画，画的质量被评分（见图4-2），并作为反映智力成熟的指标。这一测验之所以受人喜爱是由于它容易实施，十分简单易行，让儿童画一个人就能评分。但这一评分标准却较为主观，一般不能把分数作为智力的测试指标。一个人如果得了低分可能是受了许多因素的影响，如精细动作、想象力、绘画的学习等。所以，正式使用这一测验的人并不多。

图4-2　儿童画人举例

（二）瑞文标准图形推理测验

瑞文标准推理测验是英国心理学家瑞文于1938年设计的非文字智力测验。该测验的编制在理论上依据斯皮尔曼的智力二因素论，认为智力主要由两因素构成，其一是一般因素，又称“g”因素，它可渗透于所有的智力活动中，每个人都具有这种能力，但水平上有差异；另一个因素是特殊因素，可用“S”表示，这类因素种类多，与特定的任务有高相关。人们普遍认为，瑞文测验是测量一般因素的有效工具，尤其对于测量人的问题解决、清晰思维和知觉，发现和利用自己所需的信息，以及有效地适应生活的能力有密切的关联。

瑞文标准推理测验一共由 60 道题组成，分为 5 组，每组 12 个题。A、B、C、D、E 五组题目的难度逐步加大，每组内部题目也由易到难排列。每组题目所用解题思路基本一致，而各组之间则有差异。A 组题主要测知觉辨别力、图形比较、图形想象等；B 组题主要测试类同、比较、图形组合等；C 组题主要测试比较、推理、图形组合；D 组题主要测试系列关系、图形套合；E 组题主要测套合、互换等抽象推理能力。但实际完成作业时，解决各组问题都有各种能力的协同作用，不能截然划分。一般来说，完成前面的题目对了解后面的题目有所帮助，完成先前一组题目也对后面各组题目的解答有学习效应。

测验题的构成是主题图，每个题目都有一个主题图，每张主题图中都缺少一部分，主题图下面有 6—8 张小图片，其中一张小图片若填补在主题图的缺失部分，可使整个图案合理与完整，如图 4-3。

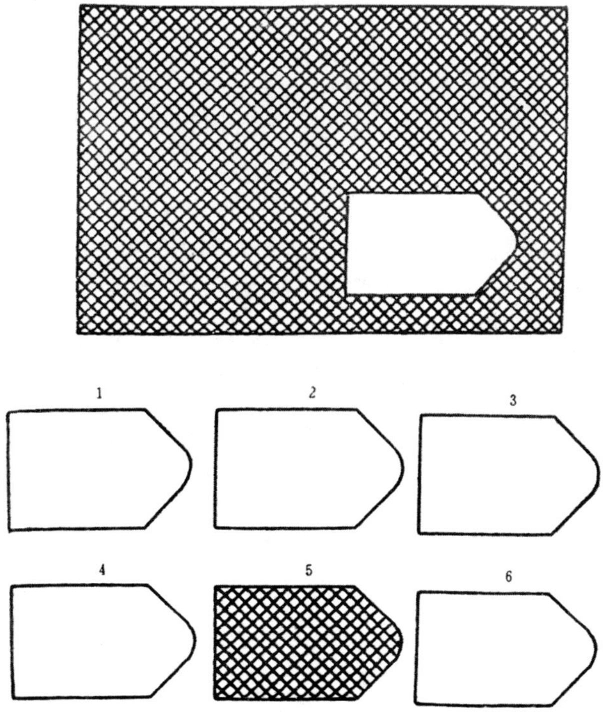

图 4-3　瑞文标准推理测验图示

瑞文测验适用于小学 3 年级至 65 岁以下的正常人，年龄范围和测验对象不受文化、种族、语言的限制。既可以个别施测，也可以团体施测，使用较为方便，结果解释直观简单。利用瑞文标准测验可以进行智能诊断、人才选拔与培养，对于区别普通人与智力迟钝者也有意义。

瑞文测验在我国是由张厚粲教授主持修订的，具有良好的信度与效度，得分可转换成标准分。

第三节　知觉—动作测验

学生的学习问题并不都是运算、词汇的问题，智力与人的知觉、动作也具有密切的关系，所以，一些智力测验中包含了知觉和动作的项目或分量表。但为了更系统地测量儿童的知觉与动作能力，出现了专门的测验工具。

知觉—动作测验对于了解儿童的知觉和运动问题是很有帮助的。例如，有一个叫小明的 7 岁男孩子，总是写错字，不是丢一笔就是多一笔，写数字的时候也有写颠倒的时候，把 89 写成 98，为了了解他的视知觉能力是否有问题，可对之进行视知觉测验。还有，我们经常可以见到走路不稳，拿笔不稳的儿童，这些儿童不仅动作质量差，而且经常多动，可以对这些儿童进行视动统合测验，以检查其动作问题。

知觉—动作测验在特殊教育领域是是非不清的话题，它通常因缺少信度和效度而受到人们的批评，尤其是如果过分依赖知觉—动作测验来识别教育问题，是不可取的，应当参照其他智力测验的结果，来对知觉--动作测验作出解释。

那么，知觉—动作测验和评估所依据的理论假设又是什么呢？知觉—动作测验对儿童的学习过程有一个假定的模式，威廉姆斯 1983 年提出了一个知觉与动作功能交互作用的模式：刺激接受和加工代表动作活动的第一步，外部刺激必须要被儿童的感官所接受。例如，任务是临摹一个三角形，儿童必须看到作为刺激物的三角形。第二步是感觉统合，感觉统合的作用在于使过去贮存于长时记忆中的感觉信息被调出来，与现在的感觉进行比较。例如，儿童要画三角形，就是感觉统合。第三步就是有效的活动，当认知了刺激后，儿童就要解释视觉输入，将之看成是三角形。这一解释与认知的过程要决定作出活动，然后完成这一活动。在这一阶段，画画的活动开始了，儿童开始临摹三角形。第四步是信息反馈，运动动作引发了对刺激的控制，可指导未来的动作。假设儿童开始画第一条直线，反馈可来自本体感受（动作）和动觉接受器（空间位性）、视觉接受器、手的触压觉接受器（使儿童调整用笔），可能的话，还有听觉接受器，参见图4-4。

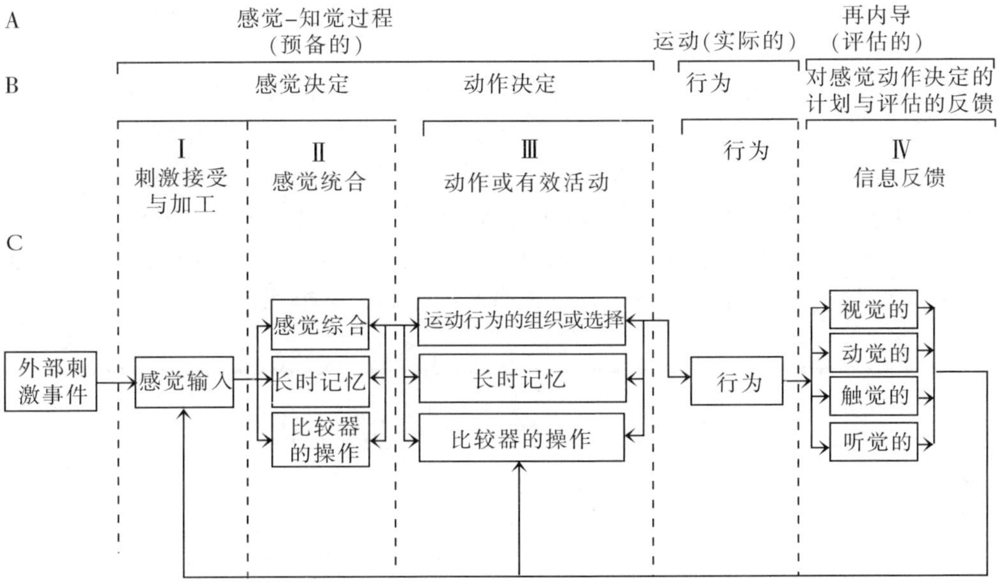

图 4-4 视—动学习过程

因此，视—动评估有两个理论前提：

一是对于学前和小学儿童来说，视—动技能是其学习操作成功的前提，有人研究了视—动发展落后与学习成绩的关系，两者有密切的关系。

二是假定学习障碍（learning disability）是视—动缺陷的表达或表现。正是由于第二种假设，使得视—动测验风行一时。目前，关于视—动缺陷与学习障碍的问题仍是有待于进一步探索的领域。知觉—动作测验包括视知觉和视—动技能测量，听知觉能力的测量和动作技能测量三大类。使用这种测验的通常是教师和诊断专家。知觉—动作测验不能混同于感觉敏度的测验，视敏度和听敏度的测验有其本身的假设，一般由医生施测。

知觉—动作测验发端于20世纪60年代，70年代开始流行，至今仍有许多心理学家和教育家使用这一测验。信奉这种测验的人相信，知觉—动作的发展会迁移到许多学习领域，语文的学习离不开听知觉，数学的学习也与视知觉和动作能力有很大关系。因此，知觉—动作测验可以预测学习成绩，并可以通过设计知觉—动作的教学计划提高学习成绩。绝大多数知觉—动作测验的研究都是70年代完成的。

一、本德视动格式塔测验

本德视动格式塔测验（BVMGT）是学校心理学家和诊断学家经常使用的测验，不仅是因为它简单易行，而且因为它既可以当做人格测验，也可以当做知觉—

动作测验。如用于检测情绪问题、脑损伤及学业问题。目前，BVMGT 存在着滥用的问题。

本德曾在一家医院工作，对格式塔心理学的知觉学说十分感兴趣。我们知道，魏特海默提出了近 30 多个格式塔图形设计，本德采纳了其中的九个，本德本人并没提出标准化的评分系统，但指出了绘图中常见的错误并将这些错误用于诊断精神分裂和其他神经症。BVMGT 包含 9 个图形，见图 4-5。测试者说：“我这里有 9 个卡片，你要临摹它们。现在给你呈现第一个，把它画下来。”答卷纸是一张空白纸。一次呈现一张卡片，没有时间限制，整个测验约用 6 分钟。

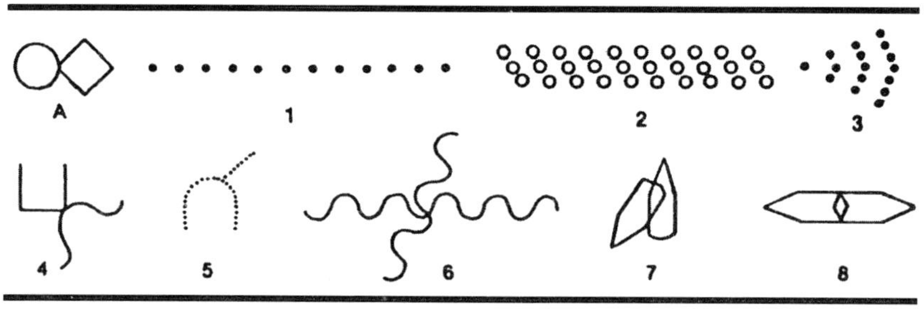

图 4-5　本德视动格式塔测验图形

BVMGT 的评分是一个难题，目前，以考皮茨的评分系统最为流行，这一评分系统尤其受学校心理学家的喜欢。考皮茨认为应当把 BVMGT 看做是一个发展性的测验，当用它来测验学生时更是如此。他的评分系统中包括 30 个偶然性的错误。这些错误不分等级，呈有或无式。四类错误为：颠倒、歪曲、整合错误和保留错误。考皮茨对错误如何评分提供了清晰的例证。

形状的歪曲指完型的破坏，如把圆点画成圆圈，把三角画成圆形，或把曲线画成直线等。如把图 4-5 中的第 8 个小图画成如下形状：

颠倒或倒转指图的倒转或任何部分倒转了 45 度以上。当只有将原图案倒转才与被试画的图案吻合，即被判为倒转得分，如图 4-5 中的第 4 个小图被画成如下形状：

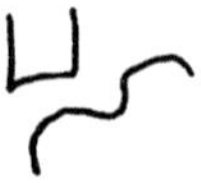

整合有三个含义：1. 不能将一个图案的两部分适当联在一起，或分开1/8英寸以上，或两部分重叠在一起；2. 不能将两条线正确地相交在一起或在错误的位置上将两条线相交；3. 省略或添加一排圆点，或缺少圆点或圆圈组成的图案的总体形状。如图 4-5 中的 A 小图画成下列形状：

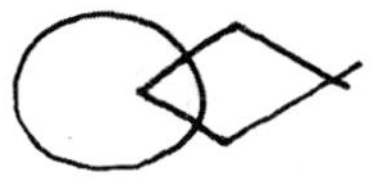

保留指的是增加、延长图案上的点或线。可从三个方面进行评分：1. 图4-5中的第 1 个小图中多于 15 个圆点；2. 图 4-5 中的第 2 个小图中多于 14 个圆圈；3. 图 4-5 中的第 6 个小图中在任一方向上多于 6 个曲线。如图 4-5 中的第 1 个小图画成如下形状：

错误的总数构成了原始分，最高为 30 分，但过 20 分的已属罕见。这一原始分可与年龄分相对照，并可在标准参照中换算出百分位。

BVMGT 重测信度为 0. 50—0. 90，评定者内部信度为 0. 79—0. 93，在众多评分系统中，考皮茨的评分系统是最令人满意的。

我们可以对 BVMGT 作出以下概括性的结论：

1. 根据考皮茨的评分系统，BVMGT 适用的年龄为 5—11 岁，一般而言，8 岁以下的测试结果更为准确和有效。

2. 施测方法：个体与集体均可。

3. 技术指标：有一定信度，效度合乎标准。

4. 评分：标准分、百分位、年龄标准。

5. 关于使用的建议：BVMGT 是一个有争议的测验，它主要用于测试非言语智商、脑损伤、情绪问题、学习情况和视—动能力。它的主要功能是扫描，鉴别各种各样的问题儿童。只有经过训练的专家才能胜任此项任务。使用时应注意，BVMGT 的分数可能与学生的阅读成绩没什么关系，尤其是超过 8 岁的儿童更是如此。使用时应牢记，BVMGT 是直接测试视—动能力的，对其他方面的解释应格外慎重。

二、视—动统合发展测验（VMI）

VMI 于 1982 年由心理学家比利编制，是一个用于诊断学习和行为问题的扫描工具，对于早期发现学习障碍很有帮助。它适用于 2 岁零 11 个月至 14 岁零 6 个月的儿童。

VMI 有 24 个按序排列的图，由简单到复杂，其中两幅选自 BVGMT。VMI 不是在卡片上而是印在纸上，每页有六个格子，上面三个是图案，下面三个是由儿童来临摹图案的空白格子，见图 4-6：

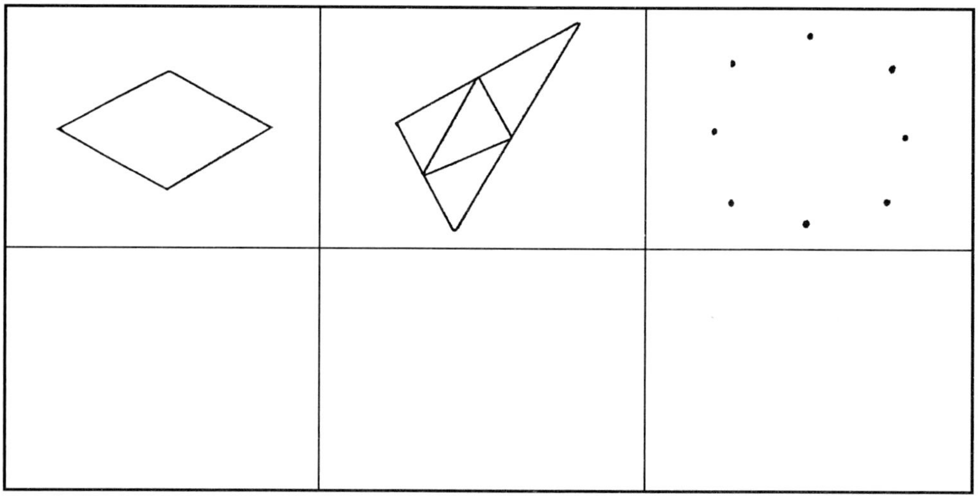

图 4-6　VMI 图示举例

儿童临摹的记分为“通过”或“不通过”，如果某一儿童接连三幅画都通不过，就要停止测验。手册上规定了通过与不通过的标准，并提供了范例。通过的数量相加即合成原始分。手册上提供了原始分转换成年龄值的表。原始分可转换成标准分，并可以转换成百分位。标准分的均值 10 为基准，标准差为 3。

测试表明男女儿童无显著差异。

VMI 评分的信度在 0.90 以上，再测信度为 0.63—0.92 之间。

第四节　学习困难诊断测验

学生学业方面的测验可以分为多个类型，有侧重成绩水平的学习成绩测验，还有侧重学习技能掌握的学习技能测验，还有侧重发现问题所在的诊断测验。此外，按照功能上划分，还可以把测查学生现有知识水平是否足以应付目前课堂的测验叫做准备测验，把旨在通过测验提高学习水平的测验叫做练习测验。上述有关学业的测验，其测试的重点是知识水平，以学生所学课程的内容或掌握知识的内容为测验题目编制的基本依据，故又叫做教育测验，以有别于心理测验。

教育测验也不可避免地要涉及人的心理问题，譬如，测验学生的阅读水平时，题目的编制必然要考虑不同年级学生词汇掌握之多少，阅读能力之高低，但教育测验一般不是测查人的智力水平，不关心学生的一般智能，而是以现在的教学内容和知识点为参考，测试学生掌握所学知识的情况及所存在的问题。所以，教育测验的编制离不开熟悉中小学教学、了解中小学课业的教师，其所涉及的内容大多是课本上讲授过的知识。

一、算术诊断测验

学习困难的诊断测验可按学科的内容和性质进行分类。按学科性质可以把诊断测验分成算术学习诊断测验、语文学习诊断测验或英语学习诊断测验等。但更经常的分类是针对某一学科的具体内容的，如针对算术四则运算的诊断测验，针对代数的诊断测验，或针对几何的诊断测验，等等。

算术诊断测验的目的是探测儿童学习算术的困难所在、困难的性质及发生困难的基本原因。编制算术测验，首先要对算术中的各项基本能力及其难易程度作一番详尽的分析。编题目时，须使每一个试题代表一种性质的问题，下面是一个算术四则诊断测验的实例（见表 4-1）。

在进行算术诊断测验时，最好让被试口述计算过程，由主试按部就班地把被试的反应记录下来。这样才能发现被试计算方法及计算习惯上的错误所在。

表 4-1　算术四则诊断测验

姓名______　　年级______　　年龄______ 测验日期______　　测验前教师诊断______	
加（学生计算时如表现某错误习惯则于该项习惯前做一记号）	减（同左）
1. 计算错误 2. 忘记了进位 3. 算错了重算 4. 进位数加错 5. 算法错误 6. 忘记算到哪位数 7. 漏掉一个以上的数字 8. 读错数字或记错数字 9. 答数写错 10. 用手指计数 11. 用圈代数 12. 加法不熟，过很久才想出答案 13. 进位数在 20 以上只当做 10 进位 14. 连加只加一次，漏掉数个数字未加	1. 计算错误 2. 借去的数目没有记入 3. 用数数法减 4. 不会借位，就以零为答数 5. 无借位也做借位算 6. 被减数与减数相同时的错误 7. 三位数中间是零的错误 8. 连减不会 9. 首位没有了还记零 10. 借位后仅把被减数加 10 11. 用乘除法来做
上面未列的习惯	上面未列的习惯

（续表）

乘	除
1. 计算错误 2. 进位时错误 3. 九九不熟或背错 4. 加法错误 5. 乘积的位置未对好，以致错误 6. 忘记进位 7. 乘数有零时的错误 8. 乘数漏一个 9. 积的位置写错 10. 用加法做乘法 11. 被乘数中一数未乘 12. 进位于零时的错误 13. 一个数乘了 2 次 14. 中间有零的乘法错误	1. 算法错误 2. 减错 3. 乘错 4. 余数大于除数 5. 用乘法试得数 6. 忘记余数 7. 忘记除数中的一个数 8. 遗漏末位余数 9. 把除数分开来看 10. 从单位数做起 11. 把余数合起来，写在题后 12. 商数末尾的零读错 13. 分解被除数
上面未列的习惯	上面未列的习惯

把学生演算的方法记在右边的空格内

(1) 5 6 +2 3		(5) 6 2 +3 4		(1) 5 8 +3 8		(5) 36 79 +21 24	
(2) 2 8 +9 4		(6) 52 40 +13 39		(2) 7−1= 9−0=		(6) 12 10 −6 2	
(4) 18 8 + 2 17		(8) 3 8 5 7 6 9 + 2 7		(4) 58 79 − 4 3		(8) 48 37 −19 28	

二、阅读诊断测验

阅读诊断测验考查的是学生阅读中经常出现的错误是什么。我国著名心理学家艾伟等曾编制了小学语文阅读诊断测验，兹介绍如下。

（一）测验的内容

本测验分为一、二、三、四类，每类代表一种默读能力。

测验一主要测量学生迅速浏览而摄取大意的能力，即泛读的能力，如阅读小说、故事等，只要浏览一遍，知其大概。

测验二测试学生细心阅读记取细节的能力，即精读能力，例如阅读自然、算术等课文，及各种理论书籍，必须逐字细心阅读，若疏忽一字，就会失去原意。

测验三主要测试学生综览全文纲要的能力，读过之后要找出一个系统的纲领或因果关系。

测验四是测量学生理解全文含义的能力。一些读物，常含有言外之意，必须推敲玩味，才能够了解作者的意思，如寓言、童话等。

本测验运用于四、五、六年级，通过施测，可以发现学生是否缺乏某一种阅读能力，然后加以有针对性地辅导。

（二）选材的原则

1. 各测验的材料，从最通行的小学语文课本和儿童读物中选取。2. 须为小学五年级儿童所读过的或应读过的文字。3. 各测验的材料，须配合各测验的功用，测验一应选取故事类，测验二应选自然类，测验三应选历史类，测验四应选寓言类。4. 应尽量避免生冷词汇。5. 每篇文章以 100 字为限。6. 不选带有韵律的文字。

每类测验有 12 篇文章，每篇文章后面有 1—4 个选择题，供学生回答。

（三）测验举例

［测验一］（二）

蜘蛛结网，结好了，大风吹来，把网打破。它不怕，等一会儿，再结一个新网。新网结好了，大雨打来，又把网打破。它不怕，等一会再结一个网。新网结好了，它便捉虫吃。吃饱虫，独自睡在网里，动也不动。

问题：这个蜘蛛

（1）怕麻烦 （2）有耐心 （3）很懒惰 （4）很畏难

［测验二］（十二）

荷兰的土地很湿，到处都长着青草，所以荷兰人养的牛羊很多。他们有许多很大的风磨，利用这风磨做磨粉或运水之用。他们穿的鞋子很是奇怪，是一种木做的鞋船，穿在脚上，又厚又重，好在他们穿惯了，倒也不觉得不方便。荷兰人到了冬天，很喜欢溜冰，年老的人，不能溜冰，就坐在椅子上，叫会溜冰的人推他。

1. 荷兰的大风磨可用以

a. 避风雨 b. 放风筝 c. 吹风乘凉 d. 磨粉运水

2. 荷兰人穿的鞋是用

a. 布做的 b. 皮做的 c. 木做的 d. 草做的

3. 荷兰的老人

a. 很不喜欢溜冰 b. 坐着鞋船溜冰 c. 穿着冰鞋溜冰 d. 坐在椅子上溜冰

［测验三］（一）

曹项是南通人，家里非常穷。因为他父亲做贩盐小生意，没钱供他读书，所以，他只得在家用功。他性情豪爽，身体强健，那时候，总督因为要防御外侮，派人到南通招兵，他就慨然从军去了。他每次和敌人打仗，都奋勇当先，官长十分看重他，便升他为一名排长。

请按故事情节排序：

（　）升了排长

（　）慨然从军

（　）南通招兵

（　）在家用功

［测验四］（一）

一棵树独种着，很怕风；小风吹他便要摇，大风吹他便要倒。两棵树并种着，也怕风；小风吹他还要摇，大风吹他还要倒。许多树同种着，不怕风；小风吹他不会摇，大风吹他不会倒。

这篇文章的大意是

（1）孤独有益　（2）谨慎有益　（3）合群有益　（4）勇敢有益

（四）实测程序

1. 填写姓名、性别、年龄、出生年月日、学校、年级。

2. 指导语

（1）这本小册子里有多篇文章，每篇文章下面有一个问题，读过以后，就会解答。

（2）每题后面有四个答案，其中一个为正确的，在正确的答案下面划√。

（3）测验者只需要把四件事发生的先后次序用 1、2、3、4 写在相应的括弧内。

（4）连续做下去直到我说停止。

（5）计时，测验时间因年级而不同。

	四年级	五年级	六年级
测验一	7	6	8
测验二	13	12	14
测验三	12	11	13
测验四	7	7	8

（6）计分，每对一题得一分。

（7）参照常模，可知学生阅读的问题。

三、教育测验的评分问题

教育测验与智力测验在评分上有相同之处，也有不同之处。一般而言教育测验的评分有如下几种形式。

1. 年级常模（grade norm）。这是教育测验常用的一种，简称级模。级模指各年级儿童的平均分。如三年级算术级模为70，表示三年级学生在这个算术测验中平均分为70分。级模的优点在于易了解，实用性强。不足在于：1. 利用原始分，故各种测验分数不能相比；2. 易使教师只注意学生各科的平均成绩，忽略其特殊才能。

2. 教育年龄（educational age）。所谓教育年龄指各个儿童的平均教育成绩，说某儿童教育年龄为10岁，这就是说他受教育程度相当于10岁儿童平均程度。教育年龄可分为阅读年龄、教学年龄、语文年龄等。某学生数学年龄为8岁，表示他的算术程度，相当于8岁儿童的平均程度。将某测验去试各年龄的儿童，然后求出每一年龄的平均分，该分数就是年龄的常模。

3. 教育商数（educational quotient）。表示学生的教育年龄是否与其实足年龄相称。教育商数是用教育年龄去除实足年龄，再乘以100。

$$\text{教育商数}=\frac{\text{教育年龄}}{\text{实足年龄}}\times 100$$

教育商数的困难在于教育年龄不好判断，许多学科测验不以教育年龄为单位，我国即是如此。另外，因取样的不同，各教育测验所得年龄常模有较大出入，会影响教育年龄的评分。

4. 成就商数（accomplishment quotient）。表示某生的教育程度是否与智力程度相称，通常用AQ来表示。

$$\text{成就商数}=\frac{\text{教育年龄}}{\text{智力年龄}}\times 100=\frac{\text{教育商数}}{\text{智力商数}}\times 100$$

成就商数可以衡量某学生是否努力学习，尽其智慧。智力高，学业低的儿童是一个不努力的儿童，反之，则是一个努力的儿童。例如，某人智龄为100，教育年龄为90，他的成就商数为90，表示他没能穷尽其智能，努力不够。

成就商数还可考查教学效率的高低，如果全班学生成就商数均很低，表示教学有问题。

作为一个从事学校心理学实践的专家，不仅应通晓智力测验，而且还应通晓教育测验，对于学生的学习困难而言，学习成绩、学习技能是更为直接的问题，这就要求心理学工作者深入学校，了解课程设置及教学内容，与广大教师相配合解决学生的问题。对于学生的学习困难而言，学习成绩、学习技能是更为直接的问题，这就要求心理学工作者深入学校，了解课程设置及教学内容，与广大教师相配合解决学生的问题。

【建议参考资料】

1. 霍力岩．多元智力评价的理论与实践［M］. 北京：教育科学出版社，2010.

2. 萨特勒，霍格．儿童评价［M］. 陈会昌，译校．北京：中国轻工业出版社，2008.

3. 余民宁．教育测验与评量：成就测验与教学评量［M］. 台北：心理出版社股份有限公司，2002.

4. FLETCHER R B, HATTIE J. Intelligence and intelligence testing［M］. London: Routledge, 2011.

【问题与思考】

1. 学校中为什么要进行智力测评？其主要作用是什么？
2. 智力测验可以如何进行分类？
3. 心理学家对智力理论的理解主要有什么分歧？
4. 如何解释韦克斯勒智力测验的分数？从这个解释中你理解了智力测验的什么特点？
5. 如何评价视觉—动作统合测验？其信度和效度如何？
6. 学习困难的诊断测验与视觉—动作测验分别测量了什么能力？这个能力对于学习能力的理解有何启发？
7. 如何理解智力测验、成就测验和教育商数的意义？

第五章 学生的问题行为及人格测评

【本章提要】

本章主要介绍如何对学生进行人格发展、情绪及行为问题的评估。分为两大部分，行为评定和人格测评。第一部分介绍行为评定技术，行为评定主要有两大类测验材料：适应行为量表和问题行为量表，前者注重测查儿童对社会要求及环境的适应程度，后者测查儿童的情绪问题、各类心理问题症状等，可用于筛查问题儿童。第二部分介绍人格测评的技术，人格的内隐性决定了人格评定手段的多元化，从采用的评定手段将人格测评技术分为五大类：言语技术、视觉技术、绘画技术、操作技术和客观的人格测验。这些技术各有优缺点，具有不同的适应范围和场合，在进行人格评定时要结合多方面的资料。

【学习重点】

1. 掌握适应性行为的概念，并能区分适应性行为评定与问题行为评定的区别。
2. 重点掌握艾森伯格行为问题测验的构想和适用。
3. 了解非言语测验技术及其使用条件、与正式测验的关系，这种测验的优点与局限性。
4. 在实践中使用投射测验，总结经验。
5. 了解人格测评的综合性。
6. 了解儿童人格测验的特点和难点。

【重要术语】

适应性行为　儿童适应性行为量表　多元文化多元评估系统　AAM 适应性行为量表　维兰德适应性行为量表　艾森伯格儿童行为量表　康纳量表　投射　语句完成法　故事完成法　主题统觉投射测验　绘人测验　家庭绘画测验　房—树—人测验

家长和教师不仅关心学生的学习情况、智力发展情况，而且关心学生的心理健康状况、适应学校的能力、人格及品行方面的问题。

对于一个人的成长来说，全面发展是最高目标，而所谓全面应是德、智、体、美、劳的综合发展。总体上说，个体的发展基本上是协调的，绝大多数功课出色、领悟力强的学生，在社会交往、独立生活能力及适应学校方面也是出色的，或者至少是问题较少的。而功课差、学习困难的儿童则经常出现适应不良或品行方面的问题。当然，不排除例外或偶然的情形，一个学习出众的学生可能在品行方面出现问题，或在社会技能方面水平低下。

智力主要体现的是对自然环境的适应，如数学知识的掌握便是要对事物之间的量的关系有一个基本的掌握，以便为将来探索更深奥的自然规律奠定基础，常识则是旨在了解生活的基本知识，对自然有一个基本的把握，智力能力可以迁移到社会能力，如言语智力可以影响人的交际能力和表达个人思想及情感的能力，但两者并不能相互取代。心理健康、情绪的表达及人格和社会行为主要体现的是对社会环境，尤其是对他人的适应，其基本内容包含人们对自身与他人关系的态度，人们对事物及他人的喜好及行为习惯和思想方式。在这种认知中，非理性的东西和情绪起很大作用。

学校心理学的重要内容之一就是对学生人格发展、情绪及行为问题进行科学的评定，这一评定具有重要作用：

1. 了解学生适应学校生活和学习的方式，了解他们的动机与态度；

2. 确定学生的学习风格；

3. 了解学生的自我概念及其与他人相处的能力；

4. 检测学生的心理健康状况，发现儿童的过度焦虑、严重的情绪紊乱或思维紊乱，为进一步的干预提供依据；

5. 帮助那些有学习能力障碍的儿童了解自我，为他们学习进步提供人格、动机及情绪方面的支持。

研究表明，学生的学习困难基本上可分为两种类型，一种是真正的学习能力障碍，如在注意、记忆、言语能力及推理等方面表现出某种缺损，另一种不属于学习能力障碍。这些人智力正常，甚至超常，但学习总是落后，这主要与人格、情绪有关，他们缺乏内控、偏执、冲动、挫折承受力低、愤怒、与家庭及同伴冲突、缺少成就动机、悲观及自我评价低等。而个别被诊断为学习能力障碍的儿童，因为其自信心强，对学习持积极的态度，有良好的动机和自控能力，仍然能保持中等以上的学习成绩。可见，了解与评估儿童的人格与情绪是很重要的。

第一节　行为测验

一、适应性行为测验

适应行为是一个十分宽泛的概念，一般泛指一个人有效地处理社会要求和期望、顺应社会生活的行为。关于适应行为的规定的困难在于，人们对于什么是适应环境的标准有不同的理解。例如，我们把流畅的言语当做适应行为，但究竟什么样的行为才能叫做流畅的言语表达？尽管存在这些困难，但问题总是存在，即某一社会中的确存在着心理发展落后，不能适应正常预期环境的人。需要将这些行为或心理不适应环境的人筛选出来，给予帮助。

国外的适应行为量表多种多样，但主要测试的是两大方面：独立生活功能和社会责任。

适应行为量表主要有三个功能。第一是分类或命名。例如，为某一个体是否为心理发育落后作决定。第二是为发展和评估特殊的教学计划提供服务。如对独立生活技能进行测评，考查独立生活训练的效果，这种类型的测验测试的是更严重的心理残疾。第三个功能是搜索，即识别那些需要进一步评估的个体。

适应行为量表的项目因年龄而异，如针对 3 岁儿童的测试应包括运动和言语技能及自助技能，而针对 15 岁少年的测试应包括社会技能和职业准备技能。

总体上说，适应性行为量表的信效度不令人满意，对于功能低下的人缺少更精细的区分度，有些量表需要求助于直接观察，有些甚至还要参考访谈，比较保险的做法是将适应性行为量表当做搜索与筛选工具。

（一）儿童适应性行为量表（ABIC）

儿童适应性行为量表是“多元文化多元评估系统（SOMPA）”中的一部分。SOMPA 试图测试三个方面的能力：身体医学的、社会系统的和智力与学习的。ABIC 属于社会系统的一个组成部分。它主要测试儿童在非学校环境中的多种表现，主要是考查家长对儿童的看法，与家庭访谈配合使用。

ABIC 适用的范围为 5—11 岁儿童，总共有 242 个题目，分为六个分量表，外加一个诚实量表，具体如下：

1. 家庭分量表（52 个题目）

例如：能与兄弟姐妹相处吗？
叫他的时候过来吗？
经常生气吗？
修理机械器械吗？

2. 交际分量表（41 个题目）

例如：在家的附近玩吗？
知道动物的名字吗？
知道保姆的名字吗？
去邻居家玩吗？

3. 同伴关系分量表（36 个题目）

例如：与邻居的小孩相处得来吗？
玩的时候对人粗鲁、伤害他人吗？
天黑之后与朋友一道玩吗？

交换小人书籍吗?

4. 学位中的与学业无关的角色的分量表(14题目)

例如:经常逃学吗?

知道同学的名字吗?

带学校的通知回家吗?

5. 挣钱与消费方面的分量表(26个题目)

例如:会用钱买东西吗?

会为了某物品节约钱吗?

为家庭买礼物吗?

6. 自我维系方面的分量表(49个题目)

例如:独自出门吗?

害怕什么东西吗?

诚实量表(24个题目),主要测试回答者是否高估儿童的能力。这些题目都是很难的行为,几乎没有孩子能做到。

有35个题是所有儿童都要测试的,其他题目依据有关年龄进行测试。

评分分为五级:0、1、2、N、DK。0表示没表现出该项活动;1表示出现但不经常;2表示掌握了该活动;N表示无机会表现该行为;DK表示回答者不知儿童是否表现出该活动。

各题得分构成原始分,原始分可转换成量表分。量表分均分为50,标准差为15。量表分低于21应被怀疑有问题。

ABIC分半信度为0.94—0.98,缺少效度资料。不能将之预测在学校表现,只反映家中行为表现。

(二)AAMD适应性行为量表——学校版

AAMD适应性行为量表是美国心理障碍学会编制的量表,主要测试智力落后、情绪不良和发展水平低下,确定应被收容照顾的人。

其学校版适应于3.3岁—17岁的儿童和青少年,可用于考查其适应性行为。AAMD适应性行为量表(ABS-SE)学校版分为两大部分,第1部分与行为有关,第2部分与情绪有关。

第1部分　几个行为领域

一、独立生活功能

1. 吃的行为

2. 排便

3. 个人卫生

4. 外表

5. 服饰的保管

6. 穿衣与脱衣
7. 旅行
8. 一般的独立功能

二、身体发展

1. 感觉发展
2. 运动发展

三、经济活动

1. 保管钱财
2. 购物技能

四、言语发展

1. 表达
2. 理解别人
3. 社会言语发展

五、时间与数字

六、职业活动

七、自我定向

1. 自发活动
2. 闲暇时间

八、责任

九、社会化

第 2 部分　偏常行为

1. 暴力与破坏行为
2. 反社会行为
3. 反抗行为
4. 不值得信赖的行为
5. 退缩
6. 刻板行为与古怪习惯
7. 不当的人际交往方式
8. 不被接受的发音习惯
9. 古怪的行为
10. 神经质的倾向
11. 心理挫折
12. 医药的使用

第 1 部分围绕着正常发展线展开，第 2 部分围绕着适应不良的行为展开。评定者应当熟悉当事人的情况，并对量表的评分方法有所了解。通过训练家长可以完成评估，或者心理学家通过访谈家长来回答量表。还可以由家长、心理学家共同协商作出评分。

ABS-SE 分为五个因素：个人的自我效能、社会的自我效能、个人—社会责任、社会顺应、个人顺应，原始分可转换为量表分与百分位。信度不稳定，有一定的效度。一般不用它来为儿童分类，只用其发现儿童的弱点与长处。

（三）维兰德适应性行为量表

维兰德适应性行为量表（VABS）是使用最广的测试适应行为的工具。它是由维兰德社会成熟量表修订而来。适用于 18 岁以下的人。该量表有三个版本，学校版由教师作答，另外两个访谈版本由家长或孩子的养育人回答。访谈版内容更为丰富，更适用于有障碍的儿童，访谈版如下：

			超常	正常	低常
交流	接受	你的孩子明白什么			
	表达	你的孩子说什么			
	书写	你的孩子读、写什么			
日常生活技能	个人	吃饭、穿衣、日常卫生习惯			
	家务	你孩子做家务			
	社区	孩子如何使用时间、金钱、电话			
社会化	人际关系	孩子如何与他人交往			
	娱乐与闲暇时间	娱乐与闲暇时间的安排			
	应付技能	如何表现对他人敏感和责任			
运动技能	粗运动	上下肢体运动及配合			
	精细运动	手指的技巧			
适应不良行为	适应不良行为评估				

学校版共计有 244 个题目，测试 3—12 岁零 11 个月的儿童，主要考查课堂上的适应行为。

VABS 的评分有标准分、百分位和年龄等值，通过统计分数可以了解儿童在适应行为及各行为维度上与同龄孩子相比所处的位置。主要用于测评轻度或中等行为异常的儿童，对重度行为异常的孩子应慎重使用。

二、问题行为测验

问题行为测验与适应性行为测验都是以测验行为为内容，但测试角度不同，问题行为测验的重点不是儿童对社会要求及环境的适应程度，即不关心个体是否具备独立的、必不可少的生活技能，是否社会化，是否确立了个人责任，而是着重测查儿童有无情绪问题，有无各类心理问题症状，能否被断定为问题儿童。适应性量表的一个前提是规定好了正常的发展线，以此线为标准规定适应行为的标准，而问题行为的前提刚好相反，它规定什么是问题行为的范围和标准，并据此测量问题行为，所以适应行为与问题行为是一个事物的两方面，基于不同的角度来回答正常与异常行为。总体上说，行为问题量表以行为异常为测试对象，较为精确，而适应行为则不好定义，在其内涵的理解上，分歧较大，尚不成熟，尤其是成人的适应行为就更难以界定。

（一）艾森伯格儿童行为问题量表

艾森伯格儿童行为量表（CBCL）在众多的行为量表中是使用得较多，内容较为全面的一种，1970年发表。我国20世纪80年代初引进。这一量表主要用于筛查儿童的社交能力和问题行为。主要适用于4—16岁的儿童。

该量表分为3部分：

第1部分为一般项目。儿童的姓名、性别、年龄、出生年月日、种族、填表日期、年级、父亲职业、母亲职业、填表人等。第1部分不记分，重点为父母的职业。

第2部分为社交能力，包括7大类：参加体育运动情况、课余爱好、参加集体活动情况、课余劳动情况、交友情况、与家人及与同伴相处情况、在学校学习情况。分为3个因子。

活动能力：体育、课余爱好、课余劳动。

社交情况：集体活动、交友、与家人相处。

学校情况：在学校学习情况。

第3部分为量表的重点，主要检查问题行为，共计113个条目。分为8—9个因子，包括体诉、分裂样、多动、不成熟、违纪、攻击、残忍、交往退缩、性问题等。例如，多动这条包括如下条目：

1. 行为幼稚与其年龄不符。

8. 精神不能集中，注意力不能持久。

10. 坐立不安活动过多。

23. 在校不听话。

41. 冲动或行为粗鲁。

48. 不被其他儿童喜欢。

61. 功课差。

62. 动作不灵活。

64. 喜欢和年龄较小的儿童一起玩。

79. 言语问题。

80. 茫然凝视。

再比如，分裂样包括如下条目：

5. 举动像异性。

11. 喜欢缠着大人过分依赖。

30. 怕上学。

31. 怕自己想坏事或做坏事。

32. 觉得自己必须十全十美。

40. 听到实际上没有的声音。

51. 过分内疚。

99. 过分要求整洁。

112. 忧虑重重。

每一条问题行为都根据儿童近半年内的表现给分，明显有的给 2 分，有一些表现的给 1 分，无此表现的给 0 分。原始分相加即总分，分数越高问题行为越大，越低问题行为越小。还可根据 8—9 个因子分别统计计分。可将原始分换算成标准分，55—70 之间为正常值，超过 70 分被怀疑情绪异常。

CBCL 有较好的信度，是被重点推荐使用的量表。

（二）康纳量表

康纳量表是测查问题行为的，它分为“家长评定量表”和“教师评定量表”。适用于 3—17 岁儿童。

“家长评定量表”有两种版本，一为 97 题版本，分为 8 个因素：品行障碍、恐惧焦虑、吵闹无序、学习问题、心身问题、强迫、反社会和多动—幼稚。另一版本为 48 题，分为 5 个因素：品行障碍、学习问题、心身问题、冲动—多动和焦虑。

例如，品行问题有如下项目：

14. 破坏。

15. 说谎话或编假故事。

19. 否认自己错误或责备他人。

22. 偷东西。

29. 凶残。

38. 妨碍其他儿童。

冲动—多动包括如下题目：

5. 总想摆弄东西。

6. 用嘴吸吮或嚼东西（手指，衣服等）。

13. 不安静、乱动。

31. 分心或注意力不易集中。

评分分为 4 级，没有为 0，有一些为 1，有相当多为 2，有特别多为 3。

康纳“家长评定量表”还有一个简本，共计 10 题，可用以矫正后评定和筛查，也被当做多动的指标，从负荷量最大的项目中选出。

介绍如下：

1. 不安或过动。
2. 激动的、冲动的。
3. 妨碍其他儿童。
4. 不能完成已着手做的事情，注意集中时间短。
5. 不停地坐立不安。
6. 注意力不集中，容易分心。
7. 要求必须及时满足，容易受挫折。
8. 经常哭。
9. 情绪变化迅速而剧烈。
10. 发脾气，暴躁，行为不可预测。

康纳“教师评定量表”主要测查 4—12 岁儿童，是康纳“家长评定量表”的一个补充，有 39 个题目。这 39 个题目可分为 6 个因素：多动、品行问题、情绪困扰、焦虑被动、反社会、白日梦与幻想。题目与家长评定量表雷同。评分标准也一样，分为 4 级。

教师评定量表的简本与家长评定量表简本一样，是 10 个题，评分标准也一样。

康纳量表的原始分可转换 T 分数，均值为 50 分，标准差为 10，T 分数 70 以上可被视为异常。

三、对行为测验的评价

行为测验发展迅速，并以其经济性、评分方便而受到喜爱，它可以在短时间内测评众多行为，为诊断、疗效的评估服务。

然而，也应看到，行为测验存在着一些不足和困难：首先是行为测验需要评分者来操作，而评分者大多为家长，教师或熟悉儿童的人，这些人的期望、对儿童的印象、个人的情感及偏见难免对评分产生影响。例如，一个教师如果事先认定某学生是一个“坏”孩子，评定该儿童时，就会毫不留情，所以评分者间的一致性问题几乎是难以解决的，因此一些行为测验设计了家长和教师两种版本，以弥补这一不足。

其次，行为测验一般分为各个因子，并对因子进行命名，但各测验中命名相同的因子可能并不代表同一件事或同一行为，因此，必须了解其构想。

最后，行为观察与行为测验之间的联系仍需进一步探索，有时两者不尽一致。如果能在对行为直接观察的基础上，使用行为测验，有目的地选择行为测验，评估的质量定会提高。

第二节　学生人格评定

影响学生问题行为的因素有来自环境的，如不良的亲子关系、师生关系及不良的同伴关系，但更经常的归因是人格，或内部稳定的、长期习惯形成的动力结构。人格作为一种相对固定的动力结构，在行动动机、需要取向和生活目标的追求等方面具有举足轻重的影响。

应当承认，中小学生作为发展中的个体，其人格（个性）尚无定型，他们经过不断地学习和社会化，走向人格的成熟。可以说，塑造适应社会、适应环境的人格正是学生们要借助学习而完成的人生任务之一。但这并不等于说，中小学生的行为没有受到人格或个性因素的影响，人格不成熟、不固定，并不意味着没有人格或没有人格的影响。事实上，无论个体处在小学或中学阶段，其人格的雏形已经成形。关键的问题在于我们如何去发现这一人格因素对行为的微妙影响。

人格是内隐的心理结构，它通过行为表现出来，是行为后面的心理动力系统；它对行为有引发作用，但这种引发作用又十分微妙，不易觉察。正是由于人格的这种内隐性质，一些偏爱行为主义方法的心理学家，尽量回避人格这一概念，用行为取代人格，这种回避问题的做法毕竟解决不了问题。

也许我们不能对什么是人格下一个完美、精确的定义，但家长或教师谈起学生的人格或个性时，他们几乎都能准确无误地描述孩子的人格，至少知道怎样去描述孩子的人格特征。这说明，人格作为一个心理学概念，在学校心理学中是有用的，是行为描述所代替不了的概念，离开了这样一个概念，我们将对学生的表现失去一种总体把握与概括。

当然，人格因其内隐性，尤其对中小学生而言，因其缺乏稳定性，而造成了评估上的困难；在评估中因手段的缺乏易造成人格评估的“贴标签”，远离问题的解决等，但我们认为，这些都不能成为拒绝人格评估的借口。

一、来自观察与讲谈的人格评估

人格的内隐性及其测评手段的不成熟性，要求人格评估采取多种手段，其实，这种评估手段的多元性，也是与学校心理学的评估原则相吻合的。对学生人格的评定或评估，可来自行为观察，也可来自与教师家长的访谈。

（一）对学生的直接观察

人格测验可以得出某人人格特点的一些结论，但这些人格特点在教室或其他学校环境中能得到证实吗？一个测试为神经质的学生在操场上仍然是神经质的吗？一个测验分数表明紧张焦虑的儿童在教室中上课时会表现出紧张吗？这些问题可以通过对学生的行为表现的观察来解决。

当大厅里其他儿童从其身边走过时，某一羞涩、退缩的儿童紧靠着墙，表情显得十分紧张，这样的观察可能比办公室里的笔—纸测验更能表明该儿童的焦虑与恐惧特性。再比如，一个在教室里不注意听讲，但安静的儿童，下课后跑到楼下攻击其他同学，破坏学校的规章，这种不同情形下的行为差别，也是只有凭借观察才能得以确证的。对儿童的观察能够确定他们在不同情境下的行为风格，并且有益于发现令儿童发挥最大潜力的情境。当我们带着要评估的问题观察儿童时，可以获得有关儿童的冲动性、应付挫折的能力、态度与动机、人际关系与情绪、言行一致的有价值的信息。

(二) 教师的报告

教师每天都与学生相处，他们对学生行为和人格的了解通常比心理学家的一两个人格测验深入得多。心理学家应将自己对学生的测评与观察结果与教师对学生的印象进行对比，并重视收集不同教师对某一特定儿童的不同看法，发现其中反映出来的重要信息，从而确定该儿童的问题是普遍存在的，还是仅限于针对某个课程或某一位教师。在作出评定结论或提建议时，要了解学生为什么对某一教师持合作态度，对另一位教师持不合作态度。

与教师访谈是最好的方式，但这样太费时间，不经济，因此，可以要求教师填写有关学生行为和态度的简单调查表，以证明或否证某些已有的结论。

(三) 父母的报告

儿童生活在家庭中并通过家庭的纽带与社会相联系。家长与儿童朝夕相处，是最了解子女的人。家长能够提供孩子的家庭表现、早期发展和病史，并能对儿童与社会的联系提供进一步的说明。

家长的报告可提示儿童的一些人格障碍与偏常行为，这种报告也许与教师的报告不尽一致。一些儿童在家中出现种种行为问题，而在学校可能表现极好，或者恰好相反，这些差异通过家庭与教师报告的对比即能发现。这里，分析与评估的重点则是为什么在特定的环境表现出问题行为，这一环境中的什么因素诱发了不良的行为。在家中的不良行为是否与父母的期望方式和强化方式有关等。

二、人格测验

心理学家经常使用人格测验来评估儿童的人格与情绪问题。其实人格测验没有什么神秘性，它的主要作用是比较快捷简便，可以为主观的印象提供更多的客观依据。

使用人格测验时，与使用其他心理测验时一样，应当根据所要评估的问题选取测验手段，每种人格测验都有其理论假设，它只是测试了它要测的东西。例如，当你选用中学生卡特尔 14PF 测验，你所了解的人格问题被包含于 14 因素之内时，才能对你的评定有用。

另一个原则即是先选择最简单、最经济的测验，然后再考虑那些耗时长的复杂测验，当然，这是以测验对问题的适用性为前提的。此外，选择测验时，最好不要过于依赖某一测验的分数来给儿童人格问题做结论，应综合各种信息，必要时采用多个测验来得出结论。

（一）言语技术

在人格评定中使用言语刺激和言语反应方法进行测试的技术就叫做言语技术。言语刺激和言语反应或采取口头的或采取书写的形式。使用言语技术的一个前提是儿童必须有能力使用恰当的言语来表达事物，能听懂字词或阅读句子。分析言语反应时应从两方面入手，一是分析言语表达的内容，另一是使用言语的质量。言语表达的内容代表了儿童对事物或人的态度，或暴露了其内心的冲突。

1. 投射性提问

所谓投射是指人的自我态度、观念和欲望会通过自身的语言、绘画和动作等间接地表现出来或反映出来。心理学中投射技术就是呈现一些刺激情境，让被试作出反应，从这些反应中间接了解人格动力结构的一种方法。由于针对儿童青少年的客观人格测验很少，所以学校心理学偏爱使用投射技术来评估儿童人格的发展，下面所介绍的有关语言投射和绘画的技术都属于投射技术范围。

投射性提问的优点是快捷、易操作，所提问题要求开放式回答，是否均可；也可以以间接方式提问，考查儿童的幻想、愿望。投射性提问可以了解儿童的态度和感受。

测试儿童时，要告诉他们任何回答都是可以的，回答没有什么正误之分。对于那些退缩、没有安全感的儿童，提问题时应避免过于正式，应随便一些。

投射性提问一般是非正式的测验，在正式测验开始之前，或两次正式测验之间进行。一次可提一两个问题，题目的选择要考虑儿童年龄特点和要测评的问题，下面是一些常用的投射性问题：

（1）每个人都时而快乐，时而伤心或时而疯狂。什么事情令你快乐？什么事情令你伤心？什么事情令你疯狂？

（2）没人是完美无缺的，我们每人都喜欢自己身上的优点，而不喜欢自己身上的缺点。你喜欢自己身上的哪些特点？不喜欢自己身上的哪些特点？

（3）你喜欢学校之处有哪些，不喜欢学校的地方有哪些？

（4）假如你有三个要实现的愿望，它们是什么？

（5）假定你能改变你自己（学校、家庭及与人相处方面的），你将怎样做？

（6）假定我们都变成动物，你喜欢变成什么动物？

（7）假定你去旅行，只带一个人去，你将与谁一道去？

（8）如果你可以选择，你希望自己多大？是想更年轻一些，还是更年老一些？还是像你现在这样的年龄？

评分分别根据回答的内容给正分、负分或0分（中性分），然后综合起来给总分。比如，喜欢学校的地方是集体活动、体育馆就是正分，如果回答学校什么优点也没有，或者说优点是放暑假、自由活动，则给负分，喜欢学校的午餐则给0分。

再比如，对于“我是……”这个问题，如果回答会运动、学习好、会交际，则给正分，如果回答是糟糕的学习者、被人们遗忘的人则给负分。如果回答是年轻人则给0分。

一个患有情绪障碍的学生通常自我评价较低，会选择责备自己的或负面的自我评价的句子来描述自我和世界。

2. 语句完成法

语句完成测验是由罗特等人于20世纪50年代编制的一种测验人格的方法。它由一些未完成的句子构成，可以灵活地组合，满足特殊的目的。如各种未完成的句子可用来测评人们对家庭、同伴、学校、焦虑及犯罪感方面的态度及感受。罗特的测验主要是为了筛查顺应不良的学生，包含40个语句。

语句完成测验技术操作简单灵活，且不易对被试构成回答问题的威胁感，易被人接受，语句完成不强迫一个人就被选答案进行选择，不易产生回答问题的压力与焦虑，让人们造句，仅仅是说完了一句话，人们通常是放松的、自然的，犹如做一个游戏。通常可以评估学生对学校、家庭、同伴互动和自我知觉与评价。

罗特的语句完成测验更适用于年龄稍大一些的儿童，尤其是当面对那些不配合咨询访谈的儿童，这一测验更为有用。下面这样一些语句是常用的：

我愿意……

……我想知道

……我讨厌……

母亲是……

……令我烦恼的是……

我是……

当爸爸妈妈在一起时，他们……

与其他孩子在一起时，我是……

语句完成法一般不单独作为测评人格的工具。因为它时常不能反映无意识的信息，有些学生随心所欲地、嬉弄式地回答问题，有意识地捉弄测试者。如“男孩子……将成为男孩子”，“我讨厌……冷天气”。这样的回答与内心的愿望和冲突毫无关系。

评分主要是根据内容和句子的质量。这种测验一般缺少信度与效度，仅有参考作用。

3. 故事完成法

与语句完成法相类似，故事完成法是设计一些没有结尾的故事，这些故事是为了评估儿童与父母、同伴和兄弟姐妹的关系而设计的。评估的重点是儿童对老师、家长及同伴的肯定与否定的态度及儿童应付挫折的方法。故事完成测验适用于6—12岁学生，因为他们大多数能理解故事内容。小一些的孩子需要鼓励，才能让他们讲述更多的内容。一旦儿童不能完成故事的结尾，可给出3—5种答案供他们选择。一句话或一个词的结尾也是允许的，整个测验需要10—15分钟。多数孩子喜欢这种测验。

测验的指导语为：我要给你读一些没有结尾的故事。完成这些故事无所谓好坏的方式。每个人都可以以不同的方式讲完这些故事。我想知道你怎样讲完故事。你可随心所欲地去做，无所谓对错。下面我读第一个故事。

（1）大力待在家中照顾婴儿，父母都出去了，很晚才回来。父母要他一定不得离开家门。不久，小康和罗加来到门前，让大力与他们一道去集市，小康有五元钱。大力很想与他们一道去，他……（故事怎样结尾）。

（2）小华的成绩单上成绩很糟，回家的路上他停了下来，从衣兜里拿出了成绩报告单……

（3）李非半夜里醒来了，他坐起来，睁开眼睛，说："噢，我刚才一定是做了一个梦，我梦见……"

（4）格格从哥哥宏达家里拿来一些玩具，打坏了，现在，格格与宏达为了此事而争吵，他们的母亲来到屋里，……

（5）大力可以选择父亲和母亲，或者也要外出旅行的一些朋友与自己一道去旅行，想了一会儿后，他决定……

（6）门铃响了，小刚下楼开门。当他打开门，一位警察站在他面前，警察想找谁，他为什么来了？……

（7）小亮和他的朋友小强在大力家玩。不小心，小亮把灯泡打碎了，大力的父亲十分愤怒，责备大力打坏了灯泡，并打了他一巴掌，大力……

（8）小强过生日时得到了一个足球，他第一次拿球到操场，一个男孩子夺走了球，小强……

（9）一个暖洋洋的夏日清晨，小强从储蓄盒里取走所有零花钱，悄悄从冰箱里拿出了一些食品，从家里出走了。为什么？

（10）父亲和母亲正在看电视，突然小红哭着跑进了屋子，呜咽着。"发生了什么事情？"母亲问。究竟出了什么事，小红为什么哭了？

（11）小强与父母一起去打猎，当他们走过树林时，小强被树绊倒，他的枪走火了，伤着了……

评分可根据内容评，也可根据言语的水平来评分。一般而言，有情绪和学习问题的学生不仅表现在人际态度方面，而且在故事长度和语言的质量上与正常学生有一定距离。故事完成法的评分需要经过一定的训练，客观化和标准化都较差。

（二）视觉技术

人格测验的视觉技术包括呈现一些视觉画面刺激，要求被试作出言语性的回答反应。有的画面是无结构性的，有的画面是有结构性的，视觉技术也是属于投射测验范畴，目的在于通过人们的应答，分析与评价其中包含的人的态度、情绪或心理冲突。

1. 主题统觉投射测验

主题统觉投射测验又称 TAT 测验，是临床心理学家和学校心理学家较为喜爱的测验之一，20 世纪 40 年代由默里编制。受默里的影响，先后出现了多种不同形式的主题投射统觉测验，但基本的原理都是相同的。主题统觉投射测验假定儿童根据图画所讲的故事是其人格的一种反映，这些故事提示了儿童的幻想、动机、需要、价值观和对自己及对他人的态度。态度和需要越强烈，它们就越会作为一种主题体现于故事中。学生会与故事中的人物同化，把自己的积极态度投射于某一幅画，把他们的不接受的态度投射于另一人物。

默里的主题统觉投射测验包含有 29 幅图画和一个空白卡片，根据男女、成人与儿童，分 4 种组合，每一测验为 10 幅图。其中，有 8 幅图是最通用的。每张图呈现之后，给 5 分钟讲故事的时间，主试作记录。在学校中，一般 11 岁以上的儿童才可以作该项测验。

向儿童呈现卡片后，让孩子讲述画面里发生了什么事情，故事如何结尾，主人公是如何感受的。为了评估特殊的问题，主试可以有选择地呈现卡片。例如，下面是测试成就动机的画面：

一个男孩拿着扫帚看着远去的汽车，汽车上坐着他的朋友去海滨玩，而他若有所思地目送着远去的汽车。

评分可以根据故事内容，如有的孩子讲到，这位男孩很想去海边，但他父亲命令他扫院子，他看着汽车开走，内心十分着急。还有人说，这个男孩很有志气，决定好好学习，以便来年考上大学，所以，他不想去玩，想做完家务后复习功课。显然，第二个故事的内容反映了较高的成就动机。

除了从成就动机角度评估外，心理学家还评估环境压力，如果在 TAT 中被试描述了主人公的仇恨、气愤，或者被嘲笑、批评、责备、受到惩罚、与人冲突等都可以表明人格中的压力与攻击。此外，还要重视 TAT 中表现出来的人格成长的潜能，如主人公表现出的决心和努力战胜困难的愿望，乐观与希望，主动性等。

通常要结合主人公表现出来的成就动机、压力与攻击、成长潜能和情感等作出一个综合的解释。临床工作者愿意凭借直接的感受进行质的分析，评析儿童的情感、态度和冲突，颇类似精神分析学家，从表面的内容中分析深层的动机。从事教育工作的人，喜爱较为客观的评定方法，经常参照正常人的反应或标准参照的评分系统，对测试反应进行评定，以确定人格的异常。根据画面讲故事不仅可以反映人格态度，而且还可以反映一个人的认知风格、思想的组织和言语的表达。所以，也应注意这些方面的信息的评价。

主题统觉测验的一个问题是其对实际行为的预测性，一个在测验中攻击倾向很强的人会在现实中表现出攻击行为吗？投射出了内心的某种想法，会把它付诸实现吗？这一问题是社会心理学中的态度与行为关系的一个问题。行为的表现与想法之间尚有一段距离。

有时，人们有某种想法，但不一定会表现出来。例如，一个人可能支持改革开放政策，但让他去参加有关的游行，他就不一定去。许多时候，行为取决于人与环境的相互作用。即使人们有此想法或动机，但现实不强化这些想法的实施，这时，人们就会压抑动机，或借故事、梦、想象发泄这种需要。

2. 儿童统觉投射测验（CAT）

一些人认为，年幼的孩子更易认同动物而不是人物，所以让孩子看动物画面，然后考查他们的态度也不失为一种有效的方法。有人为3—10岁的孩子设计了10张卡片，上面是情境不同的拟人化的动物，从这些画面中可激发出儿童对家长、同伴、吃饭、睡觉、孤独、攻击性的态度。如两只大象玩牌，另一只象哭着走了。再如，一只青蛙坐在桌旁举着双手，对面的青蛙正训斥它。由于7岁以上的儿童难免认为动物画面太简单、幼稚，所以可以为大一些的孩子设计人物卡片，以取代动物。CAT的原理、操作方法及评分与TAT大同小异，是TAT的变种。

3. 其他形式的主题统觉投射测验

主题统觉测验还有其他形式，如专门用于评估学生对学校态度的“学校主题统觉测验”（SAM）。卡片上分别描绘课堂、操场，会议室的情景，以了解儿童对学校的态度。还有让学生自选卡片，然后讲故事的测验，学生从若干卡片中选出自己愿意回答的画面。这种选择能揭示学生感兴趣与关注的问题。

还有一种“手测验”。画面上是一只手，共计9幅位置不同的手，要被试回答“这只画出来的手要做什么？”对其反应进行记分。10分钟以内完成，评分分为4个范畴：指向环境的，顺应不良的，退缩的，残忍的。

（三）绘画技术

绘画是5—11岁儿童表达自己态度与感受的一种方式，在儿童能够用言语恰当地表达自己之前，他们就能够借助绘画来表达自己的意识或无意识的态度、愿望及关心的问题。绘画是一种非字汇性的语言，也是一种交流手段，可以像分析言语反应一样来分析其结构、性质和内容。例如，画的结构可反映儿童的心理成熟，而画的内容和性质可以反映儿童的人格特点与态度。当然，并非儿童所有的画都具有投射意义，有些画纯粹是娱乐。

若要想通过绘画了解孩子的情绪问题，就应当熟悉与了解学校儿童的画，了解什么样的绘画是正常儿童画的，什么样的画为异常儿童画的，还要了解各年级的儿童绘画的基本特点。而要做到这点并非容易。绘画技术引起一些人的批评，认为凭借几张画就对儿童人格作出诊断很不可靠。但是，只要我们不依赖绘画测验作诊断，而是把它作为系统测评的一个部分，犯错误的可能性就很小。

1. 绘人测验

如果给儿童机会要他们绘画，他们最有可能绘人。因此，让他们绘人，他们觉得十分高兴。绘人测验（HFDS）要求儿童当着主试人的面绘一个完整的人。测验必须是两个人之间的，表示心理学家与孩子在绘画中的交流，因为在这种交流中绘画，与自己独自或与朋友一道绘的画有所不同。

绘人测验的指导语不尽相同，有人让儿童画异性，有人要求儿童画自己，但一个通行的做法是仅仅让儿童画一个完整的人，这样更具有投射性。大一些的儿童不愿画自己，而幼小孩子在画自己时，更注重自己所穿的衣服等。当要求儿童画一个完整的人物，他们可能经常照着自己的样子，试图给出人的基本特征。所以，画一个完整的人实际上刺激儿童描述内在的自我，表达了他们的态度。如果你要了解儿童对异性，如男孩对母亲的态度，可以让他们画异性，但还专门有一种家庭绘画测验直接针对这一问题。

当要求儿童绘画时，他们总是画出此时此刻与他们关系最密切的人。绘画的内容是多方面的，可以是儿童态度、关切事物和冲突的表达，也可以是其愿望的表达。

在绘完画后，心理学家通常要围绕着画问一些问题。过于正式的提问效果不好，尤其对于那些非自愿，不想绘画的儿童更是如此。不妨这样来提问题：“这是周围的真人，还是你想象中的人?”“你画的人多大年龄了?”“这个人正在做什么或正在想什么?”

对绘人测验的评分主要是根据绘画分析儿童的情绪与人格问题，考皮茨总结了30个情绪指标，这30个指标能预示有无严重的情绪问题，且与年龄和成熟度无关。当出现三个以上的情绪指标时，可以预示着儿童的情绪问题。情绪指标与外在行为没有直接关系，也不能找出情绪问题的原因。一个情绪指标可以与几个人格或态度相联系，兹列举如下：

冲动性：不良的整合，总体不对称，人物形象巨大，缺脖子，画出生殖器官。没有安全感或有不适感，摇摆倾斜的人，人小，缺手，缺嘴，缺腿或脚，古怪可笑的人。

焦虑：缺胳膊少手，缺鼻子少嘴，缺身子，两腿挤一起，有污点，脸、身体或四肢涂成深黑色。

羞怯、温驯：人小，胳膊短，胳膊紧靠身体，手不全，省略鼻子，省略脚。

抑郁、退缩：人小，胳膊短，没有眼睛。

敌意、攻击：人大，两眼睛不对称，胳膊长，大手，画出生殖器，画出牙。

成绩不良（低年级）：不良的整合，倾斜不正，古怪，画三个以上的人，缺身体、胳膊或嘴。

可以将这种测验中的情绪指标归纳出来，对照其所代表的情绪状态或人格态度，对儿童作出评价。

2. 家庭绘画测验

一个了解儿童对自己的父母、兄弟姐妹及自己在家中地位的态度的简便方法，就是让他们画一幅全家画。这一测验始于20世纪50年代。起初的指导语仅仅是要儿童画出全家像，最近伯恩斯的测验有所改进，要求画出家中的每个成员正在做一件什么事情。过去，画全家测验，允许儿童选自己想画的，现在的测验要求儿童画每一个成员。显然，现在的测验费时长，不免要涉及画家具、玩具等。

过去的传统家庭绘画测验的评定主要根据省略了谁，谁代替了谁，人物的大小，位置及彼此距离，有无交互作用等评分，或寻找异乎寻常的特征。

而新近伯恩斯的测验则根据活动、象征与风格进行评定。活动指人与人或人与物之间的动态交流，反映了人物的愤怒、爱心、力量等；象征则是应用精神分析的技术，如画了一张床，象征着性或者压抑的主题。女孩边上有一只猫象征着认同母亲冲突。风格表示儿童的心理防御，如人物的分隔、人物的边际等。

3. 房子—树—人测验

这一测验是让儿童画房子、树和人，这三者都是人人熟知的，并被假定为可反映儿童不同人格水平，对测验的评定与分析主要依照精神分析的象征理论。

房子可以代表人的自我描述或对家庭的看法。如果房顶有一烟囱冒着烟，象征或暗示着家庭的不安稳的气氛。树代表年轻人深层的、无意识的对自身的看法。对树的分析根据树的躯干、树枝及树叶的大小、形状和性质及树与地的关系来评分。人物反映了儿童对自身和环境的有意识的看法，或对理想自我及有重要意义的周围人的看法。

测试程序为先让儿童在小册子上画一座房子，然后再画一棵树，再画一个人。最后再画一个异性。

（四）操作技术

一些儿童难以通过言语或绘画来表达自己的焦虑、冲突，但可以通过操作物体，如粘泥、小玩偶、玩具等。不同的儿童选择自己喜欢的物体材料，因而能更自由地表达自己。

粘泥适于表达儿童的攻击性，他们是否破坏掉自己的作品，捏的人物或动物正在做什么，都可表达内心世界。

小玩偶的组合形成儿童心目中的世界。房子、树、士兵、隔墙、动物可组合成不同的场景，情绪障碍的儿童经常建构五种世界：

1. 攻击性：建造凶杀、事故、敌对等场景；

2. 空虚与贫乏：使用很少玩具，场景中没有人；

3. 封闭：把整个场景堵塞起来；

4. 刻板：夸大世界的对称性；

5. 无序：混乱、无序的场景。

心理学家应准备好各种玩具，每个玩具都有其特定的功能，如玩具车、飞机等，这些玩具可以形成不同的组合，表达不同的设计。

木偶也是测试材料之一，儿童用手操纵木偶时，可以与之对话，为其配音，能表达其内心的冲突和关切的事物。

对于羞怯、恐惧的儿童，可以让他们与同学一道来游戏，可以借此观察他们与其他孩子的关系并为以后的评估创造条件。

（五）客观的人格测验

所谓客观性的人格测验是与投射性测验相对而言的，它一般较为正式，采用是否回答式，或者三点、四点式反应方式，这种测验要求具有一定的阅读能力和概括理解能力，许多儿童不能胜任这一测验方式。

一个变通的方式是让熟悉儿童的家长或教师填写问卷，但这样测试的是儿童的行为表现，或家长眼中的儿童的态度，难免有失准确。

尽管存在若干困难，但越来越多的人认为有必要编制能直接测量儿童态度的量表。

1. 儿童人格测验

儿童人格量表（PIC）是为数不多的专门为儿童设计的人格问卷，适用年龄为3—6岁。PIC包括600个题目，分为30个分量表，其中有13个为最具有诊断意义的。还有3个量表是效度量表，帮助判别回答真伪性。其他量表被称为实验性的，回答为是否式，由儿童家长填写。量表的项目及名称列举如下：

顺应性（74个题）："我的孩子喜欢与他人娱乐"。

成绩（31个题）："如果我的孩子努力，他将在学校里学习得更好"。

智力筛查（35个题）："我的孩子六岁时就学会数数了"。

发展（25个题）："我的孩子四岁前会用筷子吃饭"。

体诉（40个题）："我的孩子很少背疼"。

抑郁（46 个题）：“其他人总是评论说我的孩子心事重重”。

家庭关系（35 个题）：“过去的几年里，我们经常搬家”。

品行（47 个题）：“我听说我的孩子喝酒”。

退缩（25 个题）：“我的孩子经常独自走路”。

焦虑（30 个题）：“我的孩子害怕动物”。

精神病（40 个题）：“我的孩子敢做任何事情”。

社会技能（30 个题）：“我孩子的脾气倔强”。

原始分可换算成标准分，并配有剖面图。该测验有一定的信度和效度。应当注意 PIC 主要是一种临床工具而非教育工具，测试结果对于儿童问题的分类有意义，而不是对教育计划有帮助，另外，PIC 的学前儿童取样很少，只有 192 个，所以用于测试学前儿童时应格外注意。

2. 儿童焦虑测验

学校心理学家经常使用的笔—纸型问卷是关于焦虑的测验，一些简短的句子能反映儿童的社交焦虑、学习焦虑，儿童只需回答这类句子是否适合自己就行。如“我担心被取笑”，“我周围都是我不认识的小朋友时，我觉得害羞”，“我担心我上学时受到伤害”等。

儿童的人格测验尚无一种较为理想的工具，因为儿童人格复杂性、发展性、内隐性等特点，编制这样一个理想工具实属不易，因此，我们不能过分倚重某一单个的测评工具，而是要综合各种信息，如观察、访谈、投射技术及人格的客观测评技术，对儿童的人格作出系统的评定。如果我们把每种技术都当做证明我们的假设的手段之一，那么，随着测评的深入，我们定能证明或排除一个假设，最终得出正确的判断。

【建议参考资料】

1. 奥格登．心理诊断与人格测验手册［M］. 刘同雪，陆雅青，译．台北：心理出版社，2008.

2. 吉沅洪．图片物语：心理分析的世界［M］. 上海：华东师范大学出版社，2010.

3. 陈侃．绘画心理测验与心理分析［M］. 广州：广东高等教育出版社，2008.

4. 温尼考特．涂鸦与梦境［M］. 廖婉如，译．台北：心灵工作坊文化事业股份有限公司，2007.

【问题与思考】

1. 学校中进行人格和问题行为的评估的作用有哪些？
2. 适应性行为测评和问题行为测评有何不同的角度？两者的关系是什么？
3. 什么是投射技术？它的假设是什么？有什么优点和缺点？
4. 按照测验材料，投射测验可以分为几种？各有什么特点？
5. 比较客观的人格测验和投射性测验，两者的本质不同是什么？

第六章　学校中的行为评估

【本章提要】

行为评估是行为治疗的基础，它区别于传统的心理诊断与评估，强调对行为和行为相关的环境变量的描述。本章首先介绍了行为评估的含义、产生背景、理论基础和应用价值，与传统的评估进行了辨析。重点介绍了行为评估的内容和方法。对各种常用的行为评估方法的特点、适用情境、优缺点进行了分析。

【学习重点】

1. 了解行为评估产生的背景和原因。
2. 学会比较传统评估与行为评估的不同之处及各自的优缺点。
3. 掌握行为评估的方法和原则。
4. 通过个案了解行为评估的内容和方法。
5. 掌握行为评估与行为矫正的关系。

【重要术语】

行为评估技术　行为主义　行为治疗　偶联安排　行为访谈　自我报告　行为问题核对表　自我监控　模拟性评估　角色扮演　直接观察　出现率　持续时间　行为质量　刺激控制

第一节　行为干预对行为评估的要求

一、行为评估的性质及其重要作用

行为评估技术是20世纪60年代期间出现的与传统的心理诊断与评估相对立的评估方法。弗洛伊德和其他心理学家所创立的传统心理治疗不大重视行为的作用，认为异常行为不过是人格机制中伴随的精神病态的症状，在此基础上传统评估的主要目的是识别假定是潜在异常行为的心理障碍的类型，与此相反，行为评估的任务则是侧重行为的描述，并评估和确定控制该行为的环境变量，选择适当的行为治疗策略来矫正该行为并评价治疗效果。

行为治疗是学校中经常使用的心理治疗技术，它是以行为主义原理为基础发展起来的一种治疗方法。事实表明，行为干预对于学生不良行为习惯、各种心理疾病和适应不良都有良好的效果。行为治疗的基本假设是人的情感、认知态度和行为都是个体生活经历的产物。在此意义上，行为治疗是一种学习过程。尽管行为干预在具体方法上有所不同，但都遵循着同一条原则，即不适应行为在很大程度上是习得的，因此可以通过学习进行矫正。

所谓行为是指有机体运动、站立、抓物、推拉、发声、姿势等外部的可观察到的行为表现，持行为主义立场的心理学家一般不考虑内部的心理状态，只强调外部可见的行为，当然由于行为主义心理学在20世纪70年代之后遭遇了众多的批评，所以持极端行为主义立场的人已越来越少。现在一些行为主义者也开始引入认知、观察学习等新的概念，以解释更广泛的问题。

行为治疗必须要以行为评估为基础，因为在进行有效的干预之前，首先要建立一种系统的评估方法来收集行为问题的信息，对患者的行为问题作出评价，用一种适合行为技术的语言进行行为描述。这一评价决定了应采用何种治疗手段进行干预。行为评估不仅对于干预方法的选择具有重要意义，而且对于疗效的效果评价也是必不可少的；在治疗之后，仍需要对于干预的效果进行及时评估，比较干预前后的行为变化，评价行为干预的效果。所以行为干预自始至终都离不开行为评估，可见其重要性所在。

然而，长期以来，行为评估的发展落后于行为治疗的技术，一直不受到重视，这主要有如下四方面的原因：

首先，许多行为治疗家对评估抱有反感的态度。一些人对传统的评估方法如人格特质、心理动力学的评估怀有强烈不满，认为这些评估与治疗缺少一种联系。此外，上述一些传统的评估工具缺少信度与效度的有力证据，难以应用于临床实践。但最主要的原因还是在于这些传统评估的前提是假设内部心理结构的重要性，对于行为本身重视不够，所以不能用于行为评估。

其次，行为疗法包括多种多样的技术和程序，概念多元、方法多元、治疗多元，因而进行标准化的、能为大多数人所接受的行为评估十分不易，往往要花费大量的精力和物力，为一般人所不及。

再次，学生的行为问题与学习障碍被视为是异质的，是由特殊的情境诱发的，因而使用传统测量学的技术及其标准化的评分方法十分困难，致使一些行为治疗家退而避之。

最后一个原因是行为评估不易实施，评估工具的建立和操作都十分复杂，所花代价太高，使得这方面的进展一直落后于治疗技术。

尽管行为评估是一个十分困难的工作，但由于它对于行为治疗具有关键性的意义，直接决定了行为治疗的效果和地位，所以不能被忽略或省略。

二、行为评估与传统评估

行为评估与传统评估是相对而言的，是随着行为疗法的兴起而发展起来的一种新的评估方法。两者的主要区别是理论假设的不同。

传统评估假设了内部事件、特质、脑伤和中枢神经系统的变量在心理疾病中的重要作用，并因此把测评的重点放在了个体的内部。而行为评估则集中于人与环境的交互作用上，旨在为干预提供一种直接的服务。

例如，拿学生的学习障碍来说，传统评估的重点是了解学生心理失调的内部特点，考查学习问题与内部心理动力因素的关系，如脑伤、感觉或知觉障碍，这些因素被假定为学习障碍的原因。心理学家经常使用心理语言能力测验或视动功能测验来界定学生的学习障碍。

概括起来，传统评估有如下特点：

1. 确定问题是否存在；
2. 确定行为表现和儿童遇到的特殊问题；
3. 发现学习或情绪障碍与有关的生理、环境和心理问题的联系；
4. 在心理问题分析和有关联系的基础上提出诊断的假设；
5. 在前面基础上组织系统的矫治计划。

与之相比，行为评估的主要不同体现在环节 3 和环节 4 上。一般而言，行为评估不断言因果关系，只找相关关系，它认为因果关系难以断言，生理的因素如视知觉缺陷等，环境的因素如创伤经验、感觉剥夺等，心理的因素如短时记忆问题，都可能对学习障碍负责。我们很难能够准确地发现事物的因果联系并对之加以概括。因此，行为评估直接从环节 1 或环节 2 向治疗计划环节发展，对疾病原因的分析被环境分析和直接观察到的技能缺陷所代替。治疗计划主要包括技能的训练，而不是过程矫正。由此可见，行为评估是更简单而实用的，它直截了当，不绕弯子。

心理学家将传统评估与行为评估的区别概括如下：

	行为评估	传统评估
A. 假设：		
1. 人格概念：	行为模式的组合代表人格的结构	人格是稳定的内部状态或特性的反映
2. 行为原因：	在现行环境中寻找维系症状的条件	内部心理
B. 含义：		
1. 行为作用：	重要性在于代表了某人在特殊环境下的反应类型	行为只是在代表某一内部原因时具有重要作用

（续表）

	行为评估	传统评估
2. 历史作用：	相对不重要，除非能提供过去行为基线的线索	重要，现在的情形是过去的产物
3. 行为的一致性：	行为被认为是依赖环境的，是特异的	行为具有超越环境的一致性
C. 数据的使用：	描述靶行为及其维系条件，选择合适的治疗方法，评估并修改治疗方案	描述人格功能及病因，为诊断分类作预测服务
D. 其他特点：		
1. 推测水平：	低	中到高
2. 比较水平：	强调内部的或同质的	强调个体间的或异质的
3. 评估方法：	间接的方法如访谈、自我报告	直接方法如自然条件下的观察
4. 评估时间：	更经常，治疗中和治疗后均进行测试	
5. 评估的范围：	特殊测试，如各种情境下靶行为的作用和前后联系	整体的，如治疗的改进

只有进一步了解了传统评估与行为评估的区别与联系之后我们才能更加深入地知道行为评估的长处与不足，才能更加准确地了解行为评估的特殊意义与价值。

第二节　行为评估的内容

行为评估总是与行为治疗的方法密切相连的，行为治疗旨在从外部行为问题入手来矫正或改变行为，然而，要想细致评估某一行为并非一件容易的事，我们知道，一个行为或某一类行为可以从不同的角度进行评估，并且心理学对于评估有信度和效度的要求，必须做到科学和客观，尽量避免主观偏见。

在行为评估中，我们应对行为进行系统的分析与评价，也许我们开始确定的行为问题在最后的分析中并不是主要问题，而教师或家长所报怨的学生的行为问题到后来并不是主要问题，所以对任何一个学生个体的行为问题我们都要本着系统的原则进行认真的评估。

对于任何行为，我们都可以从以下几个方面进行评估：

一、行为不足或行为缺陷：

1. 在引导行为时没有正确的知识基础。

2. 因技能不足而不能从事可接受的社会行为。

3. 不能通过适当的自我指导的反应来约束自己的行为，顺应或抵抗直接环境的影响。

4. 行为操作的自我强化方面有缺陷。

5. 不能监控自己的行为。

6. 在冲突的情境中不能改变行为反应。

7. 由于强化物的局限而出现不完整的行为范型。

8. 应付日常生活所必需的认知能力或运动行为出现缺陷。

二、行为过度

1. 对事物或他人所产生的条件性的不当焦虑。

2. 过度的自我观察活动。

三、环境刺激控制的问题

1. 因为对某刺激对象或事件的情感反应所导致的主观不适或不可接受的行为反应。

2. 不能针对不同的环境作出适当的行为。

3. 不能应付来自时间方面的混乱，不能主动安排好自己的时间。

四、不当的自我产生的刺激控制

1. 自我描述出了问题，因而导致行为的消极后果。

2. 言谈或使用符号的活动所导致的不当行为。

3. 内部行为线索的错误标记。

五、不当的偶联安排

1. 环境不能支持适当的行为。

2. 环境维系的不欲求的行为。

3. 正强化对所欲求的行为过度起作用。

4. 所提供的强化独立于行为反应，与行为反应无关。

第三节 行为评估的方法

近年来行为评估取得了很大的进展，出现了许多有关评估的方法，下面主要介绍行为访谈、自我报告、自我监控、行为核对表、直接观察和模拟观察等方法。

一、行为访谈

行为访谈是通过访谈的方法来收集有关的行为资料，如了解目前的行为及其前后的条件，了解过去的行为表现及控制等，行为访谈的最大优点是可以收集患者的许多方面的问题，得到一般性的信息和特殊的信息，也可通过访谈考查患者的言语与非言语的变化，考查这些变化与治疗问题的关系。在行为治疗中，访谈是必不可少的一步，任何行为治疗都是以访谈为开端的，许多有关著作中都对访谈的方法作了充分介绍，在此我们不作过多的说明。访谈可以起到沟通治疗者与患者的作用，是直接观察法所不可取代的。此外，访谈还使我们对于其他测量是否有效有一个直观的结论，使治疗者对自己的分析有一个经验式的了解。

二、自我报告

虽然行为主义者一般不大强调自我报告，认为它是一种主观色彩很浓的测评方法，但随着近年来行为主义者向认知心理学的让步，及行为主义者对认知概念的接受，自我报告不再受到排斥。在行为评估中，自我报告主要有两种作用：一是收集有关学生的运动反应、生理反应和认知反应的资料，如你可以问儿童下列的问题："你今天完成了多少数学题"，"走近教室时你手掌出汗吗"，"你对教师持有否定的看法吗"，其中前两个问题是可以独立证明的。二是收集患者的各个方面的经验或体验。例如，当我们问及学生"你喜欢学校或教师吗"，或"你喜欢数学吗"，这类问题都是容易得到证明的。

三、行为问题核对表

这是比自我报告更系统化、规范化的测评方法。它是事先建立行为问题的有关假设，并根据这一假设编制相应的问题表，让学生或教师及家长作出回答。行为问题核对表密切围绕着可能出现的行为问题，回答方式比一般的标准化的测试更为灵活，针对具体的行为不足或行为过多进行有效的测评。

行为问题核对表的优点在于它的经济性和省时。由于目的更为明确，所以比访谈能节约大量时间，另外，许多行为核对表是有结构的，可以更清楚地提示问题所在，把访谈或直接观察中所遗漏的问题弥补上。不仅如此，行为核对表还具有易于量化的优点，便于统计并有利于将所考查的问题进行分类。如果在行为干预的前后进行测评，可以对疗效的显著性作出很好的评估。

行为问题核对表的不足之处在于它仍是一种间接的评估方法，近似于自我报告，与真实环境中发生的行为事件仍有一定的距离，它与实际行为表现的关系是一个必须弄清的问题。此外，在编制核对表时应尽量选择全面的题目，如果题目的选择有所偏差，就难以反映和评估行为事件。行为问题核对表的另一缺陷是只反映消极的行为，而不反映积极的行为，对于治疗来说，积极的行为反应也是应当了解的重要内容。

四、自我监控

自我监控（self monitoring）指个体对自己出现的某些行为反应予以记录，进行直接观察和控制。在自我监控的评估中，患者或被治疗者应当及时向行为矫正者报告自己的行为反应资料，治疗者之所以使用自我监控技术主要是想达到两种目的：一是了解患者最初阶段的监控水平，以便了解所要解决的特殊问题，最初的基线反应水平有助于证明问题的存在。二是用自我监控来收集干预计划成功与否的信息。可作为自我监控的对象或靶行为有很多，如课业完成情况，不良的行为习惯如咬指甲、不好的睡觉习惯、不正确的走路姿势等。许多自我监控的记录都是大同小异的。下面是一个较为典型的自我监控记录表：

一个十岁儿童在一周内完成作业的自我监控表

	星期一	星期二	星期三	星期四	星期五
布置作业量					
完成作业量					
百分比					

当使用自我监控表来评估或控制行为时，要注意监控的准确性，尤其要注意下列问题：

1. 训练。接受行为治疗者在接受自我监控时应受到必要的训练，训练自我监控的技术，可以导致更好的效果，提高记录的准确性。

2. 系统方法。上面的图表方法就是系统的方法，它比非正式的方法更加准确和可信。

3. 注意监控措施的特点。例如，使用腕子上记录的方法易操作，可以收集简单的数据，有不依赖患者的记忆的优点，比不使用这类的方法更为有效。

4. 及时。自我监控活动与靶行为发生的时间越是接近，记录就越准确，不可隔很长时间才记录。

5. 反应重复。当患者被要求监控发生的反应时，其注意力易被分散，监控会起干扰，从而减少自我监控数据的准确性。为了避免这一点，可让患者只记录一种行为，以减少反应的重复。

6. 反应的努力。患者越是必须用大量时间去努力应付自我监控，自我监控的效果和准确性就越差，因此要尽量让患者的精力少投入在自我监控上。

7. 强化。对于准确记录的偶尔强化比不强化能提高监控的准确性，可建立某种强化的标准，如教师可在学生交作业后给予表扬。

8. 准确评估的意识。治疗者应监督患者提供准确的数据，使其意识到自我监控的准确性被监督了，这种对监督的意识有助于增加准确性。

9. 靶行为的选择。有些行为较明显，容易记录。有些行为反应不易记录，动作反应如吸手指容易记录，而言语活动如发音等不易记录，再如肯定性行为比否定性行为易记录。

10. 患者本身的特点。有些患者比另一些患者更适合做自我监控的记录，如大人就比小孩子更适于做这种记录。

自我监控的重点应随着其使用目的的不同而有所不同，例如，如果强调自我监控的治疗作用，则应把重点放在反应出现上，对于反应准确性则不应予以强调，如果只是强调一般的评估作用，准确性就是一个重要的指标。当然，自我监控一般不单独作为一种方法，它必须与其他治疗结合起来，必须安排其他的治疗变量，以控制行为反应的出现。

自我监控的方法结合了人为控制和自然观察的各自优点，不仅能测量外在的行为表现，而且能测量私下的事件，如个人的想法，比访谈和观察法大大地减少了妨碍效应，是一种可取的方法。

五、模拟性评估

直接评估要求患者的反应发生在自然的环境中，直接反应环境的刺激，不能有人为控制的痕迹，这很难做到。而在模拟的环境中，通常要求患者进行角色扮演或操作，宛若在自然环境中。在行为治疗中，模拟性的评估已有多年的历史，但直到最近，这一评估系统的特点才被较深入地分析和研究，其优点和缺点才受到较为充分的评价。

与直接观察相比，模拟评估的方法有其自己的优点，尤其是在运用于临床治疗方面，这一优点更为明显。在自然的环境中，许多变量公开干扰评估的效果，而在模拟环境中，这些干扰都可以在某种程度上得到克服。

此外，模拟评估可以评价某些在自然环境中无法监控的行为，如一个学生有时也许对教师的教学有些不满，如果坚持自然观察可能数月也不能观察到这种反应，但借助模拟录音，我们可以有效地观察该学生对教师的讲课的反应。

模拟评估的另一优点在于经济，它可节省大量时间，使行为在典型的环境中表现出来。

最后，与直接评估相比，模拟性评估可以简化并减少复杂的问题，通过模拟，临床工作者可以控制额外的影响，分离和操纵特殊变量可靠地测试行为反应。

模拟性评估主要有如下几种方法：

1. 笔—纸型的模拟测评。要求被评估者描述在面对测试的句子所代表的刺激时会作出什么样的反应。例如，教师或家长可能被要求就实施某种行为管理程序的方式问题，对一系列多重选择问题作出反应。测试中刺激的呈现一般是句子的形式，而回答则可能是笔答，也可能是口答或动作回答。被测评者面对刺激材料并得到反应的线索。要求被试回答在这种情形中，会作出什么样的反应。笔—纸型的测评的优点在于可以同时测试大量被试，并容易将测评结果作出量化的统计，但其缺点是预测性较差，我们不能通过这些回答预测真实的行为。

2. 录音模拟。这是一种给被评估者呈现录音材料（录音材料中提示了某些刺激情境），要求被测评者作出口头的或是动作的回答反应。例如，治疗者可将教师对班级讲话的录音材料放给儿童听，要孩子们通过角色扮演或自由行动进行应答。虽然它比笔—纸测试更进了一步，但仍不足以对真正的刺激条件作出反应。

3. 录像。录像技术比录音更进了一步，可以代表更客观、更实际的情形，录像一般都伴有声音，比录音更为生动。如利用录像技术，我们可以对学生进行社会技能的训练与教授。它的主要缺点在于其费用和设备较为昂贵，目前，我们还不能充分拥有这样的设备。

4. 代表人物的模拟。这一方法要求被测评者与作为刺激的人物和对象产生交互作用，通常是在临床治疗的自然环境中。有时，治疗者可能把刺激人如同伴、教师带到现场，以观察被评估者反应。其优点是刺激可被安排得与自然环境极为相似，但仍不能代替真正的自然条件。

5. 角色扮演。角色扮演可应用于前面提到的所有情形中，有时在刺激情形出现之后，要求被评估者进行演练，作出一系列反应。如治疗者可让高中生进行角色扮演，让其扮演在教师面前的反应，治疗者也可亲自扮演某人，呈现特殊的指导。这方法有其灵活性，可替代对行为反应的直接观察，不足之处在于人为的角色扮演仍不能与真实的环境相比。

模拟的评估方法具有广阔的使用前景，但其信度和效度需要解决，可以把靶行为的稳定性作为其信度指标，而效度问题则可以通过比较现有的评估与自然环境中发生的靶行为是否一致来解决。

六、直接观察

直接观察代表着行为治疗中最广泛使用的测评工具。它能记录自然环境中行为事件的发生，使观察者的主观偏见减至最少，直接观察可在角色扮演中进行，也可在自然环境中进行。行为的直接评估一般没有较为成熟的工具，主要是在经验直观中获得行为的资料。

直接观察的重点有如下几个方面的内容：

1. 出现率。行为出现率是最常用的行为特征，是指在指定时间内记录某一行为出现的次数。例如，记录一个儿童对于父母“命令式”行为出现的次数。第一步是对命令式行为下一个操作性定义，以便对该行为的出现量做准确记录。

我们可将命令式行为定义为对父母发出任何口头或非口头的指令。

然后是根据定义去寻找该行为的出现，记录行为出现的次数，并确定行为基线。行为记录有多种多样的方法，可以用代码，也可用数字，我们还可以把获得的原始数据整理成出现率图表或出现率累积图表，可以更加直观地显示特定行为的基线水平以及治疗和干预的效果。每个要记录的行为都是独特的，有其特征的行为，经过定义很容易在指定的时间记录下来。这些行为都能重复出现，但每次出现都是相对独立的，每次出现所需时间与下一次出现所需的时间大致相同。

2. 持续时间。行为评估中，不仅出现率是重要的，它的持续时间也是十分重要的。例如某学生发脾气的持续时间，注意力持续的时间等。持续时间的另一个方面是一个人在特定刺激出现后到作出适宜反应所需的时间，即通常所说的潜伏期，例如，一个儿童在听到父母的命令后不是立即执行，而要经过一段时间才去执行，这时对潜伏期的记录就是必要的了。这种持续时间用秒表、时钟或特定的图表来完成。

3. 行为质量。在评估某人是否擅长做某事时，通常是看他在指定的时间内能做某个行为多少次。但在某些行为评估中，不仅要记录行为出现的次数，而且要记录行为的严重性，或等级水平，也即行为的质量评估。质量评估的一个精确的办法是指明一个特定行为，然后确定这种行为的表现的不同等级，这样，每次行为出现的记录就不再是“有”或“无”的记录，而且还有程度、等级的记录。这种评估是先对某一行为完成的各等级进行定义，然后通过观察者的观察、判断来记录，也可以利用相应的检测仪作出适宜的判断来评估质量。例如当测定发声行为时，就可用一种称为测声仪的装置来测量分贝级。

4. 刺激控制。刺激控制是用来说明某种行为出现与否的特定环境，某些行为在这种环境下就出现，在另一种环境下就不出现，这样我们就可以根据观察到的行为的发生条件来评估行为。我们可以评估行为出现特定的环境，它所要求的特殊条件，分别给这些条件下出现的行为评分，从而可以更精确地评价行为的性质和程度。

对行为的直接观察要有信度和效度，一般来说，应符合这样一些要求：

1. 执行观察的人要经过专门的训练，包括教给他们学会行为序列的取样，观察与行为密切相关的环境，了解收集资料的特定环境。

2. 两个以上的观察者要取得一致性，要在评分标准上达成一致意见，以保证观察的信度。

3. 不要让观察者知道特殊的治疗计划，以保证观察的客观、公正。为了保证特殊结果的不泄漏，可对观察者进行一些有意的指导。

4. 应建立特殊的观察代码，保证行为容易记录，治疗者应熟知这些代码。

5. 应对被观察行为作操作性定义，这方面的工作应监控，以保证两个独立的观察者获得一致性，并保持这种内部一致性的水平。

6. 观察应不妨碍行为反应，要尽量隐蔽、合理，不要让观察对象发现观察意图。

7. 观察范围应尽量扩大，要观察特定环境下的行为，也要观察其他条件下的行为，考查靶行为是否具有跨情境性和普遍性。

在直接观察时，设计这样一个表格是十分必要的，它使观察结果更为直观，便于我们的了解。在表格中应有特殊的代码，以便于记录。

行为评估仍处在发展的“童年”时期，还是很不成熟的领域，许多测评工具尚缺少信度和效度，目前，在心理评估领域占统治地位的仍是传统的测量工具。据美国心理学家的统计，传统的罗夏测验在个人的评估中仍占据第一，像主题统觉测验之类的传统测验仍排在前四名。

行为评估还有许多方面需要加以改进。首先，行为评估与其他测验工具相比仍然是太费时间，它需要长时间的观测，反复观察，因此不太经济，这是人们对其不满的主要原因。另外，行为评估的结果与治疗方案的选择仍然没有多大关系，行为治疗的选择主要取决于心理学家的观点，似乎没能与评估方法和手段建立必然的联系，这也是行为评估的一大缺憾。最后，行为评估缺少标准化也是其不足之处。要想了解异常行为就要对正常行为的标准建立一套模式，否则就无法确定某一行为是否为不正常，而对于发展中的儿童来说，确定其正常的行为是一件很不容易的事情，这也影响了行为评估的使用和普及。

但是我们也应看到，随着行为疗法的日益发展，行为评估正在迅速掘起，行为评估的简单实用性，它的易操作性和针对外部行为的测评使得它成为人们所青睐的评估方法，我们相信不久的将来，行为评估必将在心理评估的领域发挥越来越大的作用。

【建议参考资料】

1. 夏皮罗．校内行为评估［M］. 郑日昌，译．台北：五南图书出版有限公司，1994.

2. MCINERNEY D M. Helping kids achieve their best：understanding and using motivation in the classroom［M］. Cbarlotte，NC：Info Age Publishing，2005.

3. SATER J M. Assessment of children［M］. San Diego：Jerome M. Sattier，Publisher，1988.

【问题与思考】

1. 行为治疗者为什么不重视行为评估？
2. 行为评估与传统评估的不同是什么？你如何评价两者的不同？
3. 行为评估的内容是什么？从几个方面评估行为？
4. 行为评估的主要方法是什么？举例说明。
5. 如何使用直接观察的技术？要注意些什么？

第七章　学校中的行为干预

【本章提要】

行为矫正技术是以行为主义理论为基础的，通过控制环境和行为后果来改变行为。该技术以其便捷的操作和良好的干预效果广泛应用于学校环境中。本章主要介绍了基于斯金纳的操作性条件反应原理的行为强化技术，分析了惩罚技术有效性的条件，强调惩罚技术的限制性效果。同时介绍了强调学生主观能动性的自我控制，强调周围他人作用的团队强化偶联技术。最后对行为矫正中常出现的问题进行了分析。

【学习重点】

1. 了解行为矫正的内涵，其与思想工作的区别。
2. 了解行为矫正中强化物的类型及其应用。
3. 掌握减少不欲求行为的强化方法。
4. 掌握代币制的实施及其技术。
5. 了解学校教育惩罚的作用和使用条件，掌握其优缺点。
6. 掌握外在强化与自我控制的关系及自我控制的方法。
7. 了解集体偶联强化技术及其优点。

【重要术语】

行为矫正　行为主义　操作条件反应　行为偶联　强化物　反馈　代币制　惩罚　行为代价　强化终止　自我控制　自我监控　自我强化　自我指导　团队偶联　替代性的强化　替代性的惩罚　迁移

行为矫正在学校中的应用是十分广泛的，无论是在学前的幼儿园，还是在大学中，行为技术都在发挥着重要作用。学校的许多领域都适合行为干预，从传统的学习技能到教育管理，从学生间的社会互动到学习障碍问题，都可以通过行为干预来解决问题。

自从20世纪初华生创立了行为主义以来，行为干预技术就一直得到了迅猛的发展，行为干预以其简单、易操作、直接针对问题的优点在学校环境中发挥着重要作用；目前，课堂上对学生行为的控制正在大量使用行为的强化、奖赏和惩罚等行为技术，以增加欲求行为或减少不欲求行为出现的频率。

其实早在19世纪西方的学校教育中就已使用行为干预的方法，如让学生担任监督者，为学习好的人发一种票据，得到票据的人可以拿来领奖。这就是后来的代金券的雏形。现代的行为干预应用于学校主要是基于斯金纳的操作性条件反应原理，这一条件性反应把控制的重点放在了环境上。它假设如果我们改变行为的后果就可以加强或削弱某一行为。

学校中的许多行为都是条件性反应的，因为它们都在一定程度上受后果的影响。例如，学生的学习、完成课业的情况、正确回答问题、讨论问题、学习的兴趣和社会交往等都可凭借操作的特殊后果的控制来加以改变。

操作性条件反应的心理机制在于行为与行为后果的联系，这一建立起来的联系叫做行为偶联。作为操作性反应的中心原则的概念有强化、表扬、注意及惩罚等。

第一节　行为强化的技术

一、强化物的类型

强化是跟随行为事件的某种刺激反馈，又叫做行为的后果。它可分为正强化和负强化，肯定的或积极的行为后果就是正强化，它的作用一般在于加强某一行为出现的可能性；而消极的或否定的行为后果就是负强化，其作用是削弱或降低某行为出现的可能性。强化是可以由人来掌握和控制的，因为作为行为强化物的东西可以是环境中的某种事物，只要人们控制了这些事物就可以控制行为。这是斯金纳的操作行为主义告诉我们的原理。

强化必须要有某种强化物，用于强化的物品或手段就是强化物。显然，用做充当强化物的东西可以有许多种，它可以是某一具体的物品，也可以是口头的表扬，或者可以是某一荣誉。总之精神上和物质上的东西都可以是强化物。

（一）社会强化物

社会强化物是学校中教师经常使用的强化物，它总是与社会肯定相联系的。最常见的社会强化是表扬、给予注意、身体的接触、肯定的表情、目光的注视等。这些强化发生在儿童出现某一行为之后，在学校和家庭中都是经常使用的强化方法。

其中口头表扬是最简便易行的方法，也是最常使用的。如一个7岁的小男孩学习代数，教师开始对正确的反应给予表扬，然后，对于正确反应的表扬增多，接下来又减少。结果发现，这一孩子回答问题的正确性随着表扬的增多或减少而上下摆动，这证明了强化对于学习的直接而重要的作用。

非言语的强化也很重要，教师增加微笑或爱抚动作，如点头等，都能使学生的注意力集中的时间随之增加。

社会强化的优点是不言而喻的：首先是其非常有效；其次是其非常易行，可快速传递给众多的学生；三是其可接受性，表扬不像食物之类的强化物，容易引起厌足和使人感到受剥夺，接受表扬总是一件令人愉快的事情；四是其方便性，表扬和注意发生于自然环境中，发生于日常生活中，可被教师和家长随时使用。在使用表扬一类的社会强化物时应注意，表扬并不能确保行为变化的发生，有时表扬甚至起到相反的作用，因此还应结合其他的方法来干预和控制行为。

（二）特权与活动

为了控制儿童的行为，我们可以使用多种方法，关键的问题是了解和掌握儿童的特殊需要。有时允许儿童从事其所喜欢的活动可以强化其课业学习，因此喜欢的活动就是一种强化物。

在学校中，教师经常应用“普利马克原则”来改变学生，这一原则是说，发生概率较多的行为对于发生概率较低的行为具有一种强化作用。如看电影是发生概率较多的行为，学生一般都爱看电影，它可以用于强化发生概率较低的课业学习。

自由时间也是一个强化物。可用于改变学生的课堂捣乱和不完成作业的行为。有人对初中学生的合作行为进行了研究，如果学生们每一个人都在课堂上合作学习，则每天都可得到 10 分钟的自由活动时间，包括自由交谈、做游戏、读杂志；如果有人在课上捣乱，则减去一分钟自由活动时间，这方法极大地改进了学生的学习行为。

还有一项研究是教幼儿园的孩子书写，凡是书写正确的可以自由玩，虽然是抽查式的检查，但所有孩子的书写成绩都提高了。

特权与活动是一种很好的强化方法，但它在应用上有一定的限制。例如，有时这一方法不能直接用于行为发生之后，因为这样会打断原有行为的持续，如让孩子自由交谈就不能出现在其完成课业之后，因为虽然这一孩子完成了课业，可其他孩子仍没完成课业。只能在特定的时间使用，或延续到一段时间后应用。

此外，这种强化方法不一定适合于所有的人，每个人喜欢的活动是不一样的，有时，这种强化作用不明显。一般来说，自由时间是最经常使用的，儿童可以随意选择自己所喜欢的活动。

最后，这种强化的方法要求连续的强化，如看电影、旅行、交谈等都是一个连续的时间，因此不易灵活掌握。

（三）反馈

提供有关操作的信息本身往往就具有一种强化作用。当然，有时反馈中也包括了其他形式的强化，如表扬或成绩报告等。有人研究了儿童在一定时间内写作的字数，在他们写作完之后，统计作文的字数，“并反馈给他们，让儿童们了解一下是否能通过这一方法来改进自己的写作。结果经过这一统计，几乎所有儿童写作的字数都有了提高，这说明反馈是一种很好的强化。”

这种强化的优点是易控制。教师报告学生的学习成绩或某一活动的结果并不是一件费力的事，学生们将这一结果与自己的过去比较也很省力，反馈可能给学生的行为建立一个参照标准，按照这一标准去行动，就会改进行为。

一般来说，反馈作为一种强化，其效果不大稳定，只有中等效果，所以反馈一般不作为单独的强化方法来使用，应与其他强化方法结合起来使用。

（四）代币制的强化

如前所述，强化物之所以起作用主要是由于这种强化能满足人的需要。但实际上，每个人的需要是不同的，也许自由时间对于某人是一种需要，而对于另一个人就不是什么需要，所以，我们不好确定一个绝对的强化物的标准。为了解决这一问题，有人发明了代币制。即用某一种票据或奖券的形式代替直接的强化，让获得这种代币制的人换取他所需要的奖励。心理学家布雷尔研究了15个一年级学生，这些学生的作文和社会技能水平都十分差，研究者在确定行为基线后，对这些学生进行表扬与批评，结果效果并不明显。后来，使用了代币制的强化方法，得到了一定的分数后，学生可收到代币制，并可持代币制在教室中的特殊商店中兑换所喜欢的礼物。这种方法取得了很好效果。

纸币的好处有很多，它比表扬和反馈的效果更为明显，它可以自由交换，满足不同的需要，不易引起厌足。另外，代币制可以立即兑现，又可不必当时换成所需要的东西，这就不会妨碍行为的进行。

当然代币制的实施要相对困难一些，要将交换的物品列出，将靶行为分级，以确定具体的强化的量。

二、减少不欲求的行为反应的强化技术

在学校环境中，常常要避免一些我们所不希望发生的行为，而不是强化人们所欲求的行为，这时所使用的强化技术就与肯定的强化有很大的不同。在这一情况下首先要考虑的问题是如何减少或避免某一行为的出现。在学校中经常使用的这类强化方法有如下几种：

（一）强化其他行为

当学生出现我们所欲求的行为时给予强化，而出现不欲求的行为时不予强化，实施有选择的强化。即强化其他一切行为，唯独不强化我们所认为的不欲求的行为。

实施这一方法时，首先要确定什么是要消除的靶行为，因为强化的安排就是为了消除这一靶行为。

有一个8岁的小女孩，养成了一个啃咬手指甲的毛病，心理学家运用这种分化的强化来矫正，当这个小女孩不啃咬手指甲时，给她一定的奖励，只经过五次这样的强化就基本消除了这一坏毛病。此外，还可以强化与靶行为相反的行为，如情绪不稳定的孩子经常扰乱他人，四处乱走，可以强化其坐下的行为和不妨碍他人的行为，把强化重点放在他的完成作业和安静的行为上。

（二）对低反应率的行为进行强化

有时，我们不可能一下把不良行为消除，如课堂上学生不注意听讲或讲话就

是不易彻底杜绝的现象，这时我们的目标不是要强化其他行为，而是对不欲求行为的减少提供强化，即对低反应率的行为进行分化强化。例如在一个特殊教育班中，我们可事先确立行为基线，然后根据这个基线，教师提出要求，如果在 45 分钟内全班学生的讲话次数在三次以下，就多给予全班自由时间，只要破坏行为出现的次数减少就给予强化，这一方法使全班的讲话次数由原来的 30 次下降了许多。

第二节　惩罚的技术

在学校教育中，强化是占主导地位的行为干预方法。一般来说表扬与肯定总是教师愿意使用的手段。但是，惩罚的使用也是必不可少的，有时甚至是十分重要的，尽管惩罚所占的比重不大。

一、惩罚程序的类型

在学校背景中，教育者使用多种多样的惩罚方法，常见的有如下几种：

（一）口头责备

在课堂上经常可以见到教师用警告、批评、责备和不许等手段来约束或管教学生，这些方法就是口头责备。在学校出现的惩罚中，口头责备是最基本的和常用的，也是最有效的。责备起作用的机制远比人们想象的要复杂，研究表明，责备的效果是不尽一致的。对于学生的课上捣乱行为而言，口头责备的效果就是矛盾的。有时批评很有效，有时就没什么效果，有时反而起到相反的作用，对捣乱行为强化了。在学校中经常出现这样的情况，当教师让学生们坐下时，站起来的人反而更多了。

口头责备的方式十分重要，它直接影响责备的效果。例如，低声或私下告诫学生，往往比课堂上公开说出来更具作用，更能压抑学生的捣乱行为。另外，如果是大声在课上进行批评，加上责备的目光也是很有效的，至少比单纯用口头责备效果好得多。

（二）强化的中止

这是指在特定的时期内取消所有的正强化，即不给予任何表扬或奖励。在这一时间内，儿童不得接近平时正常得到的正强化物。教师常用的强化的中止有下列几种：

1. 身体的隔离或让其独自反思

对于一个课上经常说脏话和做鬼脸的小学生，让其独自反思是一个有效的方法。有时可不用非让其一个人呆着，只用部分身体的隔离的方法就行。例如，当一个小孩子推其他孩子时，让他站在旁边看别人玩一分钟就是很有效的方法，他会知道自己的行为给自己造成的损失。再如，对于智力低下的孩子，当他们行为良好时给予强化，每人收到一个绶带，表示他们收到了食物或社会的强化物，而惩罚则是暂时拿走绶带 3 分钟。

这种隔离的方法十分方便和省时，几分甚至几秒都可以，一般来说用不着太长时间的取消，只是暂时的中止。

使用隔离法时要慎重，有时隔离不仅没有效，反而起到相反的效果，强化了不良行为。如一旦把孩子隔离出教室，就会使其失去一些正强化的机会。此外，有时把孩子隔离出教室正合孩子的心愿，因为他可以借此机会不去学习了。所以，最好使用不完全隔离法即让孩子呆在现场，让他观察别人的行为，予以指导，然后让其继续从事自己的活动。这种观察本身就有一种学习作用，使其了解什么是合适的行为。所以除非严重妨碍他人，否则不可以驱除出教室。

在实施中止法或部分隔离法时，最好其他人的活动是吸引人的，有趣的，只有在这种情况下，隔离才能起到一种惩罚的作用。

2. 行为的代价

行为的代价是指通过正强化物的损失来达到一种改变行为的作用。它不像时间中止法那样需要一段错过积极事件的时间。在通常的情况下，行为的代价采取的形式是代币制的罚没或损失。有人用这一方法研究小学特殊教育班的学生。在上课开始时给学生一些硬币，可用于换取奖励，一旦在课上发现谁有捣乱或破坏课堂纪律的行为，如随便讲话，离开座位，不举手发言等，就收回这些硬币。教师严格执行收回代币制制度，只要发现不良行为就立即实行这种惩罚。事实表明这一方法是一种很有效的方法，显著增加了良好的行为，学生们为了赢得代币制而努力学习，谁都不愿意损失自己的代币制。

在教室中，代币制一般都是用来换取某种奖品，但有人发现，即使代币制没有换取奖品的功能，作为一种收回的惩罚，它仍具有一种惩罚作用。有人在幼儿园里进行了实验研究，先将印有小孩子名字的纸片给予小孩子，这张纸片并不能用于换取任何奖品，当小孩子哭闹、打架或情绪不良时，就收回这些纸片，结果，这一方法有效地遏制了小孩子的哭闹行为。作为一种惩罚的方法，行为的代价的方式是很容易操作的。其优点在于提供了给予肯定强化物强化行为的机会。如果代币制要收回，那么它一开始就要给孩子，而在这一点上是可以进行适当控制的。一般来说，我们不是一开始就把所有的代币制给孩子，而是当他们有了所欲求的行为时才给予代币制，这样奖励与惩罚就紧密地结合起来了。可见，在行为干预中奖励与惩罚总是结合在一起的，而不是单独使用的。而且结合奖励使用时，其效果更为明显。

3. 积极的练习

这是一种新近出现的惩罚方法，在教室中已开始使用。所谓积极的练习就是当学生从事破坏行为时，教师不是简单地进行批评教育或惩罚，而让其做正确行为的练习。如有一个班级总有一些孩子上课不注意听讲，教师经过批评教育毫不起作用，教师只好用积极练习法。当孩子出现捣乱行为时，教师让其举起自己的手，说出什么是正确的行为和应当做的行为，然后让其练习正确的行为 5 分钟，练习出现在破坏行为之后。这一方法取得了良好的效果，运用这一方法还可以提高学生的分享行为和关心集体的行为。

积极的练习的优点在于为学生提供了一个学习正确行为的机会。这是其他惩罚方法所不具有的。它集教育于自身中，通过这一惩罚使学生认识到了什么是正确的行为，什么是不正确的行为。

但是，这一方法在课堂上的运用受到一些条件的限制，这一积极练习的方法需要有人在旁边进行有效的监督，甚至是一对一的指导与帮助，而这在课堂上是不能做到的。在课堂上教师还要照顾众多的学生，不可能为了一个学生而耽误其他学生。

此外，在做练习时，还要有一定的指导，要有受过训练的人员进行纠正，这些条件也是课上不易满足的。所以，目前这一方法主要还是在临床治疗中广泛使用。在治疗中专家可以对患者的行为进行具体的指导，实施严密的监控。如果条件允许，在课后进行这样的练习还是有效的。这样可以不必妨碍他人的学习。

二、对惩罚方法的评价

目前，在学校教育中惩罚是教师偏爱的方法，教师们认为对于学生的破坏行为，惩罚的效果远比表扬来得直接，所以教师往往依赖惩罚达到控制班级的目的。这样做有许多弊病。

首先，惩罚虽然能在一定程度上抑制不良行为，但它不能教会孩子学习正确的行为，它只能告诉学生不能做什么，却不能教给学生能做什么。而对于许多不守纪律或有不良行为的学生来说，重要的是要发展适当的行为技能，形成特殊的反应。显然惩罚完成不了这样的任务。经常使用惩罚会使学生对于正确的行为不屑一顾，对学校环境产生一种反感。

其次，从教师面临的问题来说，惩罚的偶联使学生学会了钻纪律的空当，导致他们不服从指挥，产生一种反抗的心理。教师在惩罚学生的不良行为时必须首先注意到这一行为，必须先找出那些不听话的学生，而这种注意往往强化了学生的不良行为。此外，经常使用惩罚还会使学生产生逃避、攻击等不良情绪反应。对小孩子的研究表明，小孩子在受到惩罚之后，他们的不良情绪反应增多，如哭闹、烦躁等反应比以前更多。还有一些研究表明，受到惩罚后，儿童倾向于躲避造成惩罚的环境，躲避批评他们的大人。有时经受惩罚之后，一些人还增加了攻击倾向，尤其是体罚之后更容易出现这一倾向。受惩罚的人易产生对实施惩罚者的愤恨情绪，并易实施攻击行为。

当然，这些副作用并不是长久的，许多副作用仅是暂时的。但这些副作用的存在告诉我们要慎重使用惩罚，只有在理由充足时才使用。

作为教师应当认识到，实施惩罚往往会有一种自我强化的作用。比如在一个嘈杂的教室中，如果教师使用大喊大叫的批评方式来制止学生是很有效的，这种有效反过来就会强化教师使用惩罚的方法，在下次面对这一情况时，教师仍使用这一惩罚的方法。通过这种强化，教师以后的惩罚行为就会增多，惩罚就会成为他惯用的教育方法。而这一方法从长远的角度来说并非是很有效的。

由于上述所说的惩罚易引起副作用，所以在学校中使用惩罚时必须格外慎重，不能把惩罚当做是教育的有效手段和教育的基础。实际上惩罚所起的作用往往取决于许多其他条件，惩罚本身并不能使学生学会某种新行为。在使用惩罚时必须注意环境的具体特点，一般来说只有当学生的行为对自身和他人构成了危险或妨碍时，如当某学生具有严重的攻击他人的行为时，才给予直接的惩罚。再有，当使用强化的方法不能有效地管理学生的破坏行为时才可使用惩罚，如一个神经质的学生总是不断地讲话，不能安心在自己的座位上，这时不可能通过强化的方法帮助他进入正常的学习状态，惩罚就是必不可少的了。总之惩罚是配合强化来使用的，当强化开始发挥其效用时，惩罚才开始起作用。

所以，惩罚总是强化系统中的一个组成部分，我们必须在总体上依赖正强化的作用来完成教育学生的使命，而不应把教育的基础放在惩罚上。实际上强化的作用是更基本的，因为惩罚的效果也在某种程度上依赖于正强化对于可欲求的靶行为的促进作用，只有在更基本的正强化的范围内考虑惩罚的技术，才能使其发挥有效的作用。

第三节　自我控制

课堂上的行为控制常为学生介入程度不同的偶联提供了机会。在这一过程中学生不是被动地服从管理和约束，而是作为一个主动的个体参加了行为计划。在改变学生行为的过程中，必须让学生积极主动地加入进来，调动他们的积极性。

之所以要强调学生的主动性，是由于以下几种考虑：首先，学生可以帮助执行某些教师承担的任务，如评估其他学生的行为、管理学生的行为等，班级干部或其他被委任的人都可以有效地担当起这一任务。其次，在班级管理中，绝大多数的内容都涉及到个人责任，其主要目标是增进个体的责任，而这一目的的实现最终还要靠学生们自己对行为加强的一种责任感。自我控制技术是从外部控制向内部控制转变的一种有效途径。在自我控制中，个体的自主性得到了充分的发挥。最后，学生或儿童愿意选择那些更能发挥其主动性的行为程序，自我控制的程序使儿童自己完成偶联的某些方面，这对于整体上的服从组织约束和执行行为程序是非常重要的。自我控制技术包括各种具体程序或过程，课堂上主要应用的自我控制技术有自我监控、自我强化和自我指导训练。

一、自我监控

在临床治疗中和教育实践中，系统地观察或监控自己的行为已经被用于解决各种各样的问题。这一技术包括记录自己的行为，通常是记录行为发生的时间或发生的具体情形。例如，赫尔等人的研究表明，只需让高中生记录自己上课说话或注意力不集中的行为，对于这些行为就有一种有效的改进作用。但这一研究中既没有学生对靶行为的记录，也没有独立观察者记录的评估。后来的一些研究证明，自我监控作为一种独立的方法是不起什么大作用的，它必须和其他方法结合起来使用才能发挥更大的效果；自我监控必须要有其他方法提供有关行为后果的情况，它通常仅是作为自我强化的一个组成部分。对自己行为的自我观察通常为决定自我管理的后果服务。

二、自我强化

绝大多数课堂上的强化程序都有赖于教师来执行，教师是改变学生行为的管理者。但实际上学生们自己也能有效地控制自己行为的后果，这一控制程序就是自我强化。通过自我强化，学生们可以事先确定获得强化物的标准，给自己提供适当的后果。自我强化可用于学生的自学。有人使用自我强化改进小学生写作故事的能力，儿童自己记录下自己作文中不同句子、形容词和动词的数量，每当词汇量有所增加时就给自己一个代币制，用这一代币制可以交换游戏、自由活动时间或展示自己的故事等。这一自我强化偶联增加了写作文的词汇量。此外，经过有关人员的评价，故事的内容更加丰富和有趣。

在有关的研究中，一般都是先让教师实施一段时间的管理强化程序，然后再让儿童自己控制行为后果，给自己的行为实施强化。在这一过程中，通常由学生制定行为标准，一旦学生的行为达到这一标准，由学生本人对自己的行为进行强化。在一段特定时间结束时或在随意规定的时间结束时，一般要报告总的结果。

几项研究表明，自我强化程序与教师的监控同样有效，都是一种很好的管理方法。但仍要思考的问题是，教师或孩子是愿意选择自我强化还是外部强化。我们有理由说，尽管两种强化偶联都是有效的，但自我强化是更容易实现的，因为学生们对于这种强化程序有着更为浓厚的兴趣。

自我强化的一个突出问题是，当学生们自己制定行为标准，并自己执行这些标准时，标准会随着时间的推移而不断降低。如果学生自己决定提供强化的数量并决定何时赢得强化物的话，他们的标准就会随着时间而下降。为了保证学生对结果的严格监控并对强化保持高标准，有人提出了几个程序：如当儿童能提供适当的自我强化物时，由教师给予外部强化，或指导儿童在给予自己强化物时，必须严格参照某一特定的标准。或者检查儿童给予自己奖赏的数量，对于不适当的奖赏给予一定的处罚。虽然这些措施可以用来预防奖赏的滥用，但它们也有可能减少儿童执行强化偶联的兴趣，从而引入较强的外部强化控制而不是内部的控制来解决问题。

三、自我指导的训练

另一有效的自我控制技术是自我指导的训练，这一方法是让学生通过大声复述任务的要点或学习要点来控制自己的行为。如有心理学家训练有强迫观念的儿童使用适当的方法，精确地完成一系列任务。要他们大声复述有关任务的指导语，并自己回答这些问题。训练者同时给予操作的指导，并让其实施自我表扬。实际上，训练者使用的是大声思维法。先让这些儿童跟着大声复述，然后再让他们小声复述，最后对自己默诵这些指导语。训练取得了令人满意的结果，这些儿童的强迫错误有所减少。

自我训练方法目前主要还是在课下的时间和治疗中使用，因为上课时不可能使用大声思维法。例如，有人用自我训练的方法干预三个淘气大王，训练这些孩子用课外的两小时时间完成各种任务。实验者充当样板，让孩子们问自己问题，(如，教师让自己做什么)，给予自己完成任务的指导（如，我打算临摹这幅画)，并进行自我表扬（如，我的确做得很好)。这一训练的目的是培养孩子懂得如何完成任务。研究者对于训练的效果及其对课堂学习的迁移进行了评估，结果表明这些孩子取得了极大的进步，当实施训练后，他们完成任务的水平有了明显的提高，这一结果在数周后的测查中仍保持下来。此外，一些治疗家用自我训练的方法研究儿童的捣乱行为、吵架及擅自离座位的行为，也都取得了明显的效果。

第四节　基于团体的强化偶联

一、团体强化偶联

自我强化的程序代表了一种让学生主动投入行为改变的方式，另一达到相似目的的方法是设计一套程序，使学生周围的人也都加入到行为强化的偶联之中。这就是团体强化偶联。

我们可以以整个团体的行为操作为基准设定强化标准。如有人以小学二年级的三个班级为被试，用团体偶联的方法减少偷窃行为。在这三个班级中，学生们经常相互偷窃物品，包括教师的物品，研究者把一些物品放在教室中，以测查偷窃的情况。虽然教师一再告诉学生们要诚实，不该偷窃，但是并无什么作用，此后开始建立一个集体偶联，告诉学生们如果从现在开始教室中不再丢任何东西，整个班级就可有额外十分钟的自由活动时间。这一程序在不同的时间内引入各个班级，结果表明，一旦团体偶联建立起来，偷窃行为就明显减少。

这一基于班级整体行为操作的方法不仅对控制班级中的破坏行为有效，而且对于提高学习成绩也十分有效。有些研究证明团体偶联比个体的强化更为有效。另一方法是把某一团体分成若干小组，对每一小组分别实施小组偶联，使小组产生一种竞争意识，成绩好的小组获得强化。有人用此方法研究小学生写作技能的训练，班级分成两组，每当学生改进了写作技能，如使用了较多的形容词、动词和新的句子时给予一定的分数，统计结果不按个人的得分多少，而是按整个小组的得分累加，得分多的小组可以提早放学并可获得糖果的奖赏。如果两个小组的得分都很好，都达到了事先制定的标准，他们都可获得奖赏，结果两个小组的写作水平都有了很大提高。

虽然团体偶联通常有着很好的效果，但把团体再分成小组是更为有效的团体偶联的方法。有人比较了分组偶联与不分组偶联的效果，考查了控制小学高年级学生捣乱行为的效果，当把班级分成若干小组时，捣乱行为出现的次数明显比全班为一个整体单位时要低。看来，小组之间的竞争是很重要的。

另一团体偶联的方式是后果共担。只要班级中一人违反了纪律，整个班级都要受到处罚。如教师常把爱捣乱的学生挑出来，告诉整个班级，如果他的行为有所改进，就给班级的所有成员以奖励，如果这位学生表现不好，则全班学生表现再好也无济于事。在班级中出现一两个调皮捣乱的学生时，这一方法是很有效的，教师若想改进这一两位学生的毛病就不妨动员全班的力量，把这一两位学生的行为表现与他周围的学生的奖罚联系起来，这时全班同学就会出于自己的利益而干预这一两个学生，从而起到有效的作用。

团体偶联的方法具有很多优点，首先，它使用起来十分方便，当我们把儿童当做一个团体时，比面对个体时更容易控制行为的后果。在课堂上，监控每一个孩子的行为并为其提供结果是一件困难的事情。而团体偶联代表了更为灵活的选择。这一优点足可以解释为什么教师们更偏爱团体式的强化而不是个体的强化方法。其次，它动员了同伴的力量，使同伴们都主动地加入了个体的行为，同伴的作用主要是为了使团体赢得奖赏而支持适当的行为。有研究表明，团体偶联促进了同伴之间的相互帮助。但有的时候，当某一个体的行为影响了团体获得强化物时，同伴就会主动对该个体的不当行为进行谴责，甚至威胁，所以并不是所有团体的偶联都是值得肯定的。

二、基于同伴的强化偶联

团体偶联已间接地涉及到了同伴的作用问题，在团体强化中，同伴通过支持或协助行为的强化而卷入强化程序。一个更直接的介入方式是让同伴管理强化，并直接对不当行为进行惩罚。在同伴实施的强化程序中，同伴起着一种改变行为的实施者的角色，并对行为不良的学生进行直接的控制，直接操纵行为结果。这一尝试已取得了一定成效。例如有心理学家用同伴来改变幼儿园儿童的社交退怯行为，先选出两个 3—4 岁的特别活泼外向的男孩子，让他们帮助其他男孩子。经过角色扮演，这两个男孩子被训练成为会主动激发别人游戏，对别人的社交行为进行表扬的人。研究表明，这两个男孩子使那些退怯的孩子的交际行为有了明显增多。

利用同伴还能改进学生的学习状况，如同伴间的相互帮助能促进差生的学习，而让几个同学与上课捣乱的学生一道讨论违反纪律的情形，分辨什么是适当与不适当的行为时，不守纪律的学生则减少了不良行为，上课比过去更注意听讲了。

利用学生作为强化的管理者有很多好处。首先，一旦有机会加入同伴的活动中担任一个强化者的角色，会对担任这一角色的学生产生极大的强化，他们可以克服自己身上原有的毛病。另一点，学生本人也十分愿意参加这类改变其他人行为的活动，担任这种角色本身就具有一种强化作用，使其比平时更能理解某些行为的真正意义。在同伴的强化中，可以改变双方的关系，对于双方都有好处。例如，一项研究表明，当让孩子担任强化其他孩子的角色时，不仅其他孩子的社交行为有所增加，他们本人的社交行为也显著增加了。这些孩子更受到其他孩子的欢迎和肯定。在这一过程中，担任强化者的学生可以得到自我训练，承担更多的责任，并获得更多的注意，这都是教师平时很少能兼顾到的。

三、替代性的强化与惩罚

当儿童观察别人行为的后果时也具有一种强化或惩罚的作用。这种并非直接的强化或惩罚的作用就是替代性的。研究表明当小孩子观察别人的行为受到强化时也倾向于表现出这一行为，相反，如果当儿童看到样板受到惩罚时则不倾向于从事这一行为。在课堂管理中，替代性的强化得到了广泛的重视，它比替代性的惩罚更为广泛使用。在课堂上如果给予一个孩子某种奖励或者代币制，就会影响其他孩子的行为。如当一位教师表扬三位社交退怯的孩子时，全班其他没受到表扬的学生也增加了其社交行为。

替代性的惩罚也可以改变课堂上的不良行为，当一位学生受到惩罚时，其他学生也会减少其不守纪律的行为。例如一项研究表明，当用中止法或驱除法来惩罚幼儿园中爱攻击别的孩子的儿童时，不仅抑制了这几位爱打架的儿童的攻击行为，而且也抑制了其他孩子的攻击行为，尽管后者并没受到直接的惩罚。

当然，替代性强化总不如直接强化那样有明显的效果，有时其他孩子根本不理会别人受到的强化或惩罚，即使是对替代性强化或惩罚有所反应了，这一反应的强度也会随着时间的推移而有所减弱。此外，替代性强化的效果有时依赖于其他因素。如，教师的直接表扬或口头批评都会影响替代性强化的效果。再如，当孩子有强化的或惩罚的历史时，替代性强化或惩罚往往更为有效。由此可见，替代性强化永远不会取代直接的强化，而只作为直接强化的一个重要补充。

第五节　学校中应用行为矫正应注意的几个问题

行为矫正技术是一项远比人们想象的要复杂的技术，在应用时必须考虑许多条件。目前，有一种把行为矫正技术简单化的倾向，个别人认为行为干预是十分容易实施的，故而不重视其实施过程的严格性。应当看到，目前学校中使用行为矫正仍存在着一些问题，值得人们的重视。

一、干预的重点

几乎绝大多数学校中，行为干预的程序都是集中于破坏性的行为，教师们关心的问题通常是学生不听讲，擅自离开座位，或擅自讲话等。这些行为被认为是妨碍学生学习的因素。的确，如果一个学生不注意听讲，经常与别人打闹，或者课上大声说话，他就自然不能集中精力听课，不能完成教师布置的作业。所以把干预重点放在破坏性的行为上并没有什么可争议的。

但与此同时，我们不应忘记，还应把干预放在学习行为上，以发展学生的学习技能，如阅读、数学、书写、拼写、完成家庭作业和创造性思维等。强化的重点是增加正确反应的数量及其准确性，旨在使学生加深对知识的理解。一些行为强化集中于复杂的课业学习上，如通过强化特殊的写作行为来促进小学生的作文水平的发展，最终的结果是提高学生的创造性和对写作的兴趣。事实证明，这种强化的焦点是很重要的和有效的。它不仅改进了学生的学习行为，而且也提高了学生的标准测验的成绩，即提高了学生的智力商数。行为干预程序也可集中于其他几个行为上。如行为干预的重点可以是特殊儿童的交往不良的行为，利用强化改进他们的不会与人交谈或特殊的学习困难。

在学校中，经常出现的一个误区是过于强调在课堂管理中使用惩罚和批评。许多教师对捣乱的学生给予了过多的注意，因此前来寻求帮助。事实上，从学生的角度说，这种行为干预究竟能起到什么样的作用还是一个未知数。在这方面，心理学的研究结果也是不尽一致的。如果只把干预放在破坏性行为上，就会忽视其他更有重要性的行为，对于学生的学习不一定能起到很大的推进作用。研究表明，改进学生课上的注意力并不能保证学生学习水平的提高，而如果相反，把强化的重点放在学习行为上，则有可能改进学生的注意力，减少其捣乱行为。

因此，使用行为干预应付学生的破坏行为时，一定要慎重行事。除非行为的破坏性已经妨碍了别人，否则应不予使用。而强化的重点应是学业的操作上，只有将破坏性的行为与学习操作联系起来进行强化时，才能取得较好的效果。

二、教师的作用和角色

大多数的行为干预都是针对学生的某些不良行为。而实际上，在学校中我们还需考虑的是教师的行为问题，教师的行为也直接影响着其干预的效果。教师在实施行为干预时，他自身的行为特点也是一种变量。如教师在实施处罚或强化时，他的操作是否是系统一致的，是否是准确无误的，强化的时间是否恰当等，都是十分重要的问题。如果强化是无序的和混乱的，就不会起到应有的效果。因此有必要对教师的行为进行监控，以考查他的行为操作是否恰当。如果教师的行为得到了改进，学生的行为也自然会得到极大的改进。

应当在自然的教学环境下考查教师的行为。在自然情况下考查教师，容易发现教师的行为出现的问题。有一项研究是对100多名教师的表扬与批评行为进行了系统的观察，从一年级学生班到高中学生班。发现教师对一、二年级学生的表扬还是十分一致的，但对这以后年级学生的表扬与批评就不尽一致了。其中，批评比表扬还更为一致一些。这一结果使人们对予教师对学生的社会肯定究竟能起多大作用持一种怀疑态度。由于教师的行为在实施行为强化中具有十分重要的作用，所以它已成为关注的焦点。应当有目的地训练教师的行为，使之能够恰当地完成行为强化。如职业培训、经验讨论、课堂指导等都可用于改进教师的行为。有时学校心理学家也对教师进行必要的辅导，使之更进一步地了解行为干预的特点。但仅凭辅导仍远远不够，一些教师虽然口头上知道怎样做，但实际行为上仍跟不上，辅导的效果不尽如人意。

一个改进教师行为的有效方法是学生的强化，学生不仅是被强化者也是一个强化者，在教室中，学生对教师具有强化作用。有一项研究是让小学高年级学生对教师的表扬的评价进行强化，如面对教师的表扬时，学生微笑、与教师进行目光接触、坐直或说“当你表扬我时我会做得更好”，而对教师的否定的评价则正好相反，如说“走近我时我很难做好我的作业”。这一强化的效果十分明显。在肯定的强化那一组，教师在实验进行的几周内与学生接触的次数直线上升，而得到否定反应的那一组，教师与学生的接触次数直线下降。教师的行为被学生的反应所大大地改变了。操作的条件反应也能够改变教师的行为反应，代币制也同样能改变教师的行为。

但上述的改变教师的方法的预后效果并不是很好，只有在强化出现时，教师的行为才有所改进，当强化消失时，教师的行为又回到了原初的水平，所以对教师的行为的改变没有长期的效果。其实，学校中教师和学生的行为每时每刻都是在相互作用、相互影响的，不仅教师可以影响学生，而且学生也在影响教师。所以单靠改变某一个方面的行为是不够的，重要的是改变整个学校的教师与学生的相互作用模式，引进新的模式，改变相互作用点和结构，只有这样才能从根本上改变行为干预的质量，使之更有效地为培养人才服务。

三、反应的保持和训练的迁移

行为矫正程序对于改变行为是十分有效的，这已被事实证明。但对于心理学家来说，另一个值得思考的问题是改变后的行为的保持与迁移。绝大多数行为程序的主要目的是在强化偶联后反应的维系，另一个目的是将新行为推广到不同的情境中。反应的保持与迁移在学校中也是很重要的，它是衡量行为矫正效果和应用性的一个重要指标。

一般来说，在教室中的行为强化程序都有明显的效果，但在强化程序撤销后，收获就随之消失了，同样学校中行为强化的迁移效果也不是很好。一种环境下的行为改变往往不能迁移到其他情境中，控制行为的刺激条件是十分狭窄的，只能在特殊的情境下起作用。

为了克服这种不佳的效果，可以采取如下措施：在新的环境下仍暂时保持对行为的强化，如在特殊教育班的干预完成之后，回到正常班时，仍然保持对学生的特殊行为进行强化，直到这一行为稳定下来。有时我们可以采用定时强化的方法，即在间隔一定时间后进行强化，适当把时间间隔加长，这有助于行为的迁移。

另一个补救办法是逐渐消除强化。如在用代币制强化学生的学习后，可以逐渐减少强化，可由教师实施行为监控过渡到开始让学生自己检查自己的行为表现，并根据这一评价给自己提供强化物，而且强化物的提供可以慢慢减少。

另一个可行的方法是改变强化偶联发生的条件。在训练中，尽可能地改变行为的环境，在多种环境条件下强化行为，这有助于形成行为的迁移。如强化可以安排不同的教师来实施，或在不同的课堂上实施，也可以加入其他一些条件，如改变学生的人数，变化强化的地点等。

有时为了增进行为的持续性，还可以把强化适当地后延，或在行为出现较长一段时间后再给予强化。目的在于培养学生自己控制自己行为的能力。

总之，行为矫正虽然是一种有效的干预技术，但它不是万能的，也不是学校教育的唯一方法，其他的方法如认知的、情绪的和人本主义的方法也都是有效的方法，尤其应当看到行为矫正有时必须与其他方法结合起来使用才能收到更好的效果。

【建议参考资料】

1. 米尔滕伯格尔．行为矫正：原理与方法［M］. 石林，译．北京：中国轻工业出版社，2004.

2. 马丁，皮尔．行为矫正：有效的心理疗法［M］. 林殷沪，林贻虹，孙明璇，译．3 版．北京：科学出版社，1991.

3. 张世慧．行为改变技术［M］. 4 版．台北：五南图书出版有限公司，2007.

4. 朱婷婷．儿童性质治疗［M］. 南京：江苏教育出版社，2010.

5. 张厚粲．行为主义心理学［M］. 杭州：浙江教育出版社，2003.

6. 华生．行为主义讲演录［M］. 艾其来，译．北京：现代出版社，2010.

【问题与思考】

1. 为什么学校心理学家强调行为矫正技术？
2. 矫正不良行为时可以从什么方面设计强化物？
3. 如何使用惩罚的方法矫正学生的不良行为？使用惩罚时要注意些什么问题？
4. 相对于外部的强化与惩罚，自我控制有什么优点？自我控制有哪些方法？
5. 团体的行为矫正有哪些优势？
6. 你认为行为矫正技术的优点和不足是什么？

第八章　学校心理咨询与心理治疗

【本章提要】

本章主要介绍如何在学校中运用心理咨询及其基本原则和技巧。强调在学校咨询中，要注意儿童青少年的特殊性和发展性。最后详细介绍了几种在学校中常用的心理咨询方法，即有关其理论基础、治疗过程和策略、技术、适用范围、应用原则和条件等，并结合实际的案例进行分析。

【学习重点】

1. 理解成人心理咨询与儿童、青少年心理咨询的相同和不同之处。
2. 了解儿童、青少年咨询时求助动机的独特特点。
3. 掌握适用于儿童、青少年的咨询技术。
4. 了解理性情绪疗法的程序及其对儿童心理问题的适用性。
5. 掌握家庭治疗的基本技术。
6. 掌握团体辅导相比个体咨询的优势及适用问题。
7. 掌握心理剧的过程。

【重要术语】

心理咨询　心理治疗　咨访关系　倾听　共情　开放式的提问　做结论　动力疗法　精神分析　理性情绪疗法　不合理信念　ABCDE 理论　家庭治疗　非线性的因果关系　心理剧　团体咨询　团体规范　自我表露

第一节　心理咨询与心理治疗概论

一、访谈、咨询与治疗

当我们谈到心理上帮助其他人时，一般包括三个不同层次的意义。一是访谈，即通过一般的交谈的方法来收集信息，对于来访者的心理问题给予辅导和解释。访谈主要是知识性的，如对来访者不了解的问题给予回答。二是心理咨询（counceling），心理咨询是更系统、更深入的过程，它是指受过训练的专业人员通过建立咨询关系，使用一定的干预技术，帮助个人克服成长过程中可能遇到的障碍，使其有所改进，作出选择，解决自己的问题。心理咨询遵循着教育模式，而不是医学模式。咨询过程中，来访者被看做是正常人，而不是病人或患者，其宗旨是帮助来访者重新认识自我、了解自我，使其发动、综合自身的思维能力，认识并承担对自身的心理障碍的责任。三是心理治疗，心理治疗是一个涉及人格变化和个人整体变化的长期矫治过程，更具有专业化、技术化的特色。心理治疗的对象通常是患有明显心理不适症状的个体。

心理咨询与心理治疗并没有什么实质性的区别，两者都指用心理的（而非物理的）手段，通过交流来改进来访者的心理健康。如果要对两者硬性区别的话，那么可以说，心理咨询着眼于发展、潜能的实现，而心理治疗则着眼于障碍的排除。前者涉及轻度的心理问题，后者涉及更严重一些的心理问题；前者遵循教育模式，后者一般在医疗情境中进行。

目前，我国的心理治疗主要在各医院中由精神病专家实施，而在学校环境中，主要开展心理咨询工作。当然，在咨询中，不可避免地要涉及治疗技术的应用和对某种治疗技术的选择。所以，本书中心理治疗和心理咨询概念是可以替换的。学校背景中的干预往往就是指广泛意义上的咨询与治疗。

二、心理咨询的原则与技巧

学校背景中的心理咨询与心理治疗是从成人咨询与成人治疗那里移植过来的，因此其基本技巧与遵循的原则与成人心理咨询并无实质性的区别。例如，学校心理咨询干预也十分强调咨访关系的建立，要求咨询员善于利用语言与表情的表达影响来访者，如重视语调的控制、目光的接触、身体的姿势、注意语言的准确性、简洁性等等。

此外，无论持有何种咨询理论观点，在咨询技巧上也都是一致的，如学校心理咨询也注重倾听的技术、开放式的提问、共情、做结论等基本咨询技术，并遵循着一般的咨询程序开展工作。由于这些技术在心理咨询方面的书籍中都有详尽的介绍，我们在此不作进一步的阐述。

第二节　青少年心理咨询与心理治疗的特殊性

虽然从方法与技术上说，学校心理咨询与成人心理咨询并无实质性的差异，但由于儿童青少年所处的发展阶段、特殊的环境和特殊的心理特征，对其实施心理咨询和心理治疗还是面临着许多特殊的问题。

一、发展的角度

为儿童青少年进行心理咨询或心理治疗时，首先要确立一个发展的立场。许多行为表现从成人的标准来衡量时是心理障碍，可从儿童青少年的角度看就不算是心理障碍。譬如，如果一个成年人多动可算做是一种障碍，而儿童多动有时就不算是一种障碍，除非多动十分严重，以致妨碍了学习。因此，对儿童青少年治疗的首要前提是考查不同年龄儿童的正常行为是什么，偏常行为又是什么。除非治疗者了解就某一年龄阶段而言，偏常行为是什么，否则他就很难确定干预的目标。

治疗者还应了解不同年龄阶段儿童青少年的发展潜力和自我恢复的潜力。在制定干预目标时，一定要参照这种潜力，不能超越这种潜力制定儿童青少年无法达到的目标。例如，对于儿童青少年来说，我们一般不能采用精神分析的自由联想法，不能指望通过揭示其无意识的冲突来促使其消除心理障碍。再譬如，对年幼的孩子使用认知疗法也不可能奏效，因为他们还没形成较为成熟的认知能力。

在治疗中，治疗者还必须了解儿童的发展迟缓，这种发展迟缓也许是情绪障碍的病因。治疗者还应区分什么是家长的过高期望和儿童的现阶段正常行为标准。在考虑治疗干预的设计与选择时，要考虑青少年特有的思想、行为和情感，譬如在想法上，青少年的特点如下：

1. 以自我为中心，可表现为自恋或自恋与自我怀疑的混合。

2. 沉湎于自我表达的抗争中，这是因为他们开始形成自我同一感。所谓逆反心理与此有关。

3. 盲目崇拜或盲从。当青少年采纳同伴团体的价值和行为时，所表现的角色混乱、追星现象即属于此。

4. 关注性活动。随着身体的成熟，青少年开始出现性的幻想，并将之理想化，花费大量时间注重自己的外表。

5. 关注享乐。这是开始面对需要满足时的过激反应，是由于对驱动状态较为陌生导致的。

而在情绪方面，青少年往往具有不稳定、敏感、冲动和退缩等特性。这些想法和情绪上的特征都将对治疗与咨询产生一定的影响。

二、儿童青少年心理治疗的特殊性

正是由于成年人和儿童青少年存在着上述这些区别，所以成人的治疗与儿童青少年的治疗也有着某些不同，两者的不同如下：

1. 心理咨询与治疗的动机不同。成年人寻求帮助的动机较强烈，主动前来咨询，而儿童青少年通常是由大人代为决定求助治疗。所以，儿童青少年对治疗的接受性、顺从性较差，抵抗性较强。被动地参与治疗表明了动机的缺乏。治疗的首要任务是与儿童青少年建立关系，发展其求助动机。

2. 对治疗过程和目标的了解不同。儿童青少年对治疗过程和治疗目标缺少了解，这又会妨碍他们的求治动机。儿童青少年对治疗过程难免有许多不正确的看法，如把治疗者当做是父母、教师或管教自己的权威人士。尤其是来到冠之以心理健康或医院名称的地方，他们更易产生误解。学校环境中的心理治疗有助于消除这一误解。为此，治者需要帮助儿童青少年正确认识治疗过程，指出治疗的潜在好处，与之协商建立适当的治疗目标。

3. 言语能力不同。儿童青少年的言语能力不够成熟，认识的发展不及成人，在表达自己的想法或情绪时词不达意。如一个小孩子常用紧张一词描述自己时，也许并不是因为自己紧张，而是母亲常使用该词。因此，对儿童青少年使用的词汇要分析其确切含义，观察其表情等。治疗者使用语言时，也应考虑孩子的接受能力，不可说孩子听不懂或理解不了的话。

4. 儿童青少年与成人的另一显著不同是其对环境的依赖，他们很少主动引发改变，而是被动反映环境的变化，如家庭变化、离婚、父母的虐待等对其都具有强烈的影响。他们的问题行为一般都是对环境障碍的某种反应。因此，治疗儿童青少年应着眼于环境的改变，即改变儿童青少年成长的生态关系，治疗不妨集中于帮助儿童学会应付外界的紧张。

5. 与成年人相比，儿童青少年在治疗过程中的防御机制更少，更易接受治疗的影响。由于儿童青少年的人格和行为风格尚未定型，有较强的可塑性，所以，矫治他们的人格障碍和问题行为更为容易见效。儿童青少年包含着很大的治愈潜力，虽然他们的自我意识和主动性差，但接受能力和可塑性强。后者能弥补前者的不足。

儿童青少年对于治疗者对症状原因的解释和诊断通常缺少耐心，他们意识不到自己对心理障碍所负有的责任，对童年史、父母与自己关系的讨论不感兴趣，所以，要他们陈述行为的动机、解释自己的行为会遇到抵抗。治疗者在开始时就应直来直去地讲明治疗关系与师生关系、亲子关系的性质的不同，以是非判断的形式把他们的问题摆出来。

治疗儿童青少年的心理障碍并没有一种灵丹妙药，各种疗法及其合理的方面都可用来矫治，如行为、情绪、感觉、想象、认知、人际关系的、教育的、药物的都不妨使用。我们根据改变儿童青少年行为及其家长的实际需要，优化各种疗法，以取得疗效。

第三节　学校环境中经常使用的心理治疗方法

当我们试图帮助别人或我们自身时，有三种主要的方法：一是操作环境变量，二是建立合作的和有益的人际关系，三是试图发现某一能给我们带来安全感的信仰体系。行为技术属于第一种；精神分析（大多数心理咨询理论）属于第二种，因为它有赖于人际关系的建立；而宗教和哲学属于第三种，可以提供信仰系统。学校心理学家的干预也离不开上述三条道路。

学校心理学家一般不做长期专门的治疗，他们宁愿把自己的治疗称做咨询。患有非常严重的心理疾病的学生，主要还应去专科医院就诊。

一、动力疗法

如前所述，种种疗法在运用于儿童时都应根据儿童自身的年龄特点进行某种改变，诊治儿童宜采用综合疗法，不宜采用某一固定的治疗形式。

在长期的治疗实践中，学校心理学家将精神分析的方法与干预危机的方法结合起来，创立了一种短期动力疗法，力图克服传统精神分析耗时长（一年以上）的缺点，在短期内解决青少年的问题。

所谓短期动力疗法以精神分析的基本治疗方法为基础，结合各种疗法的优点，强调鼓励、支持、经历分析、情绪宣泄、认识领悟、解释冲突等，其特点是时间短，治疗一般在 10 次—15 次之间。

治疗中，治疗者的主要活动是对患者生活中的现实事件作出解释，对问题所在之处进行揭露。这种解释与揭露也可针对患者的家长。治疗者的另一工作是使患者把注意集中于当前的心理问题上，强调现在的问题，而不是过去的经历，这与成年人的治疗有所不同。

对于年幼的孩子，言语交流十分困难，不妨辅之以游戏疗法，即安排一间整洁、安全的屋子，里面放置一些玩具，如玩偶、武器、动物玩具等，一般备有笔纸，还有备用的桶和沙子等。通过观察儿童的绘画和游戏，发现儿童的内心冲突、不满和对待父母及他人的心理活动过程，可让儿童画出自己的家和大人。

治疗者要注意与儿童建立友谊关系，逐渐接近儿童，并真诚地与儿童一道做游戏，或引导儿童做游戏，这有利于儿童真正把自己当做好朋友。在接触中，应细致考查儿童的反应，评估其言语能力、操作能力和人格特点。下面结合案例进一步介绍短期动力疗法。

【举例】

小利上小学五年级，10 岁半，因有不按时完成作业和不守纪律、脾气暴躁及说谎的坏习惯而前来咨询。父母介绍小利的经历，他是三兄弟中最小的一个，三个孩子都是母亲再婚前生的，他直到 3 岁才会说话，说话时总创造自己的语言，只有父母才听得懂，5 至 8 岁期间因语言问题接受过治疗。小利刚转到新学校三个月，头两个月适应良好，可以排除是对新环境适应不良。

测试智商及神经时，小利十分顺从和听话，未发生语言障碍。陈述对学校的看法时，他说不能理解家庭作业，所以不能完成。

小利的智商分数为 100，语言智商为 116，操作智商为 101，操作测试表明，他操作活动不错，但对于较为含混的指令十分紧张，因而影响成绩。

人格测试表明他依赖性强，害怕出错，不敢冒险。投射测验表明，他的人格问题与早年的语言障碍有关。

治疗计划安排 10 次，前 5 次为母亲咨询，向母亲提出孩子的问题，并告诉母亲，孩子有上进心、聪明，但不能理解指令和别人的期望，这一缺少理解是对成绩过分焦虑的结果，不是机体的问题。要求母亲辅助他的家庭作业，主要是帮助他完成计划，而不是替他做作业。要让母亲认识到，是她对小利的焦虑造成了他对学业的焦虑。

后5次咨询是帮助小利本人，使之认识到发脾气是由于不理解指令和别人的期望引起的结果，当下次不理解教师讲话时可向教师说明。

10次咨询之后，小利变得更放松了，更适应学校生活了，上六年级之后，学习成绩良好，表现突出。

二、理性情绪疗法在学校中的应用

理性情绪疗法（rational-emotive therapy）是由美国临床心理学家埃利斯创立的，它通过去除病人的非理性信念，以正确的信念取而代之来实现治疗目标。

我们的行为发端于我们的想法或信念。人的信念一部分是合理的，一部分是不合理的。不合理的信念会导致不适当、不适度的情绪和行为反应。如果人们长期持有某些不合理的信念，并因此处于不良的情绪状态中，就会导致心理障碍的发生。

（一）什么是不合理的信念

人们的不合理信念有多种多样，大致可归为三类：1. 对自己的不合理的信念；2. 对他人的不合理的信念；3. 对周围环境及事物的不合理的信念。

对自己的不合理的信念是导致心理疾病的主要原因，这种不合理的信念往往被社会认可，难以发现。如，我必须出色地完成所做的事情，赢得人们的赞赏，否则，我会认为自己是一个毫无价值的人。第一句话表达的是一种绝对化的要求，第二句话则是过分概括化的体现。

绝对化的要求是一种不合理的走极端的要求。其不合理性在于，人们不可能在每一件事情上都获得成功，即使在某件事情上取得了成功，也不可能得到所有人的赞赏。而一旦这样的现实出现，持有此类信念的人就会感觉到受不了，因而产生情绪上和行为上的障碍；而持有合理信念的人不会如此，他们会努力在原有的基础上做好每一件事，而不是忙于和他人比较，他们把他人的话当做参考，而不会把自己的生活重心放在别人的评价上。他们会尽最大努力把事情办好，而不是试图去做一个完美的人。

过分概括化是一种以偏概全的思维方式，是思维方式的专制主义。人们在对自己的绝对化要求中常常会走极端，认为自己某一件事情上办得不好未获成功，就是自己一无是处、毫无价值的证明。这种以某一件事来否定整个自己的评价方式，只可能使自己陷入消极的泥潭而难以自拔。理性情绪疗法认为，当人们一件事没有做好时，并不能说明这个人一无是处，只说明只有这件事上办糟了。因而，人们应当就自己的某一行为的表现而进行评价，不能因一件事而否定个人的存在价值。埃利斯指出，这个世界上不存在永不犯错误的人，所以，每个人都应承认和接受自己是一个有可能犯错误的人类中的一员。

人们对他人也常有某种不合理的要求，例如，“人们必须善待我、体谅我，以我所希望的方式来对待我，否则，社会应该对他们那种轻率之举给予严厉的谴责、诅咒和惩罚”。这段话中显然对他人存在着绝对化的要求，人们无权要求他人按自己的意愿行事，而其他人也不可能按某个人的意愿行事，因此，人们只能希望他人的所作所为与自己的愿望相符合。如果对他人持有绝对化的要求，就会发现他人的言行总是与自己作对，因而会使自己陷入消极的情绪体验中，如愤怒、怨恨、压抑等。另外，人无完人，他人也会犯错误，如果他人犯错误或冒犯了自己，就一定要受到严厉的惩罚，那么，世界上所有的人无一例外地都难逃惩罚。显然，这是一种对他人绝对化的要求。合理性的人不要求他人行为以自己意志为转移，如果别人的行为冒犯了自己，他们会努力理解他人，在可能的情况下阻止他人继续犯错误；如果阻止是不可能的，他们就会努力使自己少受别人行为的影响。

第三种不合理的信念是对周围环境及事物的不合理要求，如：“我周围环境及事物必须是安排得很好的，以便我能很舒适地、很容易地得到我想要的东西，而不想要的东西一件也碰不到”。这也是绝对化的要求的一种体现。世界上各类事物都有其规律性，不可能为某个人的意志而存在，所以，一味要求周围的事物都顺乎自己的心意，最终一定要碰壁。如果一遇到环境事物不顺心意，就陷入情绪困扰，将会过一种不幸的生活。理性的人们会尝试改善自己周围的环境和事物，如果改变被证明是不可能的，他们就会努力接受这一现实。埃利斯指出，令人不快的环境确实会引起人的情绪波动，但绝不是可怕的或灾难的，除非人们把其看做是一种灾难。

上述的不合理信念有三个特征：

1. 绝对化的要求，即人们以自己的意愿为出发点，对人或事有一种强迫式的、绝对的要求，它常与必然、应当这类词连在一起，如“我必须成功”，“他应当对我好”等。这种“必须”、“应当”使人陷入情绪困扰中。

2. 过分概括化，即是一种以偏概全、以一概十的不合理思维方式。它常常由一些结论式的概括组成，如一遇到挫折便概括为自己“没用”，或是“失败者”。

3. 糟糕透顶，即认为某一事物一旦出现，必定会十分可怕、非常糟糕、非常不幸，这种思维方式导致焦虑、悲观、抑郁、犹豫等不良情绪。

那么，人的种种不合理的信念是怎样出现的呢？埃利斯认为，人一出生就有一种心理倾向，即要坚持自己的向往和所追求的都能得到满足，期望自己的愿望都能实现，生活中某些向往与需求的确如意地实现了，这些积极的结果强化了我们的“全能幻觉”，使我们认为我们一定能比所有的人幸福，一定比其他人更成功，应当与其他人不一样，当我们一旦遇到挫折和逆境时，我们便无法接受，认为这些不该发生在自己身上，从而导致不良的情绪。此外，我们接受的文化和父母也在不断地强化着我们事事均要超过别人的非理性信念，在崇尚竞争的社会，人们从小就学会了必须事事超过别人、必须超过所有人的不合理信念。它虽然是上进的动力来源，但一旦过头，就会使人在思想上钻牛角尖，形成思想负担。因为事实上，我们确实不可能事事超过别人。

（二）理性情绪疗法的 ABCDE 理论

许多人习惯把自己的不良情绪归结于环境事件，如因为今天上课没回答上来问题，所以心情烦躁。合理性的情绪疗法则认为，情绪不是由某一诱发性事件本身直接引起的，而是由经历这一事件的个体对这一事件的解释和评价引起的，而解释与评价则源于人们的信念。所谓的 A 指的是诱发事件（activating event）；B 指的是个体面对诱发事件时产生的相应信念（belief），这一信念会导致人们对该事件的解释与评价；C 则是指个体对事件的情绪和行为反应的后果（consequence）。ABCDE 理论的独特之处在于强调 B 的重要作用，认为 A 只是造成 C 的间接原因，B 才是情绪和行为反应的直接原因。例如，面对考试不及格这一事件（A），两个持有不同信念的学生会产生不同的评价，其中之一可能会想："不及格真让人伤心，我要是能考好就好了，还是复习不够充分。"而另一个学生可能会认为："我简直笨透了，连及格都达不到，还能干成什么。"第一个学生的评价不会使其陷入绝望，而是寻找失败的原因，重新努力。第二个学生会因对自己的消极评价而陷入自卑和自责的消极情绪中不能自拔，作为一定的情绪和行为反应（C），信念（B）在其中起着关键作用。

一旦不合理的信念导致了不良的情绪反应，个体应当努力认清自己的不合理的信念，并善于用新的信念取代原有的信念，这一步工作是最为重要的，就是所谓的 D（disputing），是一个用合理的信念驳斥、对抗不合理信念的过程，借以改变原有信念。驳斥成功，便能产生有效的治疗效果 E（effect），使来访者在认知、情绪和行动上均有所改善。ABCDE 理论包括一套通过认识不合理信念到改变不合理信念，进而调整情绪和行为的步骤和阶段，它始终强调现在，重视人的理性力量，相信人最终能通过自我调节而顺应环境，把人的主动性提高到一个重要位置。

理性情绪疗法实质上是一种豁达的人生态度，它承认富裕、家庭幸福、事业美满、爱与被爱是每个人追求的目标，能拥有这一切固然是美好的，但我们不能把生命的全部基础都奠定于获得这些美好的事物上。生活中能拥有这一切固然很好，但即使这一切不存在，我们仍要努力活下去，不是愁眉苦脸地活下去，而是要积极快乐地活下去。幸福不是对外物的拥有，而是对事物的感觉和信念。贫穷不足以使人自杀，而对贫穷的无法忍受和嫌弃导致自我毁灭。即使面对最不幸的事件，我们也要采取勇敢面对、实事求是的态度，不能钻牛角尖。

（三）治疗过程和技术

理性情绪疗法过程可分为下述几个阶段：心理诊断阶段、领悟阶段、修通阶段和再教育阶段。

心理诊断阶段通常在第一次来访中进行。当取得了来访者的信赖之后，咨询者要探讨病人的病因，根据 ABC 模式找出病人的不合理的信念，来访者叙述的问题可能看上去千头万绪，十分复杂，但其涉及的不合理信念数量很少，纷乱的问题背后，可能只是几种不合理信念在不同情境下的反应而已。如来访者潘某叙述了父母对自己不好、没考上大学的心理打击及现在的无法专心学习，不知目前所学的知识有何用，并有自慰行为等。但细分析不难发现，其不合理信念只有一条，表现为“我必须在任何情况下超过任何人”，“我生来就是一个与他人不同的人，我不可能失败”。而现实中，他的实际行动无法符合这一信念，导致他极度自责、焦虑，甚至极度的自卑。

领悟阶段是治疗的准备阶段，这一阶段的主要任务是让来访者了解理性情绪疗法的知识，使其对理性情绪疗法的原理及其实施的困难有思想准备。领悟可分为不同的层次：首先要向来访者强调人的信念、人生哲学在引导情绪及行为反应过程中的作用，可向来访者讲述 ABC 理论，帮助他们认识到 B 是引起情绪和行为反应的直接原因。其次，向来访者解释这些不合理信念是由过去经验中习得的，并通过思维和行为多次重复而一直存在于人的头脑中。再次，帮助来访者认识引起并使自身症状持续的原因，即找出来访者的不合理信念，并向其分析其动力学功能，这是最重要的领悟。揭露不合理的信念往往会令来访者恍然大悟，从新的立场反思自己。如果不合理信念找得不准，则令来访者对治疗产生失望。最后，帮助来访者领悟到，从前未加分析的某些观点实际上并非真理，都是未经经验证实的，或不符合逻辑的，不妨用经验或逻辑对之推敲一番，如果这些观念是无效的、不合理的，则是可放弃的，并可被更合理的信念所取代。

治疗的第三个阶段为修通阶段，这一阶段是治疗的重要阶段，治疗者要使用逻辑的、被经验证实的方法帮助来访者向其不合理的信念提出质疑、进行辩论。使来访者明确“希望”与“必须”的区别，可能的结果与绝对的结果的不同，不希望出现的事物与灾难性事物的差异等。通过与不合理信念的辩论，使来访者认清那些过分概括化的想法和绝对化的要求是何等荒谬，进而放弃这些不合理的信念。由于不合理的思维方式的形成并非一时一日，有些不合理的信念十分顽固，所以，改变这些思维方式和信念不是一件容易的事，需要大量工作和艰苦的努力。

第四个阶段是再教育阶段，即当第三阶段的治疗目标实现之后，治疗者要帮助来访者巩固治疗中所学到的东西，以使其能更习惯地采用合理的思维方式。

改变一个人长期的思维习惯是一件艰难的工作，运用一般的说服与劝解难以奏效，为此，理性情绪疗法提出了几种治疗技术：

1. 辩论法。这一方法对于有一定文化知识和反省能力的人十分有效。它要求治疗者大胆地、毫不客气地对来访者所持有的不合理信念进行挑战和质疑，以支援他们自己的这些信念。可采用不断深入的提问方式对不合理信念进行质疑，如可向来访者提出这样的问题“怎样证明你自己的观点”，“如果是这样，什么事情会真的发生”，“最糟糕的事情是什么”，“是否别人可以失败而你却不能”。治疗者的质疑与辩论应客观现实、符合逻辑，不可夸大其词走向另一极端。

2. 假设最坏的可能。一些来访者常把主观臆想当做现实，从某一挫折中引出自己“糟透了”、“全完了”的结论。假设最坏的可能性的方法，就是帮助对方从这种不合理的思维方式中走出来，面对现实。如一个本科生考研究生失败了，十分想不开，觉得自己的前程全完了，许多设想都成了泡影。治疗者可让其设想和分析所觉得一定会出现的、使其无法忍受的事情最坏会坏到什么程度。治疗者要帮助他认识到，最坏的事情也不像想象的那么可怕，那么令人无法忍受；假如发生最坏的事情，他也是可以忍受的。

更何况最坏的事情并不会总发生，可以通过努力防止最坏的结果发生。假设最坏的可能性有助于帮助病人认识到情绪的困扰不在于这种不利的事件，而是内心的恐惧，对恐惧的恐惧才是真正的祸根。

3. 角色颠倒辩论。这一方法与辩论相同，只不过治疗者和来访者角色颠倒，治疗者扮演持有不合理信念的人，病人扮演治疗者。病人向治疗者的“不合理信念”提出质疑，并加以反驳。这种角色颠倒有利于病人认识到自己所持有的不合理信念的荒谬之处。

4. 家庭作业。治疗时间是有限的，应把治疗中的进展带回到病人的日常生活中，因此，可采用布置家庭作业的形式，使病人回到家中继续与不合理信念辩论。家庭作业有两种，一种是固定格式的作业，让病人填写已印好的表格，上面列有 ABCDE 等项内容，其中 B 项已列有许多常见的不合理信念，病人可根据自己的情况填写，并与之辩论，然后再找出相应合理的信念，说明辩论后的成效。另一种是自由格式的作业，叫做“合理的自我分析”，这种作业无一定格式，但内容与上述作业一样，包括找出不合理的信念并与之辩论。

5. 情绪的方法。合理的情绪想象技术是最常用的方法。让病人想象引起其情绪困扰的场景，如受到领导指责，这时病人可能诉说其心情非常恐惧、紧张、难堪。此时让病人保持想象的场景，但要尽力改变自己的情绪，由非常消极的情绪改变为适当的情绪反应，如将恐惧转变为不安等。一旦病人在想象中做到了这一点，就要求他们讲出来是怎样做才达到了这一目标的。通过想象技术，病人最终可以认识到自己的情绪是想法造成的，情绪也是可以通过想法的改变而加以改变的，人不是情绪的奴隶，而是情绪的主人，如果不经你的同意，任何情绪都不会打扰你。

（四）理性情绪疗法在学校中的特殊应用

处于发展过程中的儿童不像成人那样具有成熟的认知能力和自我批评的意

识。通常是家长带领他们前来咨询，而非出于自愿，他们通常不知道为什么前来咨询，有的孩子觉得自己很坏，或认为自己有病。所以，理性情绪疗法用于儿童身上时，有其不同的特点，通常分为五个阶段：

1. 友好相处阶段。由于孩子们不知道咨询者或治疗者是干什么的，为什么被带到这里来，咨询者应对其保持友好的、接纳的态度。咨询者可以问孩子这样的问题："你知道我是谁吗"，"为什么带你到这儿来"。孩子回答不上来，治疗者可解释说自己是受过训练专门来帮助人解决问题的，家长之所以带你到这儿来是因为他们确信你有特殊的问题，你说对吗？

治疗者要设法让孩子相信治疗者不会强迫他们改变自己，而是帮助他们更清楚地思考自己，更好地控制自己的感情和更完全地接受自己。在这一过程中，治疗者重在消除儿童的抵抗，成为他的好朋友。

此外，儿童一般不善于自我表露，尤其在陌生人面前，治疗者要鼓励他们的自我表露，不带贬低地接受他们说的话。

2. 评价。这一阶段要解决的问题是谁存在着问题？问题是什么？儿童目前的力量、才能、弱点是什么？尤其要问两个问题："的确存在着问题吗"，"是谁存在着问题"。家长有时过分担忧自己的孩子，怀疑孩子不正常，因而带他来治疗，可实际上，孩子的问题是属于正常发展中的现象，不是什么心理问题。

一旦确定确实存在着问题，下一步要确定是谁出了问题。家长的问题抑或是教师的问题，还是孩子本身的问题，或是共有的问题？这一问题确定后，治疗对象也就确定了。许多治疗者认为，为家长或教师咨询对解决孩子的问题很有好处。

治疗者还可评估病人的情绪、行为和行为问题的严重程度，例如，就认知而言，重点评估四个方面：

（1）病人歪曲现实吗（没人喜欢我，他们都反对我）？

（2）病人以自我挫败方式评价环境吗（这一情形不该存在，真讨厌）？

（3）病人缺少适当的自我认知吗（我不知道在这一情境中做什么）？

（4）病人缺少解决问题的实践技能吗（我不会做这事情）？

评价这些问题有助于发现认知的什么方面出了问题。评估的总结阶段，应制订治疗计划和具体的治疗目标，必要时根据实际情况再作出调整。

3. 教授解决情绪问题的技能。实践表明理性情绪疗法完全可以应用于儿童，4 岁以上的孩子都可以接受这一治疗。当然，应根据儿童的认知发展水平和情绪成熟水平呈现治疗的技巧，以便让不同年龄的儿童都能理解理性情绪疗法。治疗中，重点是教给儿童以下技能：

（1）理解自己的情绪。在理解和表达自己的情绪方面，存在着个性差异，有些孩子不知道自己的情绪是什么，不能认识自己和别人的情绪，治疗时可从教会儿童辨认情绪开始。

可让孩子诉说自己所能想到的所有的情绪，列成一个表。然后，让他们举出这些情绪出现在什么情况下，及当时的想法是什么。还可向儿童呈现不同表情的卡片，让他们猜表达的是什么情绪，并根据表情编一个故事。也可让儿童看过卡片后诉说自己在上周中是否体验了卡片上的情绪，回忆当时的情景。此外，还可以让儿童根据不同的标准描述情绪的强度。如果某一儿童报告了对一同学的愤怒情绪，你不妨让他依据下列标准评估自己的情绪：

你的情绪是

强烈的	弱的
有益的	有害的
愉快的	不快的
长久的	短暂的

然后，教给儿童认识适当的和不适当的情绪的区别，情绪来自想法和信念。想法为情绪的产生负责，要学会控制自己的情绪。

（2）教给儿童批判思维的技巧和合理的信念。情绪受认知的调节，所以下一步改变认知。第一步是让儿童了解对自己的谈话。我们不断与自己谈话，倾听了这一自我谈话是认知变化的前提条件。治疗者要教会儿童在体验情绪时倾听自己的想法，由于儿童经常使用形象思维，可让他们注意伴随着情绪体验出现的形象或画面，一旦能分辨自我的谈话，就有可能在某些想法和情绪之间建立联系。当儿童说“我觉得……”时，其后面通常表达的是想法而不是情绪本身了。

接下来，可教会儿童合理的与不合理的信念的区别及不合理想法的后果。可列出合理的信念与不合理的信念的表格，然后让儿童根据这一标准描述这些信念发生的具体情景。例如，让儿童观看一些卡片，上面呈现事件和情绪，让儿童填补上信念，或者让他们回答卡片上的哪些情绪是合理的，哪些是不合理的。也可让儿童根据事件诉说何为合理的情绪反应，何为不合理的情绪反应。

（3）教给儿童改变自己的认知。一旦儿童学会了区分信念与情绪，产生并知道了想法对情绪的控制，便可着手改变他们的认知了。对于认知能力不太成熟的孩子，治疗者可从自我谈话入手。

【举例】

一个6岁的女孩害怕上学，早上起来的第一个念头就是上学多么可怕，这一念头使之到学校就有病，有时呕吐。她不喜欢早上的这一感受，想改变自己。治疗者教给她新的自我谈话方式，每天早上对自己说：“我今天将学会一些有趣的东西”，“见到我的朋友，我将很高兴”，“只需6个小时，我能挺得住”。经过这种训练，这位女孩几周后感觉好转，醒来对自己说“如果想上学，就一定能去，我会表现出色”。

对于大一些的孩子，可教给他们如何与自己的非理性信念争辩。可向他们呈现下列问题，让他们根据自己特殊的非理性信念来回答：

a. 这一信念是基于事实、意见，抑或是假设之上吗？能证明的确如此吗？

b. 它是如此糟糕吗？我真的不能忍受它吗？它是最可怕的吗？

c. 这一信念使我得到我想要的了吗？它有助于我吗？

d. 为什么它不该如此？我总是必须得到我所想要的吗？

e. 有证据证明这事情无价值吗？

通过怀疑、驳斥的方式，可以有效地引起认知的改变，改变不合理的信念。

（4）练习阶段。仅仅在治疗过程中学会改变不合理的信念、控制自己的情绪是不够的，还应将这一技巧迁移到日常生活中，这就要求儿童在日常生活中经常练习理性情绪疗法。可通过布置家庭作业的方式做到这点。让儿童回到家中经常使用肯定的自我谈话、改变信念等技巧获得对情绪的控制。

（5）对变化和技能获得的评估。这一阶段的任务是评估治疗目标是否已达到，可用这样的问题："这一儿童能解决情绪烦恼吗"，"他能解决实际问题吗"，"该儿童及家长对进步感到满意吗"。如果上述问题为肯定，治疗可终止，如果不是如此，则可修改治疗目标，查找原因。

理性情绪疗法十分适用于有一定悟性和认知能力的儿童，对于领悟力较差的儿童，行为治疗可能更为有效。

三、家庭治疗

儿童和青少年主要的生活环境是学校和家庭。家庭担负着培育和引导儿童和青少年大部分的发展任务，是儿童和青少年个性和社会性发展的第一重要因素。家庭对儿童的发展具有最重要的影响，家庭的结构、气氛塑造着儿童的态度、信念、价值观、自我感和相应的行为。

剥离儿童和青少年所处的家庭环境来理解和干预儿童、青少年的问题行为，显然是不恰当。在处理儿童和青少年的问题行为时，如何将家庭的因素纳入到计划中来，家庭治疗提供了解决途径和新的视角。

（一）理论基础

家庭治疗与其说是一种疗法，不如说是一种治疗取向。目前在国际上流行的家庭治疗理论或流派数以十计，从以精神分析为基础的心理动力模型，到强调沟通序列的策略模型，以及吸收了后现代建构主义的叙事疗法等等。这些理论流派都有一个共同的核心，将个体问题纳入家庭背景环境中，干预家庭整体而非个体。理论的源头都是控制论或者次控制论。

家庭治疗认为如果忽视家庭的背景，单个家庭成员的行为问题便难以理解。

个体的症状不仅仅是个体自身散发出来的，而是对整个家庭失衡或功能失常的表达。有的家庭治疗师认为个体的症状是有助于减轻家庭压力并且将家庭带回到一般行为的正常轨道上来的一种稳定机制，个体的症状行为可能是建立在帮助其他家庭成员的愿望上，尽管这未必是有计划的或有预谋的。比如我们常常可以看见夫妻矛盾很大并处在离婚边缘的家庭，子女往往会有一些与社会期望不符的行为，如逃学、打架、抽烟、早恋等等，子女的这些令人担忧的行为促使父母暂时搁置两人间的矛盾共同处理孩子的问题，维系了家庭的稳定，但这种维系是以牺牲子女的良性发展为代价的。有的家庭治疗师不认为个体的症状是维持家庭平衡的保护性措施，而认为家庭成员症状起源于相同的、有缺陷的问题解决办法的反复使用，干预的效果在于帮助家庭找到原初问题的新的解决办法。还有的家庭治疗师将症状视为家庭对压力的反应及不能适应正在变化的情境的结果。因此，所有的家庭成员具有平等的症状，而不管家庭如何努力将问题定义在某一个家庭成员上。而后现代观点认为症状行为是家庭故事的病理性建构。不同家庭治疗师对症状与家庭关系的看法决定了他们的解释系统和干预方法，但是所有的家庭治疗理论相同的一点就是症状不是个体个人的事情，而是整个家庭的。

1. 家庭生命周期与家庭结构

家庭是一个动态的、持续变化发展的系统，它一方面呈现阶段性的发展，一方面在应对外在压力过程中不断调试发展出新的适应性结构。家庭阶段性的发展有一些特定的、可预见的标志性事件，可能是家庭发生的突然性改变（如双胞胎的降生）或者是家庭自主性的重大变化（家庭成员进入幼儿园、青春期、离开家庭等）。另外一些变化因素是外在的改变性事件，如搬家、职业改变、父母离异或丧失、少女妈妈等。家庭的功能状态取决于能否有能力适应这些变化，达到新的平衡状态，有的家庭治疗师就认为家庭的问题来自于无力跨越这些发展阶段或突发性事件所要求的变化。当家庭系统没有充分的弹性来允许变化以满足成员持续变化的发展需求时，症状就可能在某个家庭成员身上产生。家庭生命周期理论，为我们理解家庭的发展过程中的变化和可能出现的问题提供了一个理论框架（见表 8-1）。

表 8-1　典型的核心家庭的家庭生命周期（截取与学生相关的）

家庭生命周期	父母的任务	子女任务
孩子降生	调整婚姻系统以便为孩子腾出空间 参与到照顾孩子、经济和家务等任务中 重新定义与大家庭的关系，并纳入父母和祖父母的角色中	

（续表）

家庭生命周期	父母的任务	子女任务
学龄前儿童	接受孩子的个性、人格	对看护者的依恋 学习语言 将自我从环境中区分出来 学会自我控制和遵从规范
学龄儿童	将孩子送入各类机构（学校、兴趣班、运动组织）	适应学校生活 学业有成（如学会阅读、做数学题） 学会与同伴相处（接受他人、交友） 遵守规则（遵从社会道德行为和亲社会行为规则）
青少年	接受青春期孩子（社会角色、性别角色转变） 增加家庭弹性，以容纳孩子的独立 重新关注中年的婚姻和事业 开始考虑照顾老一代	成功地迈入中学 学业有成（学习必需的技能为将来升学或工作作准备） 参与课外活动（如体育活动、俱乐部） 自我同一性的形成

除了从纵向上理解家庭，我们还需要去描绘家庭的横向结构，而家庭规则是很好的一个概念。家庭规则描述了家庭的互动模式，规定了家庭成员间相互的期望、行为模式、权利义务和责任。家庭规则一般都是隐形的，成员并没有意识到自己是按照一套准则在行事，但是它的的确确在起作用，维系着家庭的稳定和发展状态。有的规则是通过语言表述出来的，如“要吃完碗里的饭”，“不允许打断父母的话”，“不洗脚不能上床”。有的是秘而不宣的，是由所有家庭成员在重复性的行为交互中推理出来的，如“把成绩单首先给妈妈看，因为爸爸比较严厉”。家庭的问题很多都是由不良的规则导致的，比如有些家庭禁止讨论某些话题（如孩子智力落后、父亲有时无故夜不归宿），这样就妨碍了采取现实性措施来减轻这些压力性事件，而使整个家庭持续存在于高压状态中。再比如有些家庭禁止公开表达彼此之间的愤怒或烦恼（“停！孩子们会听见的”，“如果你不能说些好听的话，那就什么也不要说”），有些家庭强调依赖（“除了爸妈，不要信任任何他人”），这些都让孩子在试图应对外部世界时表现得无能为力。辨认这些妨碍家庭成长与成熟的不良规则，家庭就能够修正或抛弃它们从而改善家庭成员个体的自尊以及整体的家庭功能。

家庭也不是独立存在的，它根植于特定的社会阶层、文化背景以及历史阶段，在进行家庭治疗时，要考虑到与家庭相关的系统性因素：如性别角色、种族、宗教信仰、社会经济地位、民族、文化等等。在进行家庭治疗时，要超越家庭本身的功能障碍而以更广阔的视角去看包括整个社区在内的社会系统。尤其是作为学校心理学家，要关注学校系统在学生问题和学生家庭功能障碍中的意义。卢斯特曼（Lusterman）在处理孩子问题时，提倡“绘制生态系统图”，即在决定将谁（孩子、教师、学校辅导员、父母、祖父母等等）纳入治疗计划前要先评估学校和家庭，这种评估的目的不是寻找问题的线性因果关系，而是找出变化的最佳切入点，任何一方都不会为造成当前的学生问题而受到指责，而是通过合作的方式解决问题。

2. 建构主义观的家庭治疗

建构主义反对家庭成员的问题必然映射家庭潜在冲突的观点。家庭的问题并不具有客观性，在故事的重构中，可以找寻到新的经验，所有的家庭都是可以视自己为一个健康的单位，努力与外部的问题抗争，而不是视自己为天生有缺陷的、无能的一群人。

后现代家庭治疗（建构主义）与现代家庭治疗的区别是：前者认为不存在外在的、独立于系统的观察者，即治疗师与求助家庭不是独立的系统；而后者认为治疗师和求助家庭是两个独立的部分，治疗师是一个外在的观察者，其次他们不认为存在客观的现实，“现实”是通过家庭成员的社会交互作用而发生的共识。治疗师不提供家庭问题的答案，而是与家庭成员一起探索意义，并在此过程中“重写”生活和相互关系。

3. 家庭治疗与个体心理咨询

家庭治疗与传统的个体咨询理论最大的区别在于其处理的单元不同，家庭治疗将个体的问题放在家庭整个系统当中，关注整个家庭的结构，家庭成员之间的互动系统，以及家庭与更大的社区、地区、民族等系统相关联，干预的重心是整个家庭系统的变化。个体咨询关注的焦点是来访者个体，虽然也会看到相关的家庭社会文化因素对个体文化的影响，但改变的力量或说干预的对象是个体而非更大的系统。

家庭治疗注重过程而非内容，在咨询中的变化来自对过程的改变而非找出最初错误的人或事件。因为家庭治疗认为家庭的运转是交互决定论的，其因果是循环的而非线性的，认为问题不是由过去的情境引起的，而是由持续的、相互作用的、彼此影响的家庭过程引发的，干预不是要找出谁对谁错，谁是罪魁祸首或者谁承担责任，而是对正在进行的不良的家庭互动模式进行改变。而个体心理咨询大多遵循线性的因果关系，寻找事件最初的起因，尤其是精神分析学派，大多会将儿童的心理问题归罪于父母教养不当，寻找错误的责任人。这种归因模式一方面不符合问题行为的互动模式，另一方面难免带来对父母的指责和批评，对于干预而言有不利因素。比如，一个小学一年级的学生在家庭新诞生了一个成员后开始表现出敌意，线性的解释通常会把这种行为归因于嫉妒，或者是该学生对来自母亲关注的丧失的一种反应。而家庭治疗的模式关注的是在新生儿降生后，家庭是如何进行重组的，认为该学生的敌对行为或许反映的是这个家庭的重组在满足成员的需要上是不充分的。如果仅仅单独考查该学生行为背后的动机就会忽视家庭整个系统需要改变这一点。

（二）治疗过程

家庭治疗理论流派众多，其干预技术各不相同。在这里，我们介绍马丽庄将结构家庭治疗应用于青少年的家庭治疗策略。

在这一治疗策略中，评估和干预并不是截然分割的两个阶段，而是相互依存、相互引导的。

1. 评估

结构家庭治疗重视处境评估（contextual assessment）。治疗师的任务是创造安全的空间，降低来访家庭的焦虑和不安，让他们说出自己的故事，演出自己的剧情。

评估从家庭进入咨询室那一刻即开始，观察家庭成员间的互动模式，特别是一些细小的线索，如谁在指挥就坐？谁首先发言？谁随即回应？这些可以为我们提供家庭的权利分配和沟通序列方面的信息。

搁置：对来访家庭进行评估时，要先放下一些先入为主的看法，带着好奇心去探索。理论为我们提供了评估的地图（基本的概念），但是每个家庭都具有自身的独特性，对信息太快作出判断，会使得对来访家庭的理解是偏颇的。

互动相处（enactment）：治疗师鼓励和要求家庭成员互相直接交谈，而不必经过治疗师这个“中转站”。这种方式允许治疗师在较短的时间内发现家庭真实的互动模式。语言是有局限的，自我报告不可避免带有认知偏差，仅仅通过家庭成员的讲述，治疗师获得的都是局限的故事。因此，当在咨询室内，互动相处出现时，不要急切地去打断或纠正所看到的不恰当的沟通序列，也不要因为成员间的相互指责而感到焦虑，这是非常好的把握家庭切实模式的机会。

2. 干预

干预的前提是来访家庭已经体验到自身家庭存在的问题，相互的困局，而且意识到正是这种困局使子女出现了症状行为。

（1）与症状有关的工作

包括转化症状行为的意义，夸大症状行为，正常化症状行为和不理会它的存在。

转化症状行为的意义，正如我们在前面的理论基础部分所介绍的，家庭治疗师们认为症状行为代表了家庭整体的功能性失调。把个体症状行为转变为整个家庭共同的问题和需要共同努力去解决的。比如儿子情绪很低落，可以通过下面一连串的问题，把儿子个人的情绪问题转化为整个家庭生活的一部分："在这个家庭里，谁使你情绪低落"，"谁可以帮助你让你情绪高涨些"，"你们同意他的看法吗"，"妈妈，原来你对你儿子的情绪影响那么大，你知道吗"，"儿子的低落情绪对你有没有什么影响呢"。如此循环提问，儿子情绪低落的问题很快变成母子关系的写照。

夸大症状行为，这主要是用来推动来访家庭对问题的正视，尤其是那些擅长淡化和回避问题的家庭。制止这些家庭淡化、遮掩和漠视这些问题就很具有治疗意义了。比如儿童干扰课堂的行为，有些家长不以为意，觉得男孩子本来就淘，等岁数大了就好了。治疗师可以通过与儿童交谈，让他说出自己受到的欺侮和敌意，内心的感受，有助于家长意识到这些问题的严重性。

当然，对一些已经非常焦虑的家长来说就不能夸大问题的严重性，否则会增加他们的焦虑情绪，从而增加孩子的压力，问题会更加严重。这时，我们就要正常化这些症状行为。比如进入青春期的男生非常拒绝剪发，有的家长对此感到很忧虑，非常害怕孩子染上恶习，亲子关系紧张，矛盾重重。适当时，治疗师可以安慰家长，替他们感到高兴，注意发型说明孩子长大了，注意个人形象了。

（2）子系统的工作

家庭作为一个系统，其内包含了众多的子系统，如夫妻、母女、父子、兄弟姐妹、祖孙等。家庭的良好运作得益于子系统及其相互间的运转。

治疗师可以通过向子系统引入新的成员或请超越界限的成员退出子系统来推动子系统修缮。比如母子关系紧张，治疗师可以邀请极少付出养育职能的父亲加入，跟爱人共同面对儿子。父亲的加入可以打破原本养育系统紧张僵化的局面，带来新的变化。再比如有的家庭中，父亲每次主动教育孩子，母亲害怕他们之间意见不合发生口角，老是不必要地反复插入父子的谈话，不自觉地削弱了父亲教导孩子的权威和动机。这时，治疗师就需要适当请母亲远离这个谈话空间，扮演旁观者，从而推动父子系统良性运转。

（3）协助转变家庭的相处模式

这方面的工作方式是多样化的，常用的有披露潜在的冲突、重视个别化反应和处理方法、建立新的联盟、加强正面的相处模式、为处于弱势位置的家庭成员充权等等。

披露潜在的冲突，适合于那些表面看起来很和谐但实际上却存在很多矛盾并极力否认的家庭。在中国的文化背景上，这样的家庭非常常见。

建立新的联盟。上面我们提到家庭内存在很多并行的子系统，但不是所有的系统存在都是有益的，而且系统之间的矛盾和不平衡会带来很多问题。比如在一个家庭中，母亲和女儿关系很好，而父亲总觉得似乎被排除在家庭之外，这样长此以往，父亲必然会更加脱离家庭甚至出现夫妻关系不合，这样的家庭要利用恰当的时机，组建新的联盟，打破牢固僵化的联盟，使成员间的联盟或子系统灵活化和弹性化。比如可以利用女儿夜不归宿这样的危机，建立夫妻联盟，化危为机。

家庭治疗强调家庭自身的资源和能量，但是要意识到家庭成员间的权力地位是不平等的，治疗师有时需要对弱势位置的家庭成员充权。

3. 治疗者的角色

不同理论中治疗师的角色是不同的，以建构主义为哲学基础的叙事疗法强调咨询师的“无知”状态，治疗者是合作者而非指导者。

我们认为，在咨询过程中，到底采用指导者还是合作者的角色，取决于来访者的个人特质、求助家庭的特征和问题，以及所处的咨询阶段。比如在对求助家庭进行评估时最好采取合作者的角色，而当对方向你需求建议时，不妨采取指导者的角色。

位置：利用与家庭成员间的距离来调整介入家庭系统的程度。包括近距离、中距离和远距离。比如在处理母女矛盾时，当两人开始互相交谈，最好采取远距离，作为一个观察者，此时提供了母女交往模式最好的契机。

（三）学校中进行家庭治疗的原则和注意事项

1. 要避免陷入家庭分歧的某一端，对于家庭问题保持中立。

2. 充分估计问题的复杂性。

3. 在对家庭问题敏感的同时，要灵活、主动。

4. 善于与其他职业的工作者合作。

5. 对家庭变化的能力采取一种乐观的态度。

6. 认识家庭成员的相互作用，疏通他们之间的关系。

7. 为新行为和新的交流方式提供样板。

学校心理学家介入家庭治疗应当有一定的前提条件，这就是只有当学生的学校问题确实与家庭有关时才可这样干预。在下列情况下，应避免家庭治疗：

1. 家庭因其他原因而不是孩子的原因而发生破裂。

2. 家庭其他成员而非孩子有严重疾病。

3. 家庭不希望解决现有问题。

4. 家庭问题由其他方面人士解决更好，如出现犯罪问题等。

总之，心理学家对家庭的介入是要通过改进家庭功能而改善儿童的学习和情绪适应。

四、心理剧

心理剧（psychodrama）又叫社会剧，是通过让儿童扮演某种类型的角色、体验心理冲突，从而达到创造性地解决自身面临的行为或心理问题的治疗方式。心理剧的治疗方法自20世纪40年代由默里诺创立以来，深受学校心理学家的喜爱。由于它能有效地吸引学生的参与，并可针对不同的心理问题定义问题、设计情节，可解决大量学生中存在的问题，所以，也深受学生的喜爱。

心理剧可在多方面增进学生的心理健康，具有广泛的实用意义，它主要解决的问题如下：

1. 通过集体讨论，能最大限度地调动学生的参与性，改变学生的意识和情绪状态，使之注意力集中，降低防御。
2. 改进人际关系。
3. 有助于锻炼作决定的能力。
4. 理解人际冲突，发现建设性的解决办法。
5. 使人对他人的感受、价值观和看法更为敏感。
6. 更充分地意识到所要求的角色的感受和价值观。
7. 有助于控制冲突时的个人感受和情绪。

心理剧是对未来可能遇到的新的难题的事先排演，通过这一排演使学生更好地适应和解决未来的冲突。

（一）心理剧的实施过程

心理剧的过程颇似一个创造性地解决问题的过程，它一般经历这样几个步骤：

1. 定义问题

学校心理学家应首先向小组成员解释演出的目的，可询问一些问题，帮助定义要解决的问题和建立冲突情绪。例如，如果主题是解决师生关系，则可以就师生关系做些提问。心理学家应对问题有深入了解、准确地陈述问题并接受学生的各种反应，应善于启发学生的思考。

2. 设计冲突情境

收集学生的反应之后，学校心理学家开始描述冲突情境。让学生发现冲突是很重要的。对于解决冲突没有一定之规，全凭个人的创造思维。

3. 分派角色

分派角色时应本着自愿原则，应鼓励害羞的孩子多参与，并留心可能出现的新的角色。有些孩子想参与但又不敢参与，心理学家应留心这些孩子。同一个角色可以由若干孩子扮演，每一个人侧重角色的不同方面。

4. 练习

分派角色后，可让演员出去准备一下，思考如何扮演角色，同时，可启发观众留心角色的特点，从某一角度观察扮演者的行为。演员进场后，可让他就角色的体会说几句。这种练习无论对该演员还是观众都有意义。

5. 解决冲突

演员可能几秒钟之内解决冲突，也可能一二十分钟内才能解决。作为导演，学校心理学家应始终注意演出的进展，思考着可能的独出心裁的方法，鼓励演员和观众想出更好的办法。如果演员不知下文如何，导演可启发他，例如可问“现在，他该干什么了”，或转问其他演员“现在发生了什么”，如果这招不奏效，可以中断演出，重新开始。

6. 暂时中止

如果演员不能按要求扮演角色或无法进行下去，或者导演发现了更新、更好的设计，均可中止演出，再行准备。

7. 讨论与分析情节、行为和思想

学校心理学家应指导或引导讨论，为讨论制定几条标准，使讨论围绕一个中心，同时又要充分激发大家的想象力，使其畅所欲言。

8. 为进一步推广、验证新思想制订计划

如果心理剧取得成效，应将之推广于日常生活中，鼓励学生在演出之后尝试新思想，验证新思想。

（二）心理剧的创作技术

1. 直接呈现

在定义问题之后，让小组成员提出与该问题有关的冲突情境。例如，小组成员有几名与教师关系不好，教师总是不让他们干自己愿意做的事，指导者可让孩子在黑板上写出与教师的冲突发生于何种情境中，然后选择一个常见的情境，让小组成员之一扮演这位教师，另一人扮演学生，让他们解决冲突。

2. 独白技术

心理剧中可使用独白技术，让观众分享角色的内心世界和想法，有如下几种技巧：

（1）对自己谈话。可通过这一方式向自己提出建议，想象解决问题的办法，鼓舞自己的勇气等。

（2）自言自语。在某一情节发生之后，演员可以自言自语，刚才的态度是消极的，经过反思，觉得不对，可自言自语表达出来，导演应鼓励演员想出更新的解决办法。

（3）对宠物谈话。可将小猫、小狗当做交谈对象，告诉它们心里话，这样可创造一个轻松讲话的机会，有利于表达内心世界。

（4）未来自我投射。一旦扮演角色的儿童不能解决任务，心理学家可鼓励他把自己当成一个长大了的、更成熟的、更聪明的人。想象如果自己长大成人了，应如何解决这一问题。

3. 双人扮演同一角色

当扮演某一角色的儿童未能解决冲突时，另一位事先作好准备的人可上场扮演主人公的另一个自我。例如，主人公退场后，另一人假扮主人公在森林中、公园中独自思考，自言自语地讲述如何解决问题。心理学家应启发扮演者和替代者创造性地解决问题，发挥自己的想象力。

有时可使用多人扮演技术，尽量调动更多的人参与解决问题的过程，使其相互启发。

4. 镜子反映技术

即让另一演员来代表冲突中的主角，模仿他的行为。这样可使主角认识到其他人是如何看待自己的，了解自己的行为有哪些不足，认识到别人是多么不能接受自己的行为。

5. 角色互换

两个演员相互换位，扮演母亲的变成儿子，扮演儿子的变成母亲，让演教师的变成学生，学生变成教师等。这样做可以暴露儿童在理解他人时的曲解，纠正自己的念头。有时，可以让真正的教师或父母现场指导儿童，帮助他们更准确地理解人物的体验和行为。这也是一个很好的治疗方法，有利于调动人的无意识。

（三）观众的技术

心理剧的演出过程中，观众也始终发挥着重要作用，他们也在思考着剧情的发展及主人公应如何解决冲突。观众的作用有许多种，如能够提供反馈、为解决冲突提出合理的建议、鼓励主人公的决定，成为主人公倾诉的对象等。心理学家可以组织观众，让他们认同某一角色，也可以让观众自由认同，还可以指定某些观众认同一个特定的角色。在演出结束时，让这些观众描述自己的认同体验，他们的反应可用做分析的资料。

心理学家还可让观众担任公众意见的代言人，让不同的观众分别代表不同种族的人，不同的教育水平、不同的职业的人，考查不同角度的人如何看待主人公的表演。

另一个安排观众的方法是角色的社会距离指派，即让不同的观众担当与主人公有不同的社会距离的角色。例如，主人公为一个 9 岁的女孩，对父母每晚 9 点之前必须回家这一规定十分不满，安排一个情境，该情境中这一女孩抗议父母的要求。让观众分别担任她的兄弟姐妹、祖父祖母、教师、朋友、父母的朋友、警察等，考查这些人对该女孩的不同的反应，他们各自持有何种观点、何种解决问题的方法。

第四节　团体咨询在学校中的应用

物以类聚，人以群分。在学校中，学生们总是组成一个个群体，参与各类活动。由于个别学生面对的心理问题通常也是其周围群体所共有的，所以，团体咨询或团体治疗的方法是一个有效的干预方法。团体咨询不仅经济、高效，而且还有利于学生消除对咨询的防御。例如，让一个学生参与某个治疗小组活动，比让他接受某一面对面的咨询容易得多。治疗小组会形成某种凝聚力和压力，迫使成员在行为或态度上做出某种改进。

一、团体咨询的基本特点及其过程

团体咨询是由1—2名咨询员与4—12名有类似心理问题或共同需要的咨询对象组成的一个小组，通过咨询员与组员、组员与组员的交互作用来达到咨询目标。

由于组成咨询团体的成员彼此陌生，因此，他们起初加入该团体时十分谨慎小心，相互提防。这里，团体的规范程序尚未建立，咨询员与组员各自的角色也不十分清楚。这一开始阶段的含混性使组员焦虑，依赖咨询员，互不交心。这一阶段叫做起始阶段。

当组员开始对某件事或团体表达不同见解，甚至不满和彼此失去耐心时，团体咨询就进入了下一个阶段，即冲突阶段。这时，组员开始分化，能够自由表达自己的强烈情绪。他们开始怀着同情心倾听别人的讲话，诚恳地表达自己，交换反馈。咨询者应有选择地对组员的行为进行反应，提供模仿的榜样。

经由冲突而转向了彼此的交互作用，就进入了第三阶段，即整合阶段。现在，团体已增加了凝聚力，组员彼此更加坦诚相见，对于团体目标的实现更具信心。他们不再是彼此陌生，而自认为都是团体中的一员，咨询员的角色更清晰了。

接下来是取得成就阶段。这一阶段中，团体的活动得以有效的完成，组员彼此帮助、相互信任，反馈是诚恳的，有建设意义的。组员们认识到了面对的困难，通过对新行为的注意与掌握而战胜困难。

这里，才算是真正的咨询团体，组员认同了团体的规范，通过帮助别人，获得了责任感和自尊感。

最后一个阶段叫有序阶段。团体成员解决了心理问题，开始把团体中学习到的新行为方式运用于生活环境中，他们检查自己的收获，注意自己的不足。他们认识到要离开团体，独自面对自己的问题了。

任何一个治疗团体无非有两个基本任务，一是改变团体成员的不良行为与态度，另一个是使团体构成一种促成变化的机构，起到一种治疗的作用。后者是更基本的任务，只有当团体具有凝聚力，组员建立了密切的关系和交往之后，组员的变化才会发生。

二、造成心理改变的机制

与个别咨询相似，团体咨询也主要是借助人与人之间的相互影响来达到改变人的心理的目标。团体中的人际影响是相互的、复杂的，这种交互作用为个体带来新的信息、新的体验和新的自我意识，使其学习了新的行为。有三个因素可以造成团体的治疗作用。

（一）团体的规范

所谓团体规范指的是团体的价值，团体所制定的期望标准。也许每个人对这一规范的接受程度不同，但这一规范一直在控制着成员的行为。随着团体凝聚力的增强，对团体规范的服从也相应增强。团体成员通过社会强化维护该规范，并通过对偏差行为的忽视与反感来消除该种行为。

团体规范有许多种。一些是行为规范，如坦诚地披露自己，同情地倾听别人的讲话，对他人的行为及时给予反馈等。另一些规范则涉及信仰与态度，如重视现实，强调尊重自己与他人等。

持有不同治疗观点的咨询员可能会侧重不同的团体规范，如重视问题解决的小组强调通过角色扮演而获得技能的学习，而治疗神经症的小组则可能重视回忆过去的经验，寻求症状后面的原因。

（二）对咨询员和组员的知觉

对于某一咨询团体来说，咨询员的影响力毫无疑问当属最大。他以专家的身份，合法化地承担着指导小组活动的任务。咨询员既要有组织活动的才能，又要有专业知识才能，对小组的问题十分精通。咨询员的影响力取决于组员喜欢他的程度。组长一般适度参与到小组活动中，以组员的身份加入，如果他使组员感到亲切，颇像过去经历中的某人，组员就会信任他，听从他。组长不同于教师，小组活动中不可过分表现自己，应鼓励组员的参与。对组员的表现给予恰当的解释与评价。组员对组长的认同本身，对于改变其行为就可起到一定效果。

（三）凝聚力

小组凝聚力首先有赖于小组成员的彼此吸引力及其小组本身的吸引力，其次有赖于组员看问题时的相近程度。当小组成员彼此吸引力很强时，一旦组员与他人认知冲突时便倾向于改变自己的态度，符合他人。

（四）反馈

小组成员之间的行为的影响及反馈也是造成小组成员变化的重要因素。反馈是人际间学习的重要源泉，它可以矫正人的自我知觉，影响行为变化的方向。

在团体中，反馈一定要有可信性，即其来源要可靠、准确。肯定的反馈总比否定的反馈更为可信。组员与咨询员要善于表达行为反馈，而不是情绪反馈，用自己的行为动作来对某成员的行为作出适当反应。

（五）自我表露

团体成员只有通过自我表露才能为他人所了解。当某人向组员们表白自己的弱点或可恶之处时，他是在表明自己对他人的依恋及接受帮助的需要，如果组员们怀着理解与同情倾听这一表白，并结合自己的经验对之加以分析，治疗的效果就会大大增强。此外，某一组员的自我表露还会促使其他人也倾向于表露自己的内心深处的想法，这有助于该团体的凝聚力，使其组员对小组更为依赖。作为咨询员应把自我表露控制在适当的程度，既不能使自我表露呈现于表层的水平，这样会令人感觉到不真诚，又不能让组员的自我表露过于触及内心世界，令人觉得该成员是邪恶的、疯狂的，因而拒绝他。总之，小组治疗不是精神分析，不能彻底暴露一个人的无意识世界。

三、学校中的团体咨询

（一）学校团体咨询小组的类型

按目的的不同，学校中的团体咨询小组大致上可以分为如下几类：

1. 信息型小组

主要是交流和讨论信息，交换知识，这种团体的凝聚力不是很重要的。这类信息小组很容易变成问题为中心的小组。当小组成员经常讨论有关信息的内容时，他们就很容易表白自己的困难，这种表白自然会引起团体的重视，使团体讨论并决定今后的努力方向。

2. 学习问题型小组

具有行为困难的学生可组成咨询团体，主要解决学习技能及自我约束问题，分析他们学习落后的因素，提出解决的途径。

3. 职业和生活计划型团体

主要讨论人生观、价值观、个人的兴趣和爱好、对职业的了解及决策过程的信息，咨询者通过团体咨询的方式给予指导。

4. 支持型团体

有时，团体的组成在于彼此给予支持，组成团体的学生通常面临着共同的问题，如与单亲生活在一起、身体残疾等。这类团体中，凝聚力很重要，它构成一种支持的气氛，使成员摆脱紧张。

5. 成长型团体

成长型团体不仅关注问题的解决，而且关心个人的提高。咨询员仔细搜寻所有的学生，发现他们的不足及其潜力，运用各种方法提高学生的自我意识，挖掘他们与人相处的能力和学习的能力。

（二）学校团体咨询中的辅助方法

学校中的团体咨询还需使用各种辅助的方法，对于学生来说，仅有正式的小组讨论是不够的，因为他们不像大人那样能意识到自己的问题所在，对于小组的目标缺少了解，若想矫治他们的问题，要经常使用如下一些干预方法：

1. 游戏

团体游戏咨询方法对幼小的儿童十分适用。咨询者在儿童游戏时一般不主动提问或解释，而是注意儿童的游戏活动，留心他们的意见，关心他们的行为所表达的感受。咨询者给人的感觉应当是温暖的、接受的、支持性的。

在游戏疗法中要注意两点：第一，游戏是当下经验和生活史的象征符号。当儿童与游戏玩具打交道或创立自己的想象时，他们实际上是向他人交流自己的经验，儿童的游戏可能归于过去的经验，也可能表达当下的直接经验。在团体中，儿童会与他人接触，无论与其他儿童接触，还是与咨询者接触，都有利于引入不同的观念，导致认知失调，改变游戏的意义。第二，团体游戏主要依靠咨询者的行为所建立的社会和情绪上的气氛，这一气氛导致儿童行为的变化。其他孩子的在场可以为某一儿童提供不同的行为范型，使其产生不同的模仿，并可能愿意尝试新的行为。

2. 戏剧与角色扮演

演戏可以有效地暴露儿童的内心世界，角色扮演具有一种练习功能，可用于获得新的行为。借助戏剧表演，儿童可以提高对自己的感受的注意，意识到与角色和场景有关的态度。团体咨询中可使用戏剧表演的方式，把孩子们分成不同的角色来演戏，每个孩子都按自己的理解来表演，在表演中暴露自己的心理问题。

角色扮演对于团体咨询也很适用。它有助于成员向团体的卷入，有利于团体成员澄清问题的情境，促使他们更具同情心地理解他人，并为新行为提供演练机会。

3. 示范强化

团体咨询也可结合行为干预的方法进行，把重点放在强化的设计上。强化可由咨询者来实施，也可由组员实施。团体咨询中示范作用也很重要，如果某几个组员行为发生了改变，表现出了预期的行为，会影响其他组员的模仿。

在安排咨询小组时，一个有争议的问题是同质性小组好还是异质性小组好。同质性小组由问题相似的成员组成，如社交恐怖、神经衰弱等。异质性小组则由问题相异的人组成。这两种小组各有优点：有人认为，异质性小组成员差异大，使小组成员体验到迥然不同的新经验，产生不安，因而会触发他人去行动，改变自我，努力与小组保持一致。

另一些人认为，同质性的小组更好，因为他们目标一致，都具有相似的心理问题，易相互理解，有较多的共同语言，效果更好。

一般而言，如果要矫正某一行为问题，而且矫正目标较为明确，如社交恐怖，则同质性小组更好；如果小组目标是扩大经验范围，获得心理成长，则异质性小组更好。对于刚开始开展团体咨询的人来说，同质性小组较好，易组织，易确定效果的好坏。

总之，小组性质的问题应随着要解决的问题的性质而定，没有固定的模式。

【建议参考资料】

1. 考利．心理咨询与治疗的理论及实践［M］. 谭晨，译，北京：中国轻工业出版社，2010.

2. 普劳特．儿童青少年心理咨询与治疗：针对学校、家庭和心理咨询机构的理论及应用指南［M］. 林丹华，译．北京：中国轻工业出版社，2002.

3. 埃利斯，麦克赖瑞．理情行为治疗［M］. 刘小箐，译．成都：四川大学出版社，2005.

4. 戈登堡．家庭治疗概论［M］. 李正云，译．西安：陕西师范大学出版社，2005.

5. 马丽庄．青少年与家庭治疗［M］. 台北：五南图书出版股份有限公司，2001.

6. 柯瑞．团体咨询的理论与实践［M］. 刘铎，张玲，郑佩英，等，译．上海：上海社会科学院出版社，2006.

7. 威尔金斯．心理剧［M］. 柳岚心，译．北京：中国轻工业出版社，2009.

8. 高思刚．中小学校园心理剧［M］. 福州：福建教育出版社，2008.

【问题与思考】

1. 儿童青少年的发展性特点对咨询有什么特殊影响？
2. 儿童青少年心理咨询与治疗与成年人的有何不同？
3. 你如何看待学校中常用的心理咨询方法？
4. 除了本书介绍的几种咨询方法外，你认为适合学校应用的方法还有哪些？
5. 认知治疗适合解决什么类型的心理问题？
6. 家庭治疗适用的对象是哪类人？
7. 心理剧适合解决什么问题？
8. 团体咨询适合解决什么问题？

第九章　学校中的间接心理咨询

【本章提要】

间接心理咨询是受过训练的专业人员针对学生的行为问题或心理问题与学生的教育者或家长一道商讨、探究，通过双方共同参与与合作来解决问题的过程，其不同于直接面向学生的心理咨询。本章首先区分了这两类咨询，并讨论这种咨询模式的改变源自医学模式到生态学模式的转变。对间接咨询的内容和服务模式，以及基本技巧进行了概述，详细介绍了如何在学校中进行间接咨询和间接咨询的基本过程及阶段。最后对间接咨询的主要服务对象——教师常常面临的问题和困扰进行了分析。

【学习重点】

1. 了解间接咨询的定义、与来访者的大体关系和重要意义，明确在什么情况下使用间接咨询。
2. 理解间接咨询的模式，了解它与生态学的关系及与医学治疗的区别。
3. 掌握间接咨询的程序和步骤，各个步骤的要点。
4. 了解间接咨询通常遇到的问题，并知道如何防止这些问题的发生。
5. 了解教师有什么重要的或迫切的问题需要在间接咨询中解决。

【重要术语】

直接咨询　间接咨询　医学模式　生态学模式　交互作用模式　问题系统　保护系统　反应系统　防御　阻抗　靶行为　行为维度　刺激条件　操作水平　当事人力量　非正式化的概化调查

第一节　间接心理咨询概述

一、直接咨询与间接咨询

学校心理咨询工作一般有两个不同的模式，一个是心理学工作者直接对有心理问题儿童进行测评与矫治，即传统的心理治疗的方式，另一个是间接咨询，即心理学家一般不与儿童直接接触，而是通过对教师或家长的咨询来解决学生的问题，或确切地说是通过解决教师或家长本人面临的问题来解决学生的问题。在汉语中，我们把这两个过程都叫做心理咨询，因为在咨询室，我们时而可以发现是对学生本人进行咨询，时而又会看到是对教师或家长进行咨询。而在英文中，这两种咨询方式分别用两个不太相同的概念来表示，一个是counsel，另一个是consult，在学校心理学范围内，我们把前者叫做直接咨询，后者叫做间接咨询。我们可以将间接咨询概括如下：所谓间接咨询过程是受过训练的专业人员针对学生的行为问题或心理问题与学生的教育者或家长一道进行商讨、探究，通过双方共同参与与合作来解决问题的过程。

间接咨询与直接咨询的主要区别如下：

首先，服务对象不同。直接咨询是由心理学家接受教师或家长的委托，直接对学生的问题行为或心理问题进行评估和治疗，其对象是学生本人。其关系是：教师—心理学家—学生。而在间接咨询中，心理学家一般不接触学生，作为咨询对象的是儿童的养育者或教师，通过咨询为教师或家长提出合理化的建议，或者通过直接解决家长、教师的问题来间接解决学生的问题。家长或教师作为咨询对象，负责解决学生的问题，在间接咨询中，他们是干预学生并治疗学生的人。其关系是：心理学家—教师（家长）—学生。间接咨询至少是三人的活动，而直接咨询主要是两人的活动。

其次，直接咨询与间接咨询关系是不同的。在间接咨询中，心理学家与咨询对象的关系是平等的，是同事式的合作关系，双方共同参与、协商问题，平等与协作是这一关系的根本特征。而在直接咨询关系中，咨询者一般承担劝导、疏导的功能，其学识、人格成熟和专业技能等方面远远强于被咨询者，双方不是协作的、同事的关系，而是近似治疗者与患者的关系。

最后，直接咨询与间接咨询所提供的服务方式有所不同。间接咨询一般以不直接与当事人见面的方式解决问题，而直接咨询则相反，直接为当事人或学生提供心理服务。

历史上看，直接的心理咨询是在临床心理学中孕育并发展起来的，具有强烈的医学治疗的特点，而间接咨询则是对这一治疗模式的超越。间接咨询更注重儿童与环境的生态学关系，力图从改变这一生态关系的角度解决儿童问题，所以，把重点放在抚养人和教师的改变上，如果抚养人和教师能很好地承担自身的角色，儿童就会受益无穷。

另一方面，我们也应看到直接咨询与间接咨询并不是截然不同的，在咨询原理和方法上，在解决问题的基本过程方面，两者有许多相同之处。此外，在间接咨询中心理学家也并不是从不接触学生，必要时，心理学家也可能直接接触学生，对其诊断，了解情况，与其面谈。归根结底，间接咨询的最终目标也是为了矫治学生的心理疾病或行为问题，只不过目标更为宽泛些，试图通过改进学生和抚养人双方的问题来实现这一目标。

二、从医学模式到生态学模式

学校心理学曾长期追随医学的模式，像医生对待患者那样对待心理不健康的儿童，认为学习障碍、人格障碍就像体内的某种疾病一样，需要给予治愈。第二次世界大战后，随着临床心理学的大发展，学校心理学的医学模式的利用在20世纪50—60年代达到顶峰。

然而，学生的心理问题发生在学校的特殊环境中，并且学生的心理处于不断的发展中，在实践中，学校心理学家发展或照搬治疗模式不能从根本上解决问题。20世纪50年代，随着新行为主义心理学的发展，人们认识到心理学的研究必须集中在人与环境的相互作用上，而不是个体的内部。儿童的行为是其内部特点，如认知能力、人格特质与其所在的环境特点的交互作用的结果。这种交互作用论极大地影响了学校心理学的研究。如50年代开始出现了让教师使用秩事记录法观察学生，注重考查儿童与环境（教师、同伴）的交互作用的研究取向。一些考查班级与教师交互作用的测量工具开始发展起来，这些量表使教师认识到自己与学生的交互作用的特点，对学生有重要的影响。

另一促进医学模式向生态学模式转变的因素是个别治疗的不经济性。学校里不可能拥有足够的心理学家对每一位有特殊需要的学生或儿童进行个别治疗，解决这一问题有两种办法：一是实施团体治疗，以代替传统的一对一的治疗；二是改进教师与学生的交互作用模式，一旦这一交互作用模式改变了，全班学生的行为就会在一定程度上受其影响，学生大量的心理问题就会得到一定缓解，这是一件非常有意义的事情。

上述理论上和实践上向交互作用模式的转变，使间接咨询具有了越来越重要的作用。在间接咨询中，心理学家与教育工作者或家长打交道，发现他们身上所存在的问题，并通过改变教师或家长来改变学生，这样可以起到事半功倍的效果。

三、间接咨询的主要内容

间接咨询的最终目标与直接咨询和治疗有许多相似之处，它们的目标都是为了消除当事人的心理不适，恢复其适应能力和才能，促进其心身成长。在此有三方起作用，一是当事人，即有心理问题的学生本人；二是咨询对象，指前来咨询的教师或学生家长；第三方是咨询者或心理学家。间接咨询一般强调解决抚养者或教育者所面临的困难及其自身存在的问题，并把评估他们的问题当做工作的重点。

间接咨询主要有三种不同的模式：

1. 当事人为中心的咨询服务。这种模式虽然也是以教师或家长的咨询服务为核心，但针对的问题仍是当事人的行为问题，咨询者通过教师或家长，必要时通过与当事人面谈，收集资料，并与咨询对象讨论问题、作出评定，商定干预方案，最后由咨询对象实施方案。在这种咨询中，重点还不是教师或家长的问题，而不是学生本人的问题，心理学家着重了解的仍是学生的问题，只不过是不与学生直接接触，它与咨询基本一样，不同在于心理学家在幕后工作。所以咨询中，心理学工作者以倾听教师和家长对学生的陈述为主，捕捉学生的问题所在。

2. 以咨询对象为中心的咨询。这一模式中，服务的对象是咨询对象或来访者，最终的目标是咨询对象的某些改变。在此，心理学工作者首先要处理的是教师或家长的问题，对于他们对学生的抱怨并不关心，而着重了解他们是如何对待学生的，学生对他们的态度又是如何反应的。如某一教师前来求助于心理学工作者，他来到咨询室后，对他的一个学生大加批评，认为他的学生上课捣乱，从不服从要求，使全班同学不能安心学习。那么这时，心理学工作者所要面对的不是该学生的行为问题，主要是该教师的应对策略，考查他对学生的态度是否存在问题，为了管教这个不听话的学生，他应当具备什么样的技能。咨询的首要目标是使这位教师增加某种知识和技能，以改进与学生的交往模式。一旦这一基本的目标实现了，改变当事人的第二目标也自然会实现。目前，这种水平的咨询已经越来越重要。

3. 旨在改变整个组织功能的咨询。这种咨询不是针对个体的，而是针对学校的整个组织管理系统。当该管理系统妨碍了对个体的干预或因组织系统不支持或不合作而导致咨询对象的情况恶化时，这种咨询就是必要的。这一咨询的目的是通过改变组织特性来增进当事人和被咨询者的心理健康。

四、间接咨询的技巧

由于间接咨询是针对成年人的咨询过程，所以，它所要求的技巧与对学生的咨询不一样。间接咨询过程的一个最显著的特点就是双方平等、合作的关系，这一关系对于咨询的成功是极为重要的。间接咨询不像一般的心理治疗和咨询那样，咨询者是一个居高临下的专家，而是共同商讨、共同努力的过程，因此咨询对象也是积极主动的解决问题的人，他尽管会面临解决自己的问题，但解决这一问题仍是为了最终解决当事人的问题。所以，咨询技巧的关键是与咨询对象建立良好的合作关系，消除咨询对象的防御性。

当对教师进行咨询时，应当学会积极的倾听，不要把自己当做是一个居高临下的专家，要尊重教师，把他当做是解决问题的必不可少的力量。对教师讲话时要婉转，尤其是指出其问题时，更是要如此。可提一些确证式的问题，如“这样说，你是认为……”，或者“当时你是如何感受的”，“学生是如何反应的”，不可过于受教师情绪的影响，把问题都归咎于学生本人。重点是询问教师与学生的的交互作用及冲突时双方各自的反应和态度。将自己置于一个介于学生和教师中间的客观观察者。

在咨询中，下面一些失误是经常出现的：

1. 以责备的口吻讲话，似乎自己是权威，对教师的失误直接指责。

2. 机械地、冷漠地谈及教师和学生的问题，好像是一个局外人在谈话，以过于理性的态度来面对问题。教师对这种咨询方式是难以接受的，来到咨询室的人都是情绪不安的，面对挫折感到无所适从的人，咨询者要怀着同情对待来访者。

3. 回避的，吞吞吐吐的，想说什么又似乎在犹豫，这会令咨询对象十分不安全，对信息的准确性产生怀疑。

4. 命令或要求式的，让咨询对象做某件事情，而不是与之协商进行。

5. 警告，对教师的过失行为提出警告，而不是帮助其分析问题的性质和原因，或提出改进的方法。

6. 匆忙提建议，还没等咨询对象陈述完问题就开始对解决问题提出自己的建议了，这种建议必然是无的放矢的。

7. 演讲，有些咨询工作者把自己所做的工作当成一次演讲，对来访者夸夸其谈，不管人家爱不爱听你的演说，这种演说必然是空泛的，不能解决实际的问题。

8. 对教师的某些行为给予表扬，好像自己是一位领导者，以赞赏的口吻对来访者讲话。

出色的咨询者在咨询过程中，善于把自己摆到一个正确的位置上，他们不做咨询的中心人物，而是把来访者当做核心人物，善于倾听来访者的讲话，使来访者有一个安全感，他们善于把握问题所在，发现问题，用耳朵和眼睛来捕捉信息。他们不仅是专家，又是平易近人的助人者；既是具备一定专业技术的人，又是有教育经验的教育工作者。

第二节　学校间接心理咨询过程

间接咨询是一个不断深入的动力过程，咨询的各方在交流讨论中发现问题所在，并制订解决问题的方法。由于间接咨询一般是心理学家与教师或家长的合作过程，所以，间接咨询过程有其特殊的程序和内容。

一、阶段一：进入问题系统

间接咨询要解决的问题往往发生于教师与当事人（心理障碍学生）的交互作用系统或更大的管理系统，而这些系统都按自身的方式运转很长时间了。所以，咨询者首先面对的问题是如何进入这一交互作用系统，如何为该系统所接受。

由于咨询的引入通常意味着该系统不能有效地发挥其功能，所以咨询在一开始容易受到系统的防御和阻抗。

学校心理学家通常面对两种不同的系统：一是保护系统，一是反应系统。前者对于自身有一种明显的保护作用，后者相对开放一些。能否顺利进入第一种系统有赖于咨询者能否有效地激发该系统对咨询服务的需要。如果该系统没有对咨询服务的明显需要，咨询过程就应强调咨询的必要性的方面。咨询者应尽力调动该系统的内部资源，肯定其现存的积极方面。例如，一位有经验的教师在教学多年之后形成了一套独特的管理风格，但这一风格已难以适应现代独生子女的实际情况。但这位教师并没有意识到这点。这时，咨询者的介入就应慎重，不宜直接指出其不足之处，而是应多强调或肯定其管理中适合独生子女的方面，用强化的原理来引导这位教师。这样做才能打消这位教师的防御。反应性系统更易接纳外部的力量。因为它自身已处于危机或冲突状态。例如，某班级的教师面对一个患有严重心理障碍的孩子，家长对教师的无力改变现状多次提出抱怨，此时，咨询就很容易介入。在这种情况下，教师一般愿意与心理学家商讨该学生的问题。

在间接咨询开始阶段，系统容易对咨询发生阻抗。常见的阻抗主要有这样几种：

（一）来自维系系统愿望的阻抗

起初，咨询者是系统之外的一个独立力量，他的介入威胁到系统的平衡，具体地说，咨询者的出现有可能威胁教师的职业角色和固有的教育方式。为了克服这一阻抗，心理学家应主动注重咨询的商议过程，制定详细的咨询计划和目标，以避免可能引起的拒绝和误会。

此外，要充分肯定系统主导者即教师对咨询的责任。要尽量使其认识到他是咨询过程的主人，是参与者，而不是挨批的对象，使其认识到积极的参加咨询过程是其证明自己能力的机会，咨询并不是证明自己的不胜任，而恰恰是证明有能力改变现状、解决问题。咨询是自己的事情，而心理学家只不过是帮助来顺利完成这一过程的。

为了避免引起教师的反感，心理学家应尽力使自己顺应目前系统的运行。在起初的阶段不要提出与目前系统不一致的改进措施，不要奢求彻底的改变。宜采取逐渐改良的方式改变系统的运行，不要忽然提出过高的要求。

（二）对外来咨询者的阻抗

外来的咨询者是陌生人，有可能被教师认为是不可信的，因而会受到敌视。为了克服这一阻抗，心理学家要了解系统的历史、任务、哲学观点和运行程序，这一了解有助于将来提建议的可信度。为了避免被当做外人，心理学家在衣着、言语举止方面都要注意，如少使用官方语言，不要与教师在穿着上有明显不同等。

（三）为了保护自身的利益而出现的阻抗

系统内的成员会认为咨询者妨碍了他们的特殊利益、责任及专业领域。为了保护现在的角色和功能，他们可能阻抗心理学家。为了避免这一情况，心理学家应尽量为教师们提供主动参与咨询的机会，使其尽快减少对咨询过程的误解。

当间接咨询过程被某一组织系统接受之后，咨询服务的要求便开始了，随着咨询关系的建立，每一个咨询对象即教师对咨询会提出新的要求。

与教师接触时的第一个任务是认识其求助动机。教师可能出于逃避管理一个混乱班级的动机而需要咨询服务，也可能是出于让咨询服务充当替罪羊，还可能是出于个别学生的特殊问题。这时，咨询者应向其解释咨询的优点，说明其利大于弊。

二、阶段二：目标识别

阶段一的主要任务是与咨询对象建立合作关系，使其接纳咨询、了解咨询过程。一旦咨询对象表现出了愿意开始咨询的迹象，目标识别就开始了。这一目标识别过程又叫认识问题的访谈，包括：

1. 决定什么是目标。
2. 选定测试这些目标的测量工具。
3. 设计并实施数据收集程序。
4. 呈现数据。
5. 通过界定当事人目前的行为操作与所要达到的操作之间的关系，定义问题所在。在这一阶段，当事人的问题行为应当被描述出来并得到操作性定义。

第二阶段的访谈旨在使所要解决的问题具体化、可操作化，主要包括下面几个要素：

（一）对于问题的理解

在访谈中，咨询者必须对于要解决的任务提供概要的说明，并指出识别问题的逻辑依据，这样有助于避免咨询对象对于问题抱有的快速解决及轻易解决的态度。咨询者还要解释自己的作用，以澄清咨询对象的观念混乱，他们通常假设咨询者可以提供评估或直接的咨询服务。在咨询中，咨询者还不妨把问题引向情境变量，而不是只谈及当事人的行为，这样为以后讨论课堂或学习的变量打下基础。

（二）识别并选择靶行为

没有咨询经验的咨询对象对于当事人的困难难免产生主观的、情绪化的印象。因此，在讨论问题时，应尽量鼓励咨询对象用准确的术语，咨询者应当了解与靶行为有关的各种材料。例如，对于严重的学习障碍来说，应当了解当事人的一般智力水平如何、年龄与学习适合性、生活技能的水平等。

即使咨询对象没谈到其他有关的问题，咨询者也要考虑其他有关的行为，把靶行为当做更为广泛的反应类型的一部分来对待。通过访谈了解行为问题所在仅仅是收集信息的第一步。还可以针对靶行为进行行为观察并商定测量工具的选用。这些都可作为访谈咨询的补充，并能进一步发现靶行为。使用测量工具时应注意有针对性，而不是泛泛了解当事人的情况，这样才有助于为治疗方法的选择提供帮助。

（三）行为维度的识别

当大致确定了什么是问题行为之后，应对靶行为进行细致区分，即认识当事人该行为的各个维度，如行为曲线、频率、强度、持续时间、准确性等。由于这一信息体现的是咨询对象对当事人的问题的知觉印象，所以，咨询者还应了解咨询对象得出上述结论时参考的是什么样的常模期望。为了避免判断错误，咨询者有时要了解班级中其他儿童的行为水平，并和咨询对象一道讨论评定行为维度的发展标准，确定哪些行为是发展中正常的，哪些是偏常的。

（四）刺激条件的识别

访谈中，要了解并考查影响行为的因素，这对于确定干预计划十分重要。在此，既要考查与问题行为的发生有关联的刺激条件，也要考查问题行为没有发生的有关条件。访谈和系统观察是有效的手段。目前，国外已经出现了评定班级生态环境的调查问卷，这对于环境考查十分有益。

有些环境事件虽然没有直接激发行为反应，但间接影响行为的出现，这些事件通过对刺激条件和心理功能的干扰或促进来影响行为反应。例如，研究表明，刚刚从事剧烈而有刺激性的活动的幼儿园儿童听故事时会出现较多的走神、吵闹等。因此，考查环境时应包括了解这些环境事件，如家庭的居住环境、父母的职业和亲属关系等，这些事件很可能影响行为的发生。

（五）所要求的操作水平的识别

任何一种问题行为总是相对于某一标准而言的，相对于这一正常的行为标准，我们才能断言某一行为在多大程度上偏离了常态。间接咨询过程中的一个重要任务就是确定当事人的行为应当达到什么标准，而他目前又是处于何种水平上。只有对所要求的行为操作水平做到心中有数，才能制定具体的干预计划。咨询中，有时的确是当事人的行为出了问题，应当帮助消除这一问题，有时是咨询对象对当事人的操作期望出了问题，这一期望不符合实际，应当帮助改变这一不切实际的期望。

在此，可根据儿童的心理发展水平确定其行为操作的理想标准，考查其学习、交往和情绪表现是否符合其年龄的基本特性；或者将当事人的行为与正常的同龄儿童进行比较，确定其偏离正常的程度；也可让熟悉当事人的成年人对其行为作出评估。这三种做法都有助于消除咨询对象对学生行为的不切实际的期望。

（六）当事人力量的识别

我们应当尽早获得当事人在行为、社交及教育方面的潜力或能力的情况。这样，可使我们看到当事人的积极性，而不是把目光集中于其困难行为上。不止于此，当以积极的观点来看待当事人时，我们便容易发现其正常行为伴随的条件和潜在的强化事件。对于对当事人持有消极看法的咨询者来说，强调当事人优点的做法有助于使他们看到所期望的行为操作的出现，使其改变原有的印象。

（七）行为评估过程的识别

在目标识别阶段，应当把注意力放在资料的收集上，而不是立即作出诊断和制定治疗计划上。要对当事人的行为进行系统的观察。咨询者与咨询对象要决定应观察何种反应，讨论观察所需要的条件，如观察的时间、地点、教师、活动性质、有无其他同学在场、观察谁、由谁来执行观察、收集数据的方法等。

在观察完成后，不要轻易为当事人的行为贴标签，还应考查当事人在什么情况下不出现偏常行为，甚至出现良好的行为。这样可以进一步深入分析问题的根源。

咨询者的亲身观察有利于发现当事人的生态行为特点，而仅仅依靠咨询对象的观察往往易于只停留于当事人本身的特点上。咨询者可以发现教师与学生的相互作用，这有利于咨询对象对咨询的接纳。

（八）对咨询对象工作效率及技能的识别

在咨询过程中，应当考查咨询对象解决问题的技能和效率。考查的重点是：

1. 确定咨询对象从前是如何处理相似问题的；

2. 评估咨询对象从前解决问题的努力是否成功；

3. 看一看咨询对象的工作是发自内心的，还是依靠他人的鼓励与强化；

4. 咨询对象把当事人的问题归咎于环境还是归咎于当事人内部特点。他对于当事人的描述是否客观。

教师和家长在咨询过程中是主动参与者，所以，咨询中应了解教师对学生的态度，教师对于咨询的积极性。有的教师宁愿把学生驱除出班级，而不愿认真解决其心理问题。有的教师出于学校管理上的原因，根本无法改变现有的环境。还有的教师不愿接受新观念、固守于自己的传统方法。这些都是咨询所要解决的问题。

教师和家长们对于咨询的介入水平是有所不同的，可分为五种介入水平：

1. 事不关己。咨询对象不承认问题的存在，也不提供任何有关情况。此时，咨询者要把精力放在如何进入咨询系统上。

2. 客套。咨询对象谈论的问题与咨询无关或者与当事人的问题无关。这可能是进入过程没完成好，或咨询对象毫无经验。

3. 应付。咨询对象对咨询就事论事，只提供一些简单的情况。

以上三种水平都说明咨询对象对咨询特点不够了解，对咨询者有防御态度。

4. 正常工作。咨询对象能够积极配合，描述行为细节。

5. 积极卷入。咨询对象不仅能够描述当事人的行为，而且能描述其他人的类似行为，并对从前的干预措施进行说明。这说明成熟的合作关系已经建立。

（九）作总结并计划下一步的接触

咨询双方应总结目标识别阶段的要点，总结出双方共同认定的目标，并制定下一阶段咨询的目标，安排下次会面的时间。

三、阶段三：干预计划的确定

这一阶段是问题识别阶段的扩展，其重点是寻找有效的干预计划。当我们识别了行为问题之后，我们还要对问题作进一步的分析，要确定所干预的行为到底指的是什么。例如我们经过前面的阶段，知道是教师对学生的打架行为处理不当，作为干预目标的是教师与学生的关系。那么，本阶段的任务是如何矫正教师的问题。

若要找到有效的干预方案，首先要分析影响问题解决的因素，我们搜索的范围不外乎有三个方面：环境因素、技能因素和动机因素。

首先，我们要分析环境中哪些因素可以导致问题的解决。如就上述教师而言，我们可以考查在什么情况下该教师出现不良的与学生的交往方式，什么情况下没出现这一方式。其次是分析当事人具备了何种技能，不具备哪些技能，缺乏何种技能，他的哪些方面可以被调动起来配合干预的完成。最后一个方面是考查动机水平，即考查咨询对象和当事人的问题是否与动机有关，是否是由于动机方面的障碍。

在此，最容易造成混乱的是动机与技能的混淆，下面我们介绍一个辨别是技能障碍还是动机障碍的简单方法。

一旦我们确定什么是靶行为并确定了具体的操作目标，我们就必须确定该问题是属于技能缺陷还是动机缺陷，这是很重要的一步。例如对于一个学习障碍问题，我们必须弄清学习障碍是由于学生不爱学习导致的，还是学生不会学习所导致的。对于两者，矫正的方法完全不一样。

要分析当事人或咨询对象（教师）的问题是属于技能缺陷还是动机缺陷，要考虑以下几个方面：

1. 环境的要求。有时环境对某一行为有很高的要求，如在重点中学大家对学习成绩都有很高的要求，无论是教师还是同学，都把学习好当做成功的标准。有时环境对某一行为只有较低的要求，如在体育学院，对数学的要求就不高。如果一个人在低环境要求下不表现出某一行为，则可能是动机出了问题，如体育学院的学生数学学不好，动机问题的可能性很大，而在高环境要求下若不表现出该行为则可能是技能出了问题，如一个重点中学的学生如果学习成绩不佳，技能障碍的可能性很大。

2. 任务的复杂性。如果任务非常简单，而当事人不能表现出该行为，则可能是动机出了问题；如果任务十分复杂，包括多个步骤，当事人很可能是技能缺陷。当然，复杂与否是相对而言的，应当询问当事人这方面的情况。另外，还可考虑大多数同班人或同龄人能否完成这一任务，以作为任务复杂性的指标。但仅凭任务复杂性不能确定是技能缺陷还是动机缺陷。

3. 现有的强化偶联是否诱发了行为？如果现有的强化过程影响了当事人行为的积极变化，则可能是动机过程出了问题；如果现有的强化没引起变化则是技能出了问题。例如，如果给予当事人强烈的关注，他的行为操作有了改善，这说明是动机出了问题。

4. 目前的强化偶联是否引起当事人同学的关注行为？如果回答为是，则表明可能是技能的问题，如果回答为否，则表明可能是动机的问题。例如，如果教师使用的评分系统导致其他同学十分重视自己行为的结果，而却并没影响当事人行为的等级变化，说明他技能出了问题，即不会执行行为，不知道怎样操作。

一旦我们能断定问题的性质是技能的还是动机的，并知道了环境对于问题解决所起的作用，我们就进入了制定干预计划的过程，这一过程虽然是最重要的过程，但又是被研究得最少的过程，因为选择干预方法一定要考虑很多变量。在决定何因素会影响问题解决时，必须认清可利用的资源。这些资源要包括当事人的力量，促使当事人成功的系统特点、现有的人力、物力资源等。

选定干预计划时，应当集思广益，开动脑筋，不可只及一点不及其余。因为不同的干预手段都可能有疗效，同一行为问题的解决可能有多种手段。为此，有人建议使用头脑风暴法来设计干预计划。即尽量让自己的想象自由驰骋，产生尽可能多的与问题有关的选择。然后修改、综合自己的想法，从中列出若干有可能的干预计划，最后选定一种。

在选定干预计划时应考虑下列因素：

1. 干预的效果。许多干预方法都有效果明显的经验实证材料，应当了解这些材料。好的干预一定是有效干预，但如何确证有效并不容易。细致的工作在于分析当事人的特点，他的特殊行为、特定的生态环境，适于什么疗法。千万不可机械套用某一疗法。

2. 要考虑干预的可接受性。当事人或咨询对象是否接受这一干预的方法也是十分重要的，咨询者选定的方法可能不被人喜欢，或不被接受，这样的方法肯定不会有好的效果。目前，国外用一些量表来评估干预方法的可接受性。国内尚无有关研究。教师对学生的了解、疗法特点及教师个人的背景都会影响教师对干预的偏爱。

3. 要考虑干预可能附带的后果。如能否引起他人的消极反应，得失比率及可行性等。尽管咨询者为干预计划的选择提供大量信息，最终仍由咨询对象选择干预计划。

问题分析阶段的最终结果是干预计划的制定。计划的详情和干预的水平都要确定下来，如采取预防措施还是干预治疗，个体治疗还是集体治疗，是辅导还是行为强化等，必须明确。“由谁来实施干预计划也要分工明确。”

最后，还要确定如何评估干预方案的进展情况，包括对迁移效果的考查等。

四、阶段四：计划的实施

前面三个阶段顺利完成之后，便可以实施干预计划了，在本阶段，咨询者主要的任务有三个：

1. 帮助咨询对象发展干预技能，包括预防治疗的有关技巧。如为之提供指导、提供样板、给予积极的反馈、传播有关知识等。咨询者在提供指导时要眼界开阔，不可拘泥于某一治疗细节，应提供较广泛的知识技能。

2. 治疗效果的评定。咨询者应观察了解咨询对象的治疗效果，即便是同一疗法，不同的治疗者之间也会有差异，同一治疗者在不同时间使用同一疗法也会有不同的效果。因此，应当及时了解干预的效果，不能机械地执行某一种疗法。如果当事人没有什么转变，就应当进一步考查是特定的疗法无效，还是执行过程不像预计的那样精确。有人认为应严格训练咨询对象，定期考查他们的服务质量，与他们讨论如何实施干预计划。

3. 计划的修订。如果问题分析过程深入准确，理应能提供一个成功的干预计划，但事实上，由于计划实施中会遇到一些意想不到的问题，如系统的不支持、环境方面的困难等，因此，治疗计划需要不断修订。有些问题在问题分析与识别阶段尚未出现，只有在治疗阶段才出现。

在干预实施阶段，还可能会遇到咨询对象的阻抗过程，这种阻抗有多种表现形式，如抱怨治疗费力、效果不明显，或被动依赖咨询者解决问题。干预是一个艰苦的、细致的工作过程，遇到困难或束手无策时，阻抗就容易发生。尤其是咨询对象大都有自己的本职工作，不可能腾出很多的时间用于咨询。咨询者应尽量为他们提供方便，如为之准备好方便的收集资料的工具，为之合理安排和组织干预的材料等。

五、阶段五：计划评估

这一阶段又叫做计划评估访谈，以确证干预的效果和目标是否已经实现。评估主要包括对当事人的评估和对咨询对象的评估。在问题识别阶段，就已经收集了当事人的行为资料，或对之进行了测验，现在要使用各种方法将治疗前的资料与治疗后的资料进行对比，或者采用社会比较的方法，将当事人与班级其他同学进行比较，或由熟悉当事人的成年人报告当事人的变化。

除了使用准确、正式的测量之外，非正式的谈话也可使用。埃波斯等人称这一收集资料的方法叫做“非正式的概化调查”（informal generalization probes）。当咨询对象在运动场或走廊中接触其他教师时，可以了解当事人在不同情境中的行为表现，记录这一资料的一种技术是使用栅格，它可罗列当事人有关行为和几种刺激情境。

咨询对象的评估也很重要，在咨询行将结束时，让咨询对象评价一下咨询过程的重点和难点，应吸取哪些经验教训，以及利用何种条件等都是十分重要的，有助于澄清某些起重要作用的概念或技术。

六、阶段六：咨询结论

在间接咨询的最后阶段，咨询者要总结咨询关系，宣布咨询关系的结束，这时十分常见的问题是咨询对象的依赖和不愿结束咨询关系，这种依赖不利于他们日后的教育工作。咨询者应鼓励咨询对象的独立性，与其共同制定长远的工作计划。虽然在开始阶段，咨询者强调咨询对象的主动参与并提出可在任何时候结束咨询，但仍有人不愿结束咨询过程，他们总是对咨询的结束有所疑虑，担心以后的事情。为此，咨询者可进行适当安慰，留下通信地址、电话号码等，并可与之讨论今后如何进一步收集资料，对今后的咨询服务进行及时联系等。

第三节　教师经常面对的咨询问题

间接咨询主要是为教师和家长服务，其中为教师服务是最主要的内容，教师在其职业活动中难免遇到许多困难，并出现一些弱点，这些不足会影响他们有效的教学和育人，故前来寻求职业帮助，于是出现了一种以教师为中心的个案咨询模式。以教师为中心的咨询就是始终要把教师的问题当做首要解决的问题，当事人（学生）的改进只是这一咨询过程的副产品。教师在本职工作中经常遇到一些困难，因此，他们需要咨询的帮助。教师经常遇到的困难有四类。

一、缺少心理学的知识

教师处理不好某一学生的问题可能是由于缺少有关学生行为的心理学知识，对学生的心理特点不够了解，因此，咨询者的目标是弥补这些知识。例如，教师对于学生注意力集中的问题不够了解，所以认为学生们都不听讲，但当他了解了一年级学生注意力集中的心理特征后，就不会这样看待学生了。

二、缺少有关的技能

有时，教师对于影响教学过程的因素十分了解，然而，尽管他们了解有关问题的经验材料和有关理论，但仍然缺少将知识和理论有效地变成教学活动的技能。此时，咨询的主要目标是通过推荐有关读物或提供指导，帮助教师掌握特殊技能。但仅此远远不够，咨询者还应向教师做出示范练习，通过观察、反馈、强化等手段，训练教师的行为。如有的教师虽然对于批评的作用有所了解，但不知道如何批评学生，批评学生时，他一味地大声喊，不知道目光和低声说话的威力，咨询的任务就是要教会他掌握这一技能。

有时为了强化合作与平等关系，咨询者仅提供各种备选的技能和行为，由教师最后决定采用哪种。

三、缺少自信心

教师在工作中会遇到许多烦恼和压力，在压力之下，难免产生对自己的能力和信心的怀疑。咨询的目标是给他们以精神上的支持，使其恢复自信。在这种情况下，咨询者要不带有任何偏见或评价性地倾听教师的困难，鼓励他们、关心他们，帮助他们如实地评价自己的不足，尤其要理解他们的感受，分担他们的压力。

四、缺少客观性

教师前来求助于咨询还可能是由于对当事人问题缺少客观性的认识。有时教师在心理距离上不是离当事人太远，就是太近，所以难以准确地认识当事人的问题，不能采取有效的措施。或者，教师带有个人的主观偏见，妨碍了他公正如实地判断问题，使其不能有效地行使自己的职责。

以教师为中心的咨询过程在许多方面与一般的咨询模式雷同，它只是咨询过程的一个特殊例子，对其过程不再介绍。

第四节　学校间接咨询的局限及其未来趋势

学校间接咨询固然有经济、高效的优点，但在推行过程中也受到了一些批评。首先，学校间接咨询把干预的责任主要交给了教师和家长，这就要求他们有强烈的动机和技能，而大多数教师忙于自己的业务，腾不出时间接受咨询任务。另外，他们也缺少心理学的有关技能。这就使学校心理学家必须选择一些具备技能和动机的教师接受咨询，因而限制了咨询的效力。实际上，可能是一些需要咨询的教师没得到过这样的训练。

其次，进入咨询系统通常会遇到教师的抵抗，尤其是在咨询初期，由于双方的不了解，教师会对咨询抱有一种抵制的态度，使咨询难以顺利地深入下去。咨询者也要有一个了解咨询对象的工作环境和面对问题的过程。

最后，在发达国家的学校，间接咨询还面临着收入的问题。给教师咨询没什么收入来源，不如给孩子测查、诊断和直接干预赚钱。所以，心理学家积极性不高。

尽管如此，学校间接心理咨询仍然在学校中发挥着越来越重要的作用，并得到越来越多的重视，成为学校心理学的新的运作模式。

目前，学校间接心理咨询正日益朝标准化方向发展，人们认识到咨询是一个运用多门学科的知识和技术来指导教师解决职业问题的过程。但综合之中也需要标准化，间接咨询的步骤、访谈程序、咨询需要接受什么样的训练等都是正在探讨之中的问题。

【建议参考资料】

1. ERCHUL W P. School consultation: conceptual and empirical bases of practice [M]. New York: Plenum Press, 1997.

2. CHRISTENSON S. Handbook of school-family partnerships [M]. New York, London: Routledge, 2010.

【问题与思考】

1. 间接咨询与直接咨询的不同和相同之处是什么？
2. 与直接咨询相比间接咨询有什么优点？
3. 间接咨询的内容是什么？
4. 间接咨询经常发生的错误是什么？
5. 举例说明间接咨询开始阶段遇到的阻抗。
6. 家长和老师对咨询介入水平是一样的吗？如果不一样，可分为几个水平？
7. 如何判断咨询对象的问题是技能的还是动机的？
8. 教师经常需要的咨询问题是什么？

第十章　学校中的生涯辅导

【本章提要】

生涯辅导是学校心理学家主要工作之一，实现学生的职业发展目标。本章主要介绍生涯及生涯辅导的概念、目标和价值。介绍了几种在生涯辅导中常用的生涯理论，对理解生涯发展、指导生涯辅导具有重要意义。接着就中小学如何开展生涯辅导进行了论述和说明。

【学习重点】

1. 掌握生涯概念，理解生涯辅导的目标。
2. 掌握生涯理论，能区分不同理论的侧重点和适用范围。
3. 能区分中小学不同阶段生涯辅导的重点和特殊性。
4. 掌握生涯辅导的主要内容。
5. 掌握生涯决策的 CASVE 循环。

【重要术语】

生涯　生涯辅导　职业辅导　匹配理论　发展理论　决策理论　特质因素理论　人职匹配　霍兰德职业兴趣　生涯彩虹　生涯教育运动　职业兴趣　职业能力　职业价值观　职业研究表　生涯决策 CASVE 循环

第一节　生涯及生涯辅导

各国学者对生涯的理解不同，所下的定义也不同。在众多的生涯概念中，目前被大多数学者接受的是舒伯在 1976 年下的定义：生涯是生活中各种事件的演进方向和历程，它统和了人一生中的各种职业和生活角色，由此表现出个人独特的自我发展形态。生涯也是人自青春期以至退休后，一连串有酬或无酬职位的综合。

生涯辅导发源于 20 世纪初美国的早期职业辅导运动。传统的职业辅导一般在学生离校后进行，协助个人进行职业选择、做好就业准备、工作安置和就业后的适应，它关注的是就业问题，侧重于问题的解决，而生涯辅导是贯穿人一生的发展过程，从幼儿园直至退休后的生活都需要生涯辅导，关注的是一条线。在不同时期有不同的侧重点，协助个体解决其生涯发展中的困难并作出适当的生涯决策。总的来说是要协助个人建立并发展一个整合而适当的自我概念，将此概念转化为实际的生涯选择与生活方式，达到个人生涯发展的目标，同时满足社会的需要。

在中小学阶段的生涯辅导，是帮助学生完善个性和社会性的发展，发展自我概念，了解工作世界，作出适当的生涯决策和生涯发展计划。

第二节　生涯辅导相关的理论

生涯辅导理论总的来说可以归纳为三大类：匹配理论、发展理论和决策理论。匹配理论强调人职匹配，其源头可以追溯到帕森斯的早期职业辅导运动，我们重点介绍帕森斯和威廉姆逊的特质因素理论及霍兰德的类型说。发展理论强调生涯的发展过程和发展阶段，其中最具代表性的是舒伯的生涯发展理论。决策理论注重于生涯决策历程的讨论，以克朗伯兹的生涯决定的社会学习理论为代表。这三大理论取向各有侧重，为我们勾画出了生涯辅导理论的全貌。

一、特质因素理论

特质因素理论是生涯辅导理论中最古老的理论取向，其代表人物为帕森斯、威廉森。该理论的核心假设是人职匹配，个体的能力兴趣与职业可以一一匹配，匹配一旦完成，个人的职业选择问题也就迎刃而解。生涯辅导的目标是协助个体了解自我、职业，作出人职匹配的决策。

帕森斯最早提出了人职匹配的概念，这一核心原则成为众多职业发展理论的基础。其理论前提是：每个人都有一系列独特的特性，并且可用心理测验等客观的方法测量出来；这种独特特质又与特定的职业相关联；为了取得成功，不同职业需要配备具有不同个性、能力特征的人员；个性、能力特征与工作要求之间配合得越紧密，职业成功的可能性也就越大。其职业辅导的三大原则即是：1. 了解自己，包括个人的能力、能力倾向、兴趣、资源限制；2. 了解职业相关的信息，如不同行业工作的要求、成功要素、优缺点、酬劳、发展前景、机会等；3. 在个人和职业上进行匹配。

"三步范式"法被认为是职业选择和职业设计的至理名言，并得到不断的发展和完善，形成职业选择和职业指导过程的广泛运用的三个步骤。第一步，进行人员分析，评价个体的生理和心理特征；第二步，分析职业对人的要求，并向求职者提供有关的职业信息；第三步，人职匹配，个人在了解自己的特点和职业要求的基础上，借助职业指导者的帮助，选择一项既适合自己特点又有可能获得的职业。

由于对自己和职业缺乏了解，人们在职业选择的过程中存在很多问题，威廉姆逊将这些问题概括为四种：1. 没有选择：求职者处在一种浑浑噩噩的状态中，不知道也无法表达自己要选择的职业；2. 不确定的选择：求职者虽然能说出自己希望选择的职业名称，但不知是否适合自己；3. 不明智的选择：求职者所选择的职业与自身的能力、人格特征等不相符合；4. 兴趣与能力相矛盾：对某项工作兴趣高但能力低，能力适合某项工作但兴趣低于能力，兴趣与能力不在同一个工作领域。他强调在职业指导的过程中，对于职业选择有困难的人，必须进行仔细的诊断，通过各种各样的途径，包括进行心理测验，收集有关求职者的个人资料，如个人兴趣、职业能力、职业态度、家庭背景、教育程度、工作经验等，然后综合整理这些资料，分析求职者的个人特点，将个人的情况与职业要求相对照，分析其匹配程度，协助求职者作出职业选择。

特质因素理论之所以受到广泛的重视、产生深远的影响，成为后来许多理论的基础，就在于这种理论为人们的职业选择提供了最基本的指导原则——人职匹配原则。这一原则清晰明了、简便易行，加上当时各种心理测量工具和美国出版的大量职业信息书刊也为之提供了良好的支持，因此它具有很强的可操作性。当然，特质因素理论模式也有其自身局限性，只强调个人特质要和工作要求相匹配，忽视了个人和职业都是变化着的这一基本事实。

二、类型理论

霍兰德在20世纪60年代提出了类型理论，认为生涯选择是人格的延伸，个体试图在个人的生活工作中贯彻其主要的行为风格。因此生涯决策和生涯辅导的主要目标是明晰个人的人格类型，探索与该人格风格一致的工作类型。

（一）四个基本假设

1. 在我们的文化中，大多数人都可以被区分为六种类型：现实型（realistic type，R）、研究型（investigative type，I）、艺术型（artistic type，A）、社会型（social type，S）、企业型（enterprising type，E）、传统型（conventional type，C）。

这六种类型按照一个固定的顺序可以排成一个六角形（RIASEC），称为霍兰德六角模型（见图10-1）。

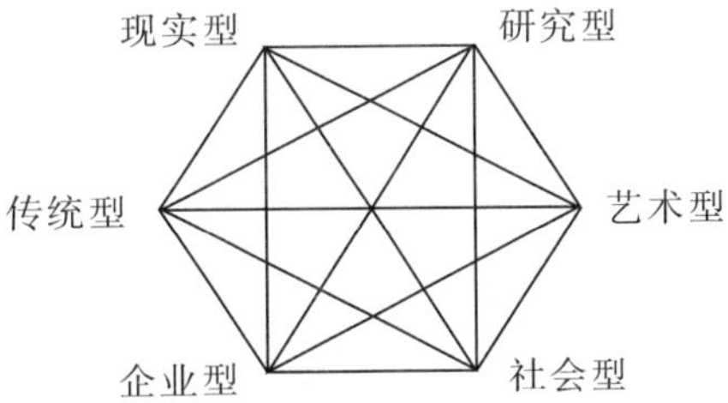

图10-1 霍兰德六角模型

2. 相应的，在我们的社会环境中，也有六种职业类型：现实型、研究型、艺术型、社会型、企业型和传统型。它们按照一个固定的顺序同样可以排成一个六角形，这个六角形被称为霍兰德六角模型。

3. 人们会寻求可以发挥自己技能与能力、展示自己的态度与价值、能愉快胜任其中的问题与角色环境。

4. 人的行为是其人格与环境交互作用的结果。

（二）辅助性的假设

1. 一致性 类型之间在心理维度上存在一致的程度。比如，社会型和企业型都表现为喜欢与人打交道，有较强的人际影响力和感染力。而传统型和艺术型的一致性程度就较低，前者顺从、保守、实际，而后者特立独行、勇于创新。

从霍兰德六角形模式上，我们可以很容易区分类型之间的一致性程度，其在六角模型上的距离越近，其一致性越高。如 CE、CR、RI 就处在临近位置，一致性高；CS、CI、IS 处在相隔位置，一致性中等；而 CA、EI 处在对角位置，一致性低。

2. 区分性　某些人或某些职业环境的界定交往清晰，较为接近某一类型，而与其他类型相似甚少，这种情况表示区分性良好，反之则表示区分性很低。

3. 适配性　人们需要与自己的人格类型相匹配的生活或工作环境。

意识到这六种类型的概念太过宽泛，没有把握到职业和个人的负责性，霍兰德考虑采用六种类型代码的序列组合来进行人格和职业的分类。在经历了反复的研究之后，1970 年，霍兰德提出了自我探索量表（self-directed search，SDS），1982 年出版了霍兰德职业词典。使用评价过程中产生的三个高分代码来表征人格类型和工作环境中程度最高的三个心理环境要素。霍兰德编码就是衍生的高分代码，其先后顺序可以由自我探索量表等测量工具测得，也就是依测验分数高低排列侧面图，前三项最高分数就代表个人的人格组型。以 IRA 为例，它是研究型人格，并且具有实际型倾向，又带点艺术型的特征。霍兰德按照相同的编码系统对 456 个职业进行分类，生产了霍兰德职业词典，如按 RIA 编码来说，就有“建筑制图”与“牙技师”两类行业。按照霍兰德的类型论，经由测验获知自己的人格组型属于 RIA 的人，应该开始探索这两类行业。

霍兰德的类型理论扩展了特质因素说，强调人格与职业的协调适应，并且霍兰德给出了明确的类型划分，同时编制了相应的测量问卷和职业代码，为生涯辅导工作提供了简单有效的工具。

三、生涯发展理论

舒伯以差异心理学与现象学的观点来解释职业选择的过程，并将发展心理学与自我概念相联系，建构了一套完整的生涯发展理论。关注生涯的发展过程，提出了不同发展阶段的任务，生涯辅导的主要目标是协助个体完成相应发展阶段的任务。

（一）十二项主张

1. 职业是一个连续不断的、循序渐进且不可逆转的过程。
2. 职业发展是一种有秩序、有固定形态且可以预测的过程。
3. 职业发展是一种动态过程。
4. 自我概念在青春期以前就开始发展，至青春期逐渐明朗，并于成年期转化为职业概念。
5. 自青少年期至成人期，随着时间及年龄的渐长，现实因素如人格特质及社会因素，对个人职业的选择变得更加重要。
6. 父母间的互动模式，和他们对于职业的态度，会影响到下一代的职业角色选择。

7. 职业升迁的方向和速度与个人的聪明才智、父母的社会地位、本人的地位需求、价值观、兴趣、人际技巧以及经济社会中的供需情况有关。

8. 个人的兴趣、价值观、需求、对父母的认同、社会资源的利用、个人的学历及其所处的社会职业结构、趋势、态度等均会影响个人职业的选择。

9. 虽然每种职业均有特定要求的能力、兴趣、人格特质，但这些要求却颇具弹性，因此允许不同类型的人从事相同的职业，或一个人从事多种不同类型的工作。

10. 工作满意度与个人能力、兴趣、价值观及人格特质能否在工作中适当发挥相关。

11. 工作满意度与个人在工作中实现自我概念的程度相关。

12. 对大部分人而言，工作及职业是个人人格统整的重心。虽然对少数人而言，这种机会是不重要的，甚至是不存在的，因为社会活动及家庭才是他们人格统整的中心。

（二）生涯发展阶段

舒伯认为可以根据年龄划分职业发展阶段，每一阶段都有其发展任务，前一阶段发展任务的达成与否关系到后一阶段的发展。将生涯发展阶段划分为成长（growth）、试探（exploration）、建立（establishment）、维持（maintenance）与衰退（decline）五个阶段，每个阶段各有次阶段。

1. 成长阶段（出生—14 岁）

主要任务：发展出自我概念、对工作世界的正确态度，了解工作的意义。

三个次阶段：

幻想期（fancy，4—10 岁）：需求为主要考虑因素，幻想中的角色扮演很重要；

兴趣期（interest，11—12 岁）：喜好为主要考虑因素，其是个体抱负与所从事活动的主要原因；

能力期（capacity，13—14 岁）：能力占的比重逐渐增大。

2. 探索阶段（15—24 岁）

该阶段的青少年，通过学校的活动、社团休闲活动、打零工等机会，对自我能力及角色、职业作了一番探索，因此选择职业时有较大弹性。

主要任务：自我概念与职业概念的形成、自我检视、角色尝试、学校中的职业探索、休闲活动与兼职工作。

三个次阶段：

试探期（tentative，15—17 岁）：考虑需要、兴趣、能力、价值与机会，并通过幻想、讨论、课业及工作中加以尝试，作试探性的选择。

过渡期（transition，18—21 岁）：进入就业市场或专业训练，更重视现实，并力图实现自我观念，将一般性的选择转为特定的选择；

试验并稍作承诺期（initial trial，22—24 岁）：生涯初步确定并试验其成为长期职业生活的可能性，若不适合则可能再经历上述各时期以确定方向。

3. 建立阶段（25—44 岁）

两个次阶段：

试验—承诺稳定期（25—30 岁），个体寻求安定，也可能因生活或工作上若干变动而尚未感到满意。

建立期（31—44 岁），个体致力于工作上的稳固，大部分人处于最具创意时期，由于资深往往业绩优良。

4. 维持阶段（45—65 岁）

主要任务：守住工作，迎接新人的挑战，并为退休制定计划。

5. 衰退阶段（65 岁—死亡）

主要任务：因为生理及心理机能日渐衰退，工作活动也将改变，必须发展新的角色，寻求不同方式以替代和满足需求。

两个次阶段：

减速期（deceleration，60—70 岁）：工作速度变慢，工作责任、工作性质也发生改变，以适应逐渐衰退的生理和心理机能。许多人会找一份替代全职的兼职工作。

退休（retirement，71 岁—死亡）：完全停止工作，个体具有适应差异。

（三）一生生涯的彩虹图

1976 到 1979 年间，舒伯在原有的发展阶段理论外，又加入了角色理论，提出了一个广度和深度都更佳的生活广度、生活空间的生涯发展观（life-span，life-space career development），并以“生涯彩虹图”（life-career rainbow）来表示这一理论（见图 10-2）。

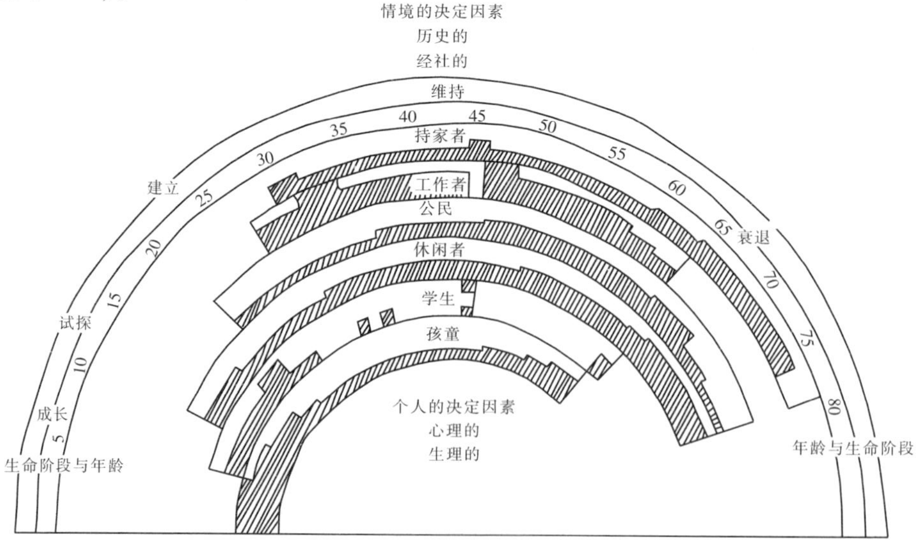

图 10-2　生涯彩虹图

1. 横贯一生的彩虹——生活广度

在一生生涯的彩虹图中，横向层面代表的是横跨一生的生活广度。彩虹的外层显示人生主要的发展阶段和大致估算的年龄：成长期（约相当于儿童期），探索期（约相当于青春期），建立期（约相当于成人前期），维持期（约相当于中年期）以及衰退期（约相当于老年期）。在这五个主要的人生发展阶段内，各个阶段还有小的阶段，舒伯特别强调各个时期年龄划分有相当大的弹性。应依据个体不同的情况而定。

2. 纵贯上下的彩虹——生活空间

在一生生涯的彩虹图中，纵向层面代表的是纵贯上下的生活空间，是由一组职位和角色所组成。舒伯认为人在一生当中必须扮演九种主要的角色，依序是：儿童、学生、休闲者、公民、工作者、夫妻、家长、父母和退休者。

舒伯的生涯发展理论在时间和空间两大维度丰富完善了生涯概念，生涯阶段强调每一阶段的生涯任务，有助于评估生涯发展的状况，对存在的生涯发展缺失进行补救，生涯彩虹图的提出，有助于辅导者以全面的眼光看待生涯辅导，适应个体整个生活方式和生活角色。

四、生涯决定的社会学习理论

20 世纪 60—70 年代，克朗伯兹（Krumboltz）和同事们一起对高中学生作了一连串的研究，于 1979 年出版《社会学习理论和生涯决定》一书，综合了心理与社会对个人职业生涯规划的影响。他们将行为学派班杜拉创立的社会学习原理运用于职业生涯规划指导中，来探讨职业生涯决策中，社会、遗传与个人因素对职业决策的影响。

（一）影响生涯决策的因素

克朗伯兹认为，职业发展过程错综复杂，受许多因素交互作用的影响，其中最主要有四种因素影响个人职业生涯决策。

遗传素质和特殊能力：个人得自于遗传的一些特质，在某些程度内限制了个人对职业或学校教育选择的自由。这些因素包括：种族、性别、外在的仪表和特征等。某些个人的特殊能力也会影响其在环境中的学习经验，伴随这些学习经验而来的兴趣与技能，对个人未来的职业选择将具有相当密切的关系。个人的特殊能力包括：智力、音乐能力、美术能力、动作协调能力等。

环境条件与特殊事件：即个人所接受的教育与训练、家庭背景、社会政策、社会变迁等非个人所能控制的因素，以及个人职业选择的具体领域等。家庭背景则包括父母所从事的职业及社会经济地位、父母的教育水准，以及家庭结构、父母期望等因素。

学习经验：克朗伯兹认为，每个人有独特的学习经验，这在决定其职业生涯的路径时扮演重要的角色作用；凡是成功的生涯规划、生涯发展和职业或教育的表现所需的技能，均能够通过学习经验而获得。

（二）各种影响因素之间交互作用的结果

个人在上述四种因素及其交互作用的影响下，通过经验的累积与提炼，产生如下结果。

自我认识的形成，这是指对自己各种表现的评估与推论，包括：成就、兴趣、爱好、职业价值观等。评估的参照对象，也可能依据其他人的表现。他们均是学习的结果，亦为职业选择的关键。

世界观的形成，同样基于自己的学习经验，个人也会对环境及未来的事物作出评估与推论，特别是在职业的前途与展望方面。

工作定向技能，包括适应环境的认知、操作能力与情感反应，以及自我评估与对未来事件的预测能力，其中与职业选择有重要关系的则包括价值观念的澄清、目标的决策、寻找不同的解决途径、收集资料、预测、计划等。

行动，个人综合以前所有的学习经验、自我与环境的推论，以及具备的各种能力，并将这些引入到未来事业发展的途径。

生涯决策的社会学习理论认为个人面对生涯决策的犹豫和失误，主要是由于个人缺乏有关生涯的学习经验，或者是由于个体尚未学到系统而有步骤的生涯决策方法，而这些经验的不足是可以通过学习来获得的。强调生涯辅导要扩展个体新的学习经验，鼓励其参与多种多样和生涯有关的探索活动。

第三节　学校生涯教育与生涯辅导

西方国家在 20 世纪 70 年代兴起了生涯教育运动，马兰博士（Marland）1971 年正式提出生涯教育的概念，认为生涯教育是全民而非部分人的教育，是开始于义务教育阶段，并延伸至高等及继续教育的整个过程，协助个体在心理、职业和社会上的平衡与成熟发展，促使个体成为能自我认知、自我实现及自觉有用的公民。

学校心理学是面向全体学生同时注重个别化差异，相应的作为学校心理学主要内容之一的学校生涯辅导，必然是全面与个别的结合。既要注重全体学生的生涯发展，同时提供个别化的服务方式。全体学生的生涯规划主要以教育模式进行，开展相应的课程、社会实践；个别化的服务以协商与咨询的方式进行。

一、生涯辅导的阶段性

从生涯发展理论中我们可以知道，不同年龄阶段的个体具有不同的生涯发展任务，在开展生涯教育时，要根据学生的心理发展阶段教育需求和兴趣界定生涯辅导的目标，同时要考虑到学生的认知特点和情绪成熟度。

小学生在认知上还处于具体运算阶段，尚未发展到抽象思考阶段，在进行生涯辅导时要注重具体的经验和活动体验。小学教育是各级教育的基础教育，目的在于陶冶儿童身心，使学生成为身心健康的儿童，生涯辅导的重点是让学生扩展生活经验，提升他们的生涯认知，使其生涯意识有初步觉醒。具体而言：这一年龄阶段的主要任务是对自我、职业角色、工作中的社会角色、社会行为及自身应负的责任等方面有初步的认识。

初中生正处在青春躁动的时期，生理上渐趋成熟，自我意识高度膨胀，但知识和经验又不足，心理活动往往处于矛盾之中。同时在认知上虽已开始步入抽象思维，但尚不成熟，生涯辅导教育仍然要以具体经验和活动为主，要根据他们的身心特点有的放矢地开展辅导和教育活动。初中阶段的生涯发展任务主要是探索和计划，随着认知发展的成熟和经验的增加，初中生有能力将幻想的事物落实到实际生活环境中，在环境的实践中，不断清晰自己的兴趣、能力、价值取向。生涯辅导的重点是生涯探索及生涯计划，了解自我、工作世界，并初步学习生涯规划和生涯决策的技巧。初三面临分流的学生，要实施升学与择业（或选择专业）的辅导。

高中生的认知能力进一步发展，抽象思维能力逐渐成熟，对自我会形成更加清晰的认识。同时高中阶段处于要作许多决定的阶段，高三将面临第一次与工作密切相关的决策（专业选择或职业选择），相较之前的小学和初中，需要更加明确特定的生涯目标、计划。因此生涯辅导的重点虽然仍是探索和计划，但更加深入、清晰和明确，具体而言需要进一步掌握进入某一个行业所需的知识、相关的职业道德；进一步了解社会的需求和个体自身的需求，澄清自身能力倾向、对职业的兴趣和价值倾向；拟定接受高中后教育或其他的教育及训练计划。

二、生涯辅导的内容

生涯辅导最核心的指导原则是人职匹配，同时要强调生涯的发展观。生涯的发展观意味着生涯决策并不是一次性的决定，而是从幼儿期开始的包含一系列决定的成长过程。在生涯决策的过程中包含着发展，而发展又进一步提供了决策的信息能力。

（一）了解自我

对自我的了解，包括能力、兴趣和价值观。

1. 了解职业能力

职业能力是人们从事某种职业的多种能力的综合，是决定职业胜任和职业成功的基本条件。

职业能力可以分为一般职业能力和特殊职业能力。一般职业能力主要是指一般的学习能力、文字和语言运用能力、数学运用能力、空间判断能力、形体知觉能力、颜色分辨能力、手的灵巧度、手眼协调能力等。此外，任何职业岗位的工作都需要与人打交道，因此，人际交往能力、团队协作能力、对环境的适应能力，以及遇到挫折时良好的心理承受能力都是我们在职业活动中不可缺少的能力。而特殊职业能力是指特定的职业所需要的能力。

不同的职业对人的能力需求是不相同的，比如编辑、教师、作家、社会工作者需要有较强的文字和语言运用能力，而财务、自然科学工作者、统计师、工程师等需要较强的数学运用能力。当然所有职业往往需要的是几种能力的综合。协助学生了解自己的职业能力，尤其是职业能力倾向，可以帮助学生在作出职业决策时扬长避短，获得职业成功。用于评估个体一般能力的测验有很多，如《芝加哥基本心理能力测验》、《鉴别能力测验》、《一般能力倾向成套测验》、《加利福尼亚心理能力测验》等。

但是需要明白的一点是，学生的职业能力并不是一成不变的，职业能力是可以培养的，其高低取决于个体先天的素质基础和后天的兴趣以及努力程度，在评估学生的职业能力时，切忌生搬硬套测验结果和下武断的结论，要给予学生足够的可能性。

2. 了解职业兴趣

兴趣是指建立在需要基础上，带有积极情绪色彩的认知和活动倾向，是个人对其环境中的人、事、物所产生的喜爱程度，是个人力求认识、掌握某事物，并经常参与该种活动的心理倾向。当个人对某事物有兴趣时，会对它产生特别的注意力，对该事物感知敏锐、记忆牢固、思维活跃、情感浓厚、意志坚强。兴趣是人们活动的重要动力之一，是活动成功的重要条件。

职业兴趣是指人们对某种职业活动具有比较稳定而持久的心理倾向。它是一个人探究某种职业或从事某种职业活动所表现出来的特殊个性倾向，它使个人对某种职业给予优先的注意，并具有向往的情感。一个人如果对某种职业感兴趣，他在学习和工作中就能全神贯注、积极热情、富有创造性地努力完成其所从事的工作。

相应于个体的兴趣差异，职业也具有不同的职业特征，能满足不同的职业兴趣需要。在对职业兴趣进行探索时，可以结合霍兰德的类型说和其编制的职业兴趣量表。

需要注意的是，中小学是学生兴趣发展的阶段，与其说是帮助学生明确自己的职业兴趣，更关键的是提供多方面的经验，在实践中让学生了解和发展自己的职业兴趣。

3. 了解自己的价值观

价值观是指一个人对周围的客观事物（包括人、事、物）的意义、重要性的总评价和总看法。职业价值观指人生目标和人生态度在职业选择方面的具体表现，也就是一个人对职业的认识和态度以及他对职业目标的追求和向往。每种职业都有各自的特性，能满足个体不同的价值需求。职业价值观决定了人们的职业期望，影响着人们对职业方向和职业目标的选择，决定着人们就业后的工作态度和劳动绩效水平，从而决定了人们的职业发展情况。哪个职业好？哪个岗位适合自己？从事某一项具体工作的目的是什么？这些问题都是职业价值观的具体表现。

美国心理学家洛特克在其所著《人类价值观的本质》一书中，提出 13 种价值观：成就感、审美追求、挑战、健康、收入与财富、独立性、爱、家庭与人际关系、道德感、欢乐、权利、安全感、自我成长和社会交往。我国学者阚雅玲将职业价值观分为如下 12 类：收入与财富、兴趣特长、权力地位、自由独立、自我成长、自我实现、人际关系、身心健康、环境舒适、工作稳定、社会需要、追求新意。

价值观和职业价值观决定了哪些因素对你是重要的，哪些是不重要的；哪些是你优先考虑和选择的，哪些不是。了解职业价值观对于职业决策具有重要意义。

（二）了解工作

正如我们在了解自我部分所言，不同的工作如同个体一样各有特色，相应地我们需要了解工作，收集职业信息。

对职业世界的了解主要包括以下三方面的内容：

1. 对社会职业状况的了解。包括产业结构、行业结构与分类、职业分类和结构、社会职业的发展趋势、职业流动的特点与规律等。

2. 不同职业的性质、特点、任务、工作环境、资格要求等方面的内容。

3. 职业教育培训的信息，如何获得某种特殊职业要求的职业资格、需要接受哪些教育与培训，如何对教育与培训结构进行评价和选择等。

在中小学阶段的辅导中，可以安排各种活动，协助学生了解职业世界。比如开设职业辅导课程，介绍职业分类系统和职业类型；开展团体座谈会，邀请校外人士来校与学生座谈，回答学生与职业相关的问题；通过媒体资料获得职业信息；组织学生参观工作场所；进行职业的社会调查等等。

对职业进行分析时，可以采用一种叫“职业研究表”的技术。它可以帮助学生进一步从多方面、多角度和职业的多种特点上去分析职业。

“职业研究表”可以包括职业的很多方面，越详细越好，大致可以从以下几方面来研究职业：

1. 职业名称。

2. 职业类型。

3. 该职业所从事的活动。

4. 从事这种职业所需要的最低教育程度（初中、高中、大专、本科、研究生等）。

5. 是否要求其他证书。

6. 该职业可能的月薪。
7. 该职业对身体、能力、兴趣以及个性的要求。
8. 从事该职业突出的好处。
9. 从事该职业最明显的不利因素。
10. 该职业的就业趋势展望。
11. 与中学有关的课程。
12. 有关的休闲活动。

三、生涯决策

在了解了自我和职业之后，就需要根据这两方面的信息，作出职业发展规划方面的决策。

决策方面的辅导，主要是让学生掌握一定的决策技能。

认知信息加工理论将决定看做是生涯发展的关键一环。该理论提出生涯决策CASVE循环（见图10-3），用来表述个体如何作出决策，也就是生涯决定是下面五个要素之间的往返循环过程：

交流（communication），问题解决开始时需要的信号。问题可能来自外部的需求，如面临高中文理分科、专业选择等；也可能是内部状态，如焦虑、疲惫等紧张高压状态。

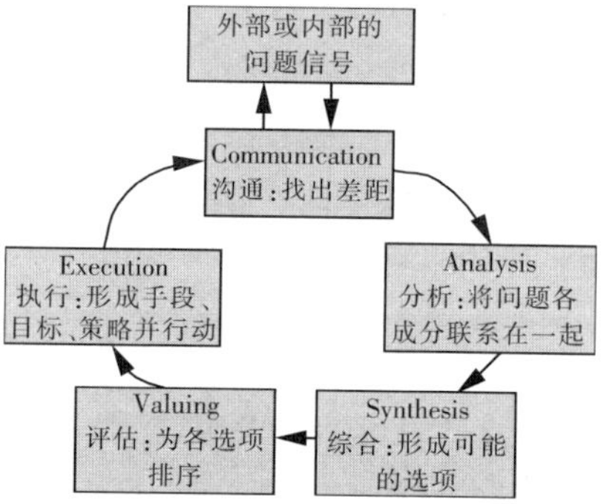

图10-3 CASVE循环

分析（analysis），即澄清或获得关于自我、职业、决策及元认知的知识，包括获得我们需要的信息的各个步骤。

综合（synthesis），即精心搜索和综合选择。精心搜索指查看各种可能性以发现尽可能多的解决问题的方法。综合或具体化阶段的工作是向那些和自己的知识一致的解决方法靠拢。

评价（valuing），即找出最优选择并作出临时选择，指在研究了什么选择最适合自己、环境以及那些与自己的生活关系最密切的人们之后，选择可能性最大的情况。

执行（execution），即设计一项计划来实施某一临时选择，包括培训准备（如正规教育或培训经历）、实践检验（如课外兴趣小组、兼职、志愿工作等）与求职。

依据是否需要作出决策以及是否容易获得信息资源等，个体决定是否重新重复这五个要素。

教育的最终目的是有助于个体选择适合自己的职业，发挥潜能，获得幸福感。在学校的咨询过程中，生涯辅导和咨询是一项重要内容。目前，这项工作在我国的大学中受到重视，但在中小学还处于起步阶段，需要社会给予重视。

【建议参考资料】

1. 奥西普．生涯发展理论［M］．顾雪英，姜飞月，译．上海：上海教育出版社，2010.
2. 里尔登．职业生涯发展与规划［M］．侯志瑾，译．北京：高等教育出版社，2005.
3. 沈之菲．生涯心理辅导［M］．上海：上海教育出版社，2000.
4. 郭兆年．高中生生涯发展指导［M］．上海：华东师范大学出版社，2010.

【问题与思考】

1. 生涯的含义是什么？
2. 与生涯辅导相关的理论有哪些？如何在生涯辅导中运用这些理论？
3. 学校生涯辅导需要注意的问题有哪些？
4. 如何在中小学开展生涯辅导？
5. 生涯辅导的内容有哪些？

第十一章　学习障碍及其矫正

【本章提要】

本章首先介绍了学习障碍的概念，区别了学习落后、智力落后和情绪障碍等。讨论了学习障碍与学习能力的关系，并对学习障碍的类别进行了介绍。接着介绍了中小学中出现频率最高的阅读障碍和数学障碍，对其定义、诊断标准、诊断方法、亚类型、矫正方法和策略等进行了详细的说明。最后详细介绍了如何针对学习障碍儿童制定个别化教育方案。

【学习重点】

1. 掌握学习障碍的概念，尤其是其与一般学习落后、不良学习习惯、缺乏学习兴趣的关系。

2. 了解学习障碍与智力概念的关系，智力与学习能力的不同以及学习能力的构成。

3. 深入了解阅读障碍的定义、诊断标准和行为表现，深入了解阅读障碍的两个亚类型、其不同的心理机制及矫正两类阅读障碍的方法。

4. 掌握数学障碍的定义，了解数学障碍的心理机制与大脑发展不平衡、数学障碍的不同亚类型及其学习表现，掌握矫正数学障碍的基本方法。

5. 了解个别化教育方案提出的背景、个别化教育方案的制定过程和内容、学校中资源教室的布置、个别化教育方案与正常教育的关系、个别化教育方案对教师的要求。

【重要术语】

学习障碍　学习落后　学习能力　知觉—动作统合能力　阅读能力　特殊的学习能力　阅读障碍　解码　阅读理解　多感觉通道　形义联想　结构意识　数学障碍　视觉空间型　记忆策略　表征技术　元认知　个别化教育方案 IEP

学习障碍问题是全世界中小学教育面临的一个严峻问题，也是一个目前研究的热点问题。自 20 世纪 60 年代学习障碍概念被提出之后，西方国家对这一问题的研究已走过了半个世纪的历程，我国对这一方面的研究几乎是一片空白。在我国，中小学生的学习障碍问题也十分突出，在心理咨询过程中，我们发现因子女学习问题和学习障碍前来咨询的家长和学生占有很大的比例。据估计，中小学生中具有学习障碍的人大约为5%左右，在我国这样一个青少年人口很庞大的国度，学习障碍的问题就显得更为严峻。

第一节　什么是学习障碍

一、学习障碍的定义

提起学习障碍似乎人人都知道一些，但深入考究，却又难以说清楚。人们一般把那些学习成绩不好的落后学生笼统地称为学习障碍者，这是一个极大的误解。实际上，学习障碍在特殊教育中是一个特定的概念，而成绩落后是一个比较的概念，有人群的地方就有成绩落后。北京大学也有成绩落后者，但这些人不一定是学习障碍者。所谓学习障碍表现为学生在某种特殊的学习能力或多种学习能力方面的缺损，主要指在获得和应用听、说、读、写、算能力及推理等认知加工过程方面出现明显的困难。这些困难严重妨碍了学习效果。学习障碍是个内在的、固有的基本心理过程的缺损，一般被假定与中枢神经功能的失调有某种关系。虽然学习障碍可与智力落后、情绪障碍或不良的家庭影响共同出现，但它不是由这些因素直接造成的。这也就是说，我们不要把因智力落后和家庭环境不良所导致的学习成绩落后当做是学习障碍，对于这些障碍，我们采取其他的处理方法。

理解这一定义，要注意以下几个问题：

第一，从这一规定我们可以看出，学习障碍是一个十分特殊的现象，它与我们平时所说的不用功或没有良好的学习习惯和学习兴趣并不是一回事。由于我们目前对学习障碍缺少足够的了解，所以常常把那些学习不好的学生或上课不注意听讲的学生当做是不爱学习的人，认为他们是淘气的，不守纪律的，不求上进的，没有教养的。从学习障碍的角度来看，这是对他们的误解。我们在咨询中也发现，那些学习不好、被教师当做不求上进的学生，也非常希望自己的学习成绩能进入前几名。当问及他们的最大愿望的时候，他们总是说最希望考试考第一名，他们并不是没有上进心，而是某一特定学习能力方面出了问题，对教师所讲的课听不懂。其实这不是他们的过错，也不是他们的家庭和父母的过错。重要的问题是要发现他们的某一特殊学习能力的缺损。

第二，学习障碍者虽然有些是智力低下者，但智力落后并不是确定学习障碍的标准。许多学习障碍者可能是智力正常甚至是优等的学生，但他们表现为在阅读、计算或听力理解方面的缺陷，因而不能像正常学生那样学习。这些被教师认为是很聪明的学生就是功课学不好，他们的功课差主要归因于学习能力的缺损而非智力的落后。

第三，学习障碍一般不包括那些因家庭原因而导致的学习成绩下降，有时因家庭破裂，或父母出差，孩子变得焦虑不安，无法安心学习，这些条件消失之后，孩子的学习成绩又恢复了正常。这种学习困难并不是由学习能力缺损引起的，所以不能算是学习障碍。

第四，学习障碍不包括因情绪障碍而导致的学习成绩下降，有些儿童在成长过程中会出现人格问题或情绪障碍，如抑郁、精神分裂或恐怖等，这些障碍必然影响学习成绩。对于这种障碍，我们主要采用别的方法矫正，而不是采用学习能力提升的方法。所以这些问题并不是真正的学习能力的损害，而是其他心理活动的受损。

当我们了解了上述的学习障碍概念后，就不会再把学习障碍等同于学习落后了。学习落后是一个很广泛的概念，它主要包括三种情形：一是因智力落后而引起的成绩落后，这些儿童一般要去特殊学校接受专门的教育；另一类是因不良的家庭环境和情绪障碍及人格障碍所引起的成绩差，这类学生要解决的问题是心理健康和家庭环境的改变；第三类学习落后是因为学习障碍造成的，这些学生智力正常，家庭也没有大的危机，主要因为听、说、读、写、算方面的能力问题而导致学习成绩的不良。这部分人是学习障碍的研究对象。例如，一个班级中，有三名各科平均成绩不及格的学生，第一个学生的智商为60，他的智商如此低，学习上自然不能得高分。第二个学生智力正常，但父母正在闹离婚，他整天焦虑不安，无学习的心思，无法专心考试。第三个学生智力无问题，家庭也很好，人际关系也十分融洽，但就是不能很好地完成作业，每次考试都很马虎，经常丢三落四。经测查，第三个学生的视知觉—动作统合能力低于同年龄人的水平，只有他是真正的学习障碍者，他的学习能力的低下是学习成绩上不去的直接原因。这一障碍使他不能有效而快速地掌握学习材料。

由此可见，学习障碍实质是学习能力的缺损与失调，要想了解学习障碍，必须先弄清楚学习能力的实质。

二、学习障碍与学习能力

人的能力有多种，有运动能力，言语能力，还有智力能力，但有一种最重要的能力就是学习课业的能力。有人说，人是会学习的动物，也就是说人与动物的基本区别之一就是人的高超的学习能力，动物只能进行简单的学习活动，而人类能进行复杂的课业学习。

那么什么是人的学习能力呢？我们认为，所谓学习能力指的是个体运用已有的知识和智力，最大限度地领会和掌握学习材料，使掌握知识简单化、快速化的活动方式。这一活动方式应是概括化的，熟练化的，促进学习的效果和进度。学习能力可根据学习材料的不同而形成特有的结构。

（一）学习能力与智力

理解上述定义，首先要区分学习能力和智力。智力与学习能力是既有区别，又有联系的概念。智力表示的是一个人的一般的智慧，通俗地说是一个人的愚笨或聪明与否。通常用智商来表示学生的智力。显然，智力是影响学习成绩的一个重要因素，一个智商很高的人，学习成绩应当是不会差的。智力主要由记忆力、言语能力、知觉能力等构成。总体而言，智力是一个相对静止的东西，我们说某人智力高或低是相对于他的年龄而言的，随着年龄的增长智力也不断提高，但智商一般不会有大的变化。

而学习能力是指一个人掌握语文科、数学科或其他学科的能力。学习这些科目，必须具备听、说、读、写、算的能力，智商很高的人不一定在这些方面也必然是出色的，有时甚至还会有某种缺陷。所以，我们经常可以发现，有个别智商很高的学生，被教师认为十分聪明，但就是语文科不及格，其家庭、情绪和学习动机方面均无问题。这有可能是他在掌握阅读材料的心理过程方面具有某种缺陷，对文字的知觉存在失调。而一个智商接近下线的儿童学习能力却很强，学习成绩总是能保持在中等水平。学习能力与智力的区别可以概括如下：

智力	学习能力
静态的、一般的	动态的、特殊的
通过智力测验确定	通过诊断测验确定
针对测验材料	针对学习材料
大脑的严重损害	多种神经水平的协调问题

历史上，正是基于对众多的智力正常、人格正常而学习成绩低下的学生的探讨，才出现了学习障碍的概念。所以学习障碍概念是对智力与成绩线性关系的一种否定。它假定，学习能力而非智商对学习成绩具有直接的影响。学习成绩是学习能力而非智商的直接后果。

（二）学习能力对学习的促进作用

学习能力是指向学习材料的听、说、读、写、算的能力，学习能力强的学生，其学习过程简约、快速，如阅读能力强的学生可以在同样的时间内阅读和理解大量的学习材料，比一般人吸取更多的知识。

作为一种概括化和熟练化的活动方式，学习能力可以从一门学科迁移到另一门学科，如语文学习能力强的学生，外语学习一般也不会差，数学能力强的学生，物理成绩一般也不低。对于某种材料的适合的学习方法，对类似的材料也会适合。

（三）学习能力的构成

学习能力是一个由低级到高级的复杂的信息加工过程。学习能力会随着学习任务的不同而表现出不同的层次。

1. 知觉—动作统合能力。当学习材料呈现在学习者面前时，要被学习者知觉为有意义的东西，学习者不仅要具备完备的听觉、视觉或动觉，能够接受外界传入的信息，而且要能把这些信息统合起来，变成有学习意义的材料。这就要求具有知觉—动作统合能力。所谓知觉—动作统合就是在接受外界信息时，将贮存在长时记忆中的感觉信息调出来，与现在的感觉信息进行比较。使学习者知觉到学习材料。例如，学习者的任务是临摹一个三角形，他不仅要有良好的视觉，而且要解释视觉输入，将之看成是三角形。有一些小孩子眼睛和耳朵的生理检查没有任何问题，但由于统合能力低下，所以，不能有效地学习课文，不是漏一划，就是丢一个符号。因为他们不能把学习材料当做是有学习意义的材料来知觉。

2. 阅读能力。阅读是人类特殊的学习能力，完整的阅读过程一般要涉及两个过程，一是字词解码的过程，即将所见到的以视觉形式呈现的字形或字母组合转译成为语音，又称为形音转录过程，拼音文字表现为拼读的过程，而中文则表现识记字的发音过程。中文的解码过程具有与拼音文字完全不同的过程。第二是阅读理解过程，所谓阅读理解，是指在特定的阅读目的下，从文章获得信息并解决问题的过程。如果第一过程出现问题我们一般称为解码型阅读障碍，第二个过程出现落后可称为阅读理解落后型。

3. 特殊的学习能力落后。如有个别儿童仅仅是在口算方面比其他人落后，出现困难，如口算速度慢，不准确，这可能与特殊的工作记忆能力落后有关。还有的儿童出现空间能力落后，即与几何、图形有关的推理能力和直观能力受损，这可能与右脑的功能受损有一定关系。或者与左脑成为超强的统治者有一定的关系。一些文学家经常出现这样的特殊能力落后，如钱钟书和胡适都具有数学学习障碍，而著名作家三毛和琼瑶在中学时数学能力极为落后，并因此而错失上大学的机会。

三、学习障碍的分类

学习障碍是异质的，在学习过程中任何一个环节上出现障碍都有可能导致学习成绩的低下。

按照学习障碍所涉及的学科来划分，我们可以把学习障碍分为数学障碍、阅读障碍、书写障碍等，每一门学科都要求某种特殊的学习能力，如果这一能力受到损害，就会表现出学习成绩的落后。学习障碍者一般都是在某种科目上特别落后，并不是所有科目都落后，因为一旦在所有科目上落后，很可能是智力的问题，而不是特殊的学习能力问题了。

第二节　阅读障碍

一、什么是阅读障碍

有一个公司的总经理，名牌大学数学系毕业，思维敏捷，沟通能力出色，人际关系很好，经营公司业绩非凡，可他有一个最大的弱点，也是他的秘密，这就是提笔忘字，写作相当困难。他不仅无法记录别人的讲话，而且写方案或起草文件非常困难，常常是几个钟头过去了，也写不了几百个字，他就只好口述，让秘书代劳。更不可思议的是，他的上小学三年级的儿子也具有与他一模一样的学习表现，记字极为困难，学过的字一会儿就会忘记，虽然他比别人默写的次数多，但记忆效果却很差，尤其是写字十分困难。

心理学上，我们把智力水平正常，但是在阅读方面产生严重落后的现象叫做阅读障碍。阅读障碍主要是与阅读有关的特殊性认知过程出现落后，这些人从事与读写无关的事情时可能是正常的，甚至是超常的，然而在阅读任务上却非常困难。我们将这种读写能力与其他能力（包括智力）在发展上不匹配的现象，称为阅读障碍。它是学习障碍中最为主要的类型。

《美国精神卫生诊断标准．第四版》有关阅读障碍的定义

1. 在有关阅读正确性及理解程度的标准化个人测验中，阅读表现显著低于预期应有程度。此预期乃基于被测者的生理年龄、个别测验的智能及与其年龄相符的教育程度所判定。

2. 准则 1 之阅读障碍显著妨碍其学业成就或日常生活中需要进行阅读能力的活动。

3. 即使是有其他的感官缺陷，此阅读困难发生的情形，也远较其他感官缺陷所引起的阅读困难更加严重。

从上面的定义不难看到，定义阅读障碍有三个成分是必备的：

第一，智力和阅读成绩的差距标准。阅读障碍的定义中常出现智力与阅读成绩严重差距这样一个标准。它所指的是从个人施测的标准化智力测验，或是从年龄以及所受的教育程度去预期一个人应该有的阅读成就，但是，受测者的阅读成绩与预期的成绩出现明显的差距。比如，小明今年 10 岁，上小学三年级，智商分数为 120，根据他的年龄及智力发展水平，我们可预测，他的阅读水平应当达到三年级的中等偏上，可实际的阅读测验中，他的分数是年级后 10 名，相当于二年级中下水平，他可被诊断为阅读障碍。

第二，异质性。阅读障碍只是一种现象，是内在的认知过程落后而导致在阅读中的具体体现。同样的阅读障碍现象，可以由一个或多个内在的认知功能异常所引起，如语音加工落后可以影响阅读，而视知觉的加工落后也可以影响阅读。由于每个阅读障碍者认知功能的缺陷并不相同，因此它所呈现出来的学习问题或阅读障碍的表现，可能也并不完全相同。这也是我们所称的阅读障碍者的异质性。如有的儿童表现为记字的落后，有的人则是阅读速度慢，准确性差。

第三，排除条款。即使阅读障碍儿童身上可能伴有其他的障碍情形发生，如注意力障碍，但这些其他症状并不是直接造成阅读障碍的原因。

那么，家长和教师如何判断某儿童是否具有阅读障碍呢，一般可以通过观察儿童的阅读表现来初步判断是否有阅读问题。

阅读障碍的表现

1. 认字与记字困难重重，刚学过的字一会儿就忘记。
2. 听写成绩很差。
3. 朗读时增字与减字。
4. 朗读时不按字阅读，而是随意按照自己的想法阅读。
5. 错别字连篇，写字经常多一画或少一笔。
6. 阅读速度慢。
7. 逐字阅读或以手指协助。
8. 说作文可以，但写作文过于简单，内容枯燥。
9. 经常搞混形近的字，如把“视”与“祝”弄混。
10. 经常搞混音近的字。
11. 学习拼音困难，经常把“Q”看成“O”。
12. 经常颠倒字的偏旁部首。

……

如果您的孩子符合三分之二以上的行为表现，就可断定为存在阅读障碍了，最好找专业机构进行深入的评估与诊断。

正确评价儿童的阅读理解水平，仅仅凭借行为上的判断是远远不够的，还需要进行标准化的阅读理解测验。课堂上经常有一些阅读测验，它们可以从一个侧面考查儿童的理解水平，但它们没有经过标准化，文章和题目都不全面，往往难以准确考查儿童的阅读情况。在标准化的阅读理解测验中，选题必需要全面、合理。

一般而言，测验题目主要反映两个方面的理解水平：1. 获取信息的水平，即根据文章，读者所掌握和记忆的内容，它包括记忆信息和内部推理信息（为了理解课文必需的推理）；2. 根据获取的信息，解决某些假设性问题的水平（我们称之为外部推理）。

标准化阅读理解测验节选

低年级阅读理解测验（适合于小学一、二年级）

狐狸和狼

狐狸在路上遇见了狼。狼暗暗高兴，想吃掉它。

狼假装和狐狸打招呼。

狼对狐狸说：“你干什么去呀？”

狐狸知道狼的心思，就说："我看亲戚去。"

狼说："我们两个一块儿走好吗？"

狐狸说："怎么是两个呢？后面还有只猎狗呀！"

狼听了，赶快逃走了。

1. 如果猎狗和狐狸打架，谁会赢呢？（外部推理）

A　猎狗　B　狐狸　C　不分胜负

2. 下面哪句话是正确的？（记忆）

A　课文中出现的动物有3个

B　狼和狐狸不是好朋友

C　狐狸不知道狼想吃它

3. 根据课文，狐狸的心情最可能是怎么样的呢？（内部推理）

A　一直很害怕

B　先害怕，后来高兴

C　先高兴，后来害怕

中年级阅读理解测验节选（适合于小学三、四年级）

一枚硬币

……

……

两个年轻人一同找工作，一个是英国人，一个是犹太人。一枚硬币躺在地上，英国青年看也不看地走了过去，犹太青年却激动地将它捡起。英国青年对犹太青年的举动露出________的表情：一枚硬币也捡，真没出息。犹太青年望着远去的英国青年心生感慨：让钱白白地从身边溜走，真没出息。两个人同时走进一家公司。公司很小，工作很累，工资也低，英国青年不屑一顾地走了，而犹太青年却高兴地留了下来。两年后，两人在街上相遇，犹太青年已成了老板，而英国青年还在寻找工作。英国青年对此不可理解，说："你这么没出息的人怎么能这么快就'发'了？"犹太青年说："因为我没像你那样绅士般地从一枚硬币上迈过去。你连一枚硬币都不要，怎么会发大财呢？"英国青年并非不要钱，可他眼睛盯着的是大钱而不是小钱，所以他的钱总在明天。这就是问题的答案。

1. 第三段的空缺里面最合适填什么？（内部推理）

A　瞧不起　　B　惊讶

C　佩服　　D　愤怒

2. 最后一段"他的钱总在明天"是什么意思？（内部推理）

A　他明天才会有钱　　B　他不去挣眼前的小钱

C　他不要今天的钱　　D　他希望挣大钱

3. 这篇文章想说明什么样的道理？（内部推理）

A　犹太人懂得如何挣大钱

B　想挣大钱，必须要从挣小钱开始

C　想挣大钱，必须要珍惜硬币

D　遇到硬币的时候一定要拣起来

高年级阅读理解测验节选（适合于小学五、六年级）

成功

1965年，一位韩国学生到剑桥大学主修心理学。他常到学校的咖啡厅或茶座听一些成功人士谈天。他们当中有诺贝尔奖获得者，有某一领域的学术权威和一些创造了经济神话的人。这些人风趣幽默，举重若轻，把自己的成功看成是非常自然和顺理成章的事。时间长了，他发现，在国内他被一些成功人士欺骗了。那些人为了让正在创业的人知难而退，普遍把自己的创业艰辛夸大了。他们正用自己的成功经历吓唬那些还没有成功的人。于是他对韩国成功人士的心态加以研究。他把《成功并不像你想象的那么难》一书作为毕业论文，提交给现代经济心理学的创始人威尔·布雷登教授。教授大为惊喜，认为这是一个新发现，这种现象虽然普遍存在，但在此之前还没有一个人大胆提出来并加以研究。后来这本书伴随着韩国的经济起飞流传开来，鼓励了许多人。它从一个新的角度告诉人们，成功与"劳其筋骨、饿其体肤"，"三更灯火五更鸡"，"头悬梁、锥刺股"没有必然联系。只要你对某一事业感兴趣，长久坚持下去就会成功，因为上帝赋予你的时间和智慧够你圆满做完一件事情。后来，这位青年也获得了成功，他成了韩国泛亚汽车公司的总裁。我没有读过这本曾在韩国引起轰动的书，但凭我的人生经历，我已经感知到了它要说的一些道理：人生中的许多事，只要想做，都能做到；用不着钢铁般的意志，更用不着什么技巧和谋略，只要一个人还在朴实而饶有兴趣地活着，他终究会发现，造物主对世事的安排，都是水到渠成的。

1. 在下面四个因素当中，哪两项是成功必需的因素？（记忆）

（1）头悬梁、锥刺股（2）对事业感兴趣（3）坚持不懈（4）时间和智慧

A　（1）和（2）

B　（2）和（3）

C　（2）和（4）

D　（3）和（4）

2. 韩国的成功人士对成功有什么样的观点？（内部推理）

A　成功并不像想象的那么难

B　成功需要对某一事业感兴趣

C　成功需要付出很大的艰辛

D　成功是非常自然和顺理成章的事

3.《成功并不像你想象的那么难》对成功的观点是什么？(内部推理)

A　只要想做，都能做到

B　坚持做感兴趣的事情就能成功

C　成功是非常容易的

D　成功只需要上帝赋予人的时间和智慧

4. 如果这个韩国学生是在国内听成功人士谈天，他最有可能写什么书？(外部推理)

A　《成功并不像你想象的那么难》

B　《成功是汗水的结晶》

C　《兴趣是成功的钥匙》

D　《你想成功就能成功》

二、阅读障碍的类型及其表现

阅读障碍是异质的，也就是说阅读障碍可分为不同的类型。大体上，我们可以将其分为两类，一类是解码障碍型，即记不住字型；另一类是阅读理解困难型。

(一) 解码落后型

阅读能力由两个基本的层次构成，一是解码认字（decoding），也就是对汉字和词汇的识别和加工能力，一是阅读理解（reading comprehension）能力。在学习阅读阶段，解码能力是理解的基础。因此，解码能力对早期阅读能力的发展十分重要。

识字能力是阅读理解的一个必要前提，由于掌握词汇特别少，阅读障碍儿童阅读时对于许多熟悉的字也需要浪费时间去分析，他们注意力的能量主要耗费在辨认字词上，无暇注意文字的意义，对他们来说，文字好像是一个不能穿越的屏障。这些儿童识字能力之所以落后，主要是语音记忆和语音识别存在困难。也就是说，在语音记忆方面，阅读障碍儿童在将语音保存于长时记忆中的能力上落后于同龄人，与同龄人相比，他们会更快地忘记某个字的读音；在语音识别方面，不能分辨相似的语音。这两方面的原因直接导致儿童学习字词时产生记忆的困难。

同时，据教师和家长反映，对有些儿童来说，字形的记忆也显得非常困难。汉字不像英文那样在字形的组成上有明显的规律性，一些汉字是靠偏旁的形状提供的线索来辨认的，而另一些汉字是通过对偏旁的声音来辨认的，如果是简单的独体字，则只能去死记硬背了。汉字的特点不是表音性，而是表义性。汉字中字形与字音的联系缺少对应性，表音时具有强迫性和必然性，缺少规律。通过认字形（偏旁）来读发音的正确率只有不到30%。更何况偏旁本身也是一个独体字，由多个笔画组成，记其发音也很困难，需要死记硬背。

(二) 阅读理解落后型

阅读是一个十分复杂的过程，因为阅读几乎涉及了所有的心理功能。有人把阅读比做弹钢琴，意思是说，阅读需要多种心理功能的协调，就像弹钢琴需要各种心理功能的合作一样。在阅读过程中，我们首先需要发挥视知觉的作用，如视知觉的分辨与记忆，都需参与进来。其次，阅读需要对声音的辨别与记忆，阅读是一个对所看到的字词的声音的反应过程，只有熟练的读者，才能进入默读。通过将字形、字音和字义的联结，我们获得对字词的理解，缺少其中的任何一个环节，人对字词的认知与学习就会出现困难，从而导致阅读理解障碍。

阅读理解障碍的主要表现为：不能流利地阅读，而逐字阅读，阅读速度慢，注意力的资源主要耗费在字词的解码上；读后不知其意，不能理解或记忆所读文本的内容。

阅读障碍儿童是怎样阅读的呢？是否对阅读内容整体的意义理解上存在落后？是否受到工作记忆容量的影响？杨双、刘翔平（2003）研究了小学五年级阅读障碍儿童阅读理解监控的特点及其影响因素，研究表明：1. 阅读障碍儿童阅读目的有偏差，他们没有意识到阅读理解的核心是理解，而非读出声音，在他们眼里，阅读理解就是把文章流畅地读出声音；2. 障碍儿童阅读时，对于局部意义及解码的监控正常，但对于整体意义的理解监控存在落后。也就是说，他们不关心自己对文章的全文是否理解了，而仅仅关注自己对部分句子或段落是否理解了；3. 障碍儿童对于理解水平的监控不准确，倾向于高估自己的理解水平。问他们“理解得怎么样”时，他们总是认为理解得很好，但实际上理解得并不好。

理解困难也会妨碍儿童读应用题，即出现审题困难。数学学习一般分为计算和应用题两大部分。有一类儿童，计算能力很强，但在理解应用题、运用数量概念来解决问题时出现落后。遇到这种情况，家长应首先考虑两个方面的问题。一是儿童的智力发展问题，看一看儿童的智商是否已经达到自身的年龄水平，如果没有达到，他们无法理解应用题是自然的。相对来说，智力落后的儿童并不多，大约在1%左右。另一种情况是阅读能力不够，许多儿童由于认字困难，不能很好地阅读，所以遇到应用题时，因读不懂题意而一筹莫展。这种儿童区别于智商低的儿童的一个显著特点是，当家长给他们读一遍题之后，他们立即会列式子解题了。这种儿童的另一个突出特点是不认真审题，粗略阅读一遍题，或者只读开头的几句话，就开始答题，结果错误百出。如果家长让他们能认真地多读几遍题，他们就能解决问题了。

三、阅读障碍的矫正

（一）解码型阅读障碍的矫正

对于这个类型的障碍的矫正的重点是字词的学习，由于障碍儿童的大脑在形成字形到字音的联结能力方面受损，所以矫正起来并不容易。一般有如下方法：

1. 多感觉通道法。这种方法在矫正时，动用学生的多种感觉通道，例如视、听、动、触。矫正时首先让学生选择自己想学的词语，这种自我选择是矫正中必不可少的一步，因为这样可使学生坚信他可以学会他想学的任何词。然后，学生想学的词就被写在一张厚纸板上，指导者先让学生用手指顺着词的笔划去触摸这个词，同时要求学生大声读出这个词。当学生触摸时，他就看到了这个词。让学生重复此过程，直至他能正确地把这个词默写两遍。在默写时，不允许学生看一会儿模板然后再写几画，学生必须把词语作为一个整体来写，没有停顿。在经过一段时间训练之后，可省却掉触觉这个过程，而只重复看、说、写这三步。再经过一段时间训练后，学生可省却掉动觉的方式，仅通过看模板和自言自语来学习生词，在此阶段，学生主要是为满足自己的好奇心而读。

2. 形义联结法。汉字是表意文字，其特点是便于产生联想，注意汉字字形和字义之间的联想可以促进孩子对汉字的学习。孩子在学习生字时家长应多引导孩子进行形义之间的联想，这不仅能加强孩子对字的了解，巩固记忆，还能提高孩子的识字兴趣。形义联想法按造字法的不同可分为象形联想法、指事联想法、形声联想法和会意联想法。下面我们举几个例子：

不正就是“歪”；人靠着树就是“休”；上小下大就是“尖”；太阳从地平线升起就是“旦”；用手把东西分开就是“掰”。

3. 结构意识训练。结构意识识字法是指在识字教学中，将汉字的构成规则讲解给学生。把每一个汉字的演变历程、结构特点以生动、形象的方式呈现于学生面前，借此将汉字的学习形象化、简单化、意义化。结构意识识字法主要是利用汉字的四大构字法：象形、指事、会意、形声，来进行具体的教学，通过学生对汉字构成的内部规则、演变规律的理解，增强学生的记字能力。现介绍几个训练：

（1）瞧这一家子

汉字的构成有一定的规律，如在形声字里，声旁表音，形旁表义。基本字带其他字是受形声结构规律的启发创造出来的。基本字表音，偏旁部首表义。教学中，充分利用汉字的这些构字规律教孩子识字，能够培养他们的识字能力。孩子掌握汉字的构字方法后，可以自己分析字形，成串地学习这些字。大幅度地分析字形，简化了识字的心理过程，可以大大提高识字效率，如：文、蚊、纹、雯。

（2）汉字加加加

一些汉字加减笔画可以成为另外的字。利用汉字的这一特点和孩子做变字游戏，让孩子认字。在此过程中，一边加减笔画一边提醒孩子注意字的变化。如：一 二 三 王 主 玉 全 金；一 十 干 于等。在变的过程中，随时教孩子不认识的字。教育者演示几次后，会引起孩子很大的兴趣，这时让孩子变字给别人看，他就会努力记住要变的字的样子、读音，变几次后，不但认识了字，而且基本上会写了。

（3）偏旁拼加

汉字的合体字是通过各偏旁叠加而成的，可以将不同的偏旁组合起来，构成汉字。

日+月=明　　穴+牙=穿

1. 瓦+并=　　2. 手+麻=

3. 门+良=　　4. 票+马=

5. 文+非=　　6. 土+田=

7. 局+火=　　8. 心+甬=

9. 章+女=　　10. 童+木=

11. 见+爪=　　12. 亚+气=

13. 大+小=　　14. 詹+贝=

15. 月+同=　　16. 俞+穴=

17. 宣+石=　　18. 皿+乔=

(4) 文字的故事

通过说明文字的故事，提高学生的学习兴趣，加强他们对汉字的记忆。

山的字形，像三座山的山峰。

(5) 写字练习

你知道中文字有很多不同的结构组合吗？请你在下面的方格内练习一下写字，然后告诉爸爸和妈妈这些字的组合有什么相同和不同的地方？

这一练习的目的是巩固孩子对汉字结构的认识，同时训练他们的写字能力和技巧。

(二) 阅读理解障碍的矫正

1. 阅读理解活动的特点

阅读理解包括很多认知活动。在课文阅读时，使用的认知活动越多，对课文的理解水平就会越高。下面的几种阅读理解活动，具有一定的普遍性：

(1) 把课文信息与自己的背景知识联系起来

一般来说，课文信息越是与个人背景和兴趣相关联，儿童就越感兴趣，读起来困难越少。

(2) 对课文信息进行归纳

一篇文章包含很多信息，如果没有适当的归纳活动，有限的记忆容量便容纳不了众多的课文信息，更谈不上深入地理解了。

(3) 对信息进行推理活动

比如结合上下文推断词句在具体语言环境中的含义，一篇文章不可能把所有想表达的意思都表达出来，大部分意义都藏在冰山下面，需要读者去揣摩，去思考。可以说，推理活动是阅读理解所有加工活动中，最核心的一种活动。

(4) 对课文是否理解进行自我监控

对课文的理解状况进行监控，是成熟读者的标志，即在阅读的同时，多问自己：这部分内容我理解了吗？如果发现没有理解，或理解不到位，再回过头去阅读。

(5) 对课文内容的重要性进行判断和筛选

根据自己的阅读目的，判断哪些内容是主要的，哪些内容是次要的。如果对课文的所有内容进行同样程度的加工，反而很难理解好课文。

(6) 对文章进行评价

这是一种高级的阅读活动，仅仅发生在少数读者身上，但它对于提高阅读水平却是非常重要的。现代的阅读教育，往往把阅读的文章提高到完美的程度，只让学生们理解和学习，这是一种强调接受和学习的教育，压抑了儿童身上的创造性和批判思维。

2. 利用自我监控

在过程中可以通过训练儿童监控自己的理解来矫正理解障碍。

(1) 训练做标记和做笔记

阅读有很多工具，最主要的工具就是眼睛，但是除了眼睛之外，还可以使用笔。训练儿童带着笔来阅读，就体现在做标记和做笔记上。做标记的方法比较简单，可以使用颜色标记，也可以使用特殊符号标记，如画波浪线等。

做标记的好处主要体现在：①突出文章的重点难点；②有利于读者把握文章结构；③有利于读者的复习。但要注意的是，做标记要适可而止，不能太多，有的儿童喜欢做标记，用各种颜色的笔，在文章上做各种各样的标记，一会儿是波浪线，一会儿是涂黑，一会儿是做标注，整篇文章显得很乱，这样就失去了做标记的意义了。因此，做标记一定要有选择性，最好是在一些重点的地方做，比如段落的第一句或最后一句，比如一些生词等。

与做标记相似的方法是做笔记。做标记是突出文章内容，而做笔记则是增加文章内容。做笔记主要包括下面几种方式：

a. 评价式笔记，即对感兴趣的内容进行评价；

b. 疑问式笔记，对不理解的内容进行提问；

c. 总结式笔记，将文章内容用自己的话进行总结；

d. 抄录式笔记，将精彩的句子和词汇抄录下来；

e. 感想式笔记，阅读之后，写下自己的感想。

可以设计专门做笔记的训练，比如，要求儿童按照上述 5 种笔记方式，进行做笔记，然后根据各种笔记的质量，对笔记成绩进行打分。

做标记和做笔记的意义，一方面在于加深对课文信息的理解，另一方面在于这种动笔阅读的方式，儿童一旦养成做标记和做笔记的习惯，会终身受益。

（2）训练提问题——自问自答的阅读方法

阅读障碍儿童在读文章时通常不会提问题，读只意味着发音而已。所以，培养提问的技能非常重要。

首先，要培养孩子的问题意识，要扩展孩子的知识面。丰富的知识是问题意识产生和培养的必要前提。质疑是以思维的形式出现的，但质疑的重要基础是丰富的知识。阅读中涉及的知识应包括：一定的语文知识，相关的文化背景知识，必要的生活常识和科学知识。家长应该鼓励孩子通过各种方式来扩展自己的知识面，阅读障碍的孩子由于阅读比较慢，理解文字内容比较困难，家长可以通过影视、声像、图片介绍等比较形象化的方式增加孩子的知识面，并有意识地使孩子的知识系统全面。

其次，鼓励孩子提问。不管孩子的提问有多么幼稚，也不管他们的提问多么钻牛角尖，甚至是由于错误的认识引起的提问，家长都应该关注，并认真倾听，正确引导，保护和强化学生的问题意识。孩子们提问题的角度往往跟家长有很大的不同，很多的问题也是家长回答不了的，这个时候，家长应该做的不是立即回答他们的问题，而是肯定他们提问题的行为。并要告诉孩子通过什么样的办法能够找到问题的答案。比如在阅读中发现了不明白的内容，可以引导孩子去查工具书、或是查阅一些相关的资料，交给他们从一个问题发现一系列问题的方法。再者，对生活中出现的一些现象，就可以让孩子自主地进行一些发现性的观察，或是引导孩子进行一些小小的生活实验等。

更重要的是要交给孩子提问的方法，交给孩子一些切实可行的提问方法，有助于他们提出高质量的问题。在生活中，孩子们总会提出各种各样新鲜的问题。但是在阅读中，由于习惯于跟着作者的思路进行阅读，提问题的意识比较薄弱，即使是想提也不知该从何而提。这时候就需要有人能教给他们一些提问的技巧和方法问题。下面我们将简单介绍几种方法，家长可以在辅导孩子阅读的时候，有意识地传授给他们这种方法。

①进行阅读时提问的角度可以是多方面的。读一篇文章，从看题目开始到读到最后的结尾，整个过程都可以提出许多的问题。

a. 从题目入手提出问题：题目是文章的眼睛，题目往往反映了文章核心的内容或意义。家长可以引导学生从题目和内容的关系上发现问题，看文章内容是否和题目符合，是否有更合适的题目。

b. 从每一段中提出问题。文章的每一段都会有一个主体的意思，家长可以引导孩子在每一小段结束处提问，根据刚才所读的内容，对下一段落进行简单的猜测等。

c. 从不同文体特点提出问题。如：小故事可以从事情发生的时间、地点、人物、经过、结果等方面提出问题。

②提问的方法可以是多样的。

a. 从“比较”中提出问题：即对相似相近的内容进行比较，找出不同和相似从而提出问题。如在读了《登鹳雀楼》和《锄禾》之后，可对这两首诗的相同点、不同点进行比较，让孩子自己发现问题、提出问题，并自己回答问题。这样可以使孩子在阅读中学会比较和提问的方式。

b. 反向提出问题：即把读到的内容倒过来想，用相反的角度进行思考，用反义词或反问句进行提问，这是对常规和习惯思维的一种挑战。比如孩子在阅读《狼和小羊》的故事时，就可以引导他们提出这样的问题，如果小羊不是在下游喝水而是在上游喝水，狼会怎么说呢？关键不是在让孩子回答问题，而是让孩子学会这种提问方式。

c. 用追问法进行提问：爱提问题的孩子喜欢看《十万个为什么》，因为这套书可以满足孩子们的好奇心。事实上，“为什么”本身就是一个很好的提问方式。遇事问什么，也是一种很好的提问方式。

在阅读的时候，提出的问题越多，获得的理解就越多，所谓“大疑得大知，小疑得小知”。一般的阅读练习中，课文后面有一些问题，解决这些问题能够加深对课文的理解，这些问题就是替读者提出来的。在提问题的时候，我们还可以结合记笔记的办法，将这些问题用笔写在内容旁边。因为，并不是每个提出的问题，都能够得到解决，把它记录下来，以后复习的时候，会有更多的参考。因此，在课文的设计上，文字的布置最好稀疏一些，以便让儿童有空间去提问题。

（3）训练概括能力

如果一篇文章不能够归纳和浓缩，它肯定不是一篇好文章，反过来，阅读一篇好文章，不能把它归纳和浓缩，说明我们并没有深度挖掘这篇好文章。对课文的概括，体现在两个方面：①一边阅读，一边概括，即阅读一段内容之后，随即用自己的语言来简要归纳内容。这种概括方法可以减少需要记忆的信息量，为读者的记忆容量节省空间。②读完文章之后，用自己的语言，对课文内容进行概括。这种概括既可以是对文章内容的概括，也可以是对文章结构和写作风格的概括。其中，对文章的结构和框架的概括，具有非常重要的意义。

首先，对文章结构和写作风格的概括，能够为写作打下基础。写作如同建房子，主要包括结构框架和内容的构建，而结构和框架的建构能力，主要来自于平时的阅读训练。

其次，对文章结构概括得越好，结构越清晰，读者越容易回忆起刚才读过的内容。如果结构是混乱的，读者读完信息后，就不知道它在什么地方了。

在阅读的时候，可以设计文章结构图，比如对记叙文的阅读，文章结构图可以这样设计：

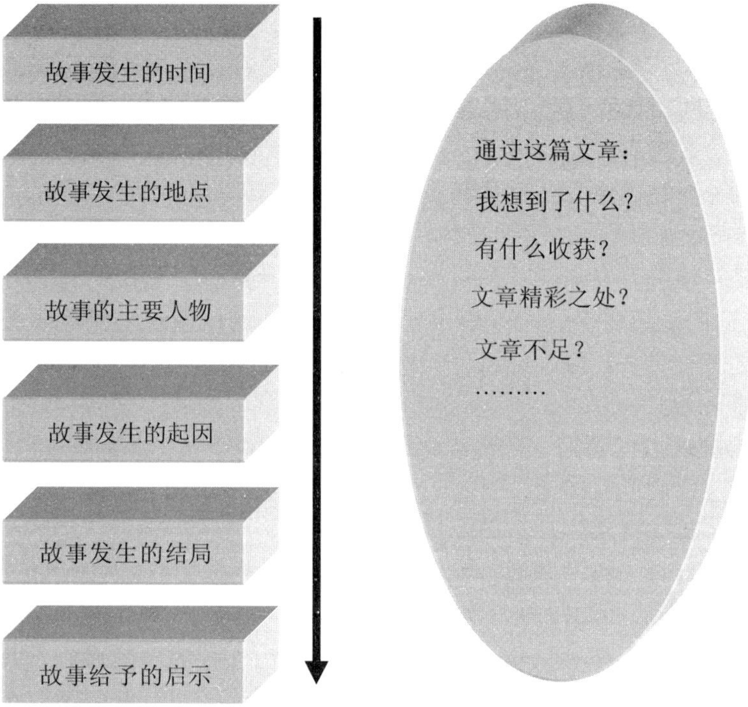

图 11-1　文章结构图

（4）训练发散阅读

阅读不是被动的接受，而是主动的加工过程。阅读是从一种书面语言符号中获得意义的心理过程。儿童在阅读时，由于个体差异，面对同样的文字他们的心理活动是不同的。结合他们的特点，培养其创新意识、创新思维具有重要的意义。

发散思维也叫求异思维，它是指从一个发散源出发多角度、多层次地思考，用不同的方法解决同一个问题。具有流畅性、灵活性、独创性三个特点。要进行发散思维必须要勇于突破常规，想别人之未想、言他人之未敢言。在阅读中培养孩子尤其是阅读障碍孩子的创造力是可行的也是必要的。

进行求异思维，关键在于正确的启发引导。有许多文章都可以用来训练学生的求异思维。许多老师在进行语文教学时，为了培养孩子的求异思维，会这样提问：如《赠汪伦》这首诗，在读到“李白乘舟将欲行，忽闻岸上踏歌声”时对“踏歌”进行提问：“什么是踏歌”，“为什么踏歌”，“踏的是什么样的节拍，又是什么样的歌声”。如果学生对“节拍”和“歌声”一时回答不上来，教师可以引导学生联系背景和课文中的插图去体会，会有很多说法。这样在发现问题、解决问题的过程中，学生思维的独创性和灵活性得到了培养，求异思维能力得到了训练。

应当看到，对于有阅读障碍的孩子来说，如果阅读本身已经占用了他们多数的认知资源，同时再让他们进行发散思维会有些困难，因此家长应该在课堂之外，针对孩子的特点进行个别化的求异思维训练。保证孩子在读懂或是听懂的情况下，进行发散思维。

具体来说，训练儿童阅读过程中的发散思维可以从以下几个方面入手：文体相关性、内容相关性、语言风格相关性。

①文体相关性：比较好的阅读材料中会包括各种文体形式，比如：书信、童话、科学小品文、小小说、寓言故事、诗歌等。在学习了某一种文体形式后，孩子在心里会对行文的特点有一定的感觉，如果有针对性地让他们阅读相似的文体形式，并让其联想以前学习过的相同的文体形式，试探性地找出这些文体的共同点和不同点，并用孩子自己的语言进行描述，对孩子发现规律性和运用语言描述规律将有很大的启发。

②内容相关性：鼓励孩子根据阅读内容进行创造性的想象。这种想象可以表现在不同的水平，也可以表现在不同的方面。首先可以从字词的角度展开联想，如在读到一个新词“漂亮”后，可以引导孩子这样展开联想——漂亮的同义词是什么？反义词？有没有跟这个词写法上比较像的词？引起什么样的感受？都用来形容什么人、事、物等；其次可以从事物相关性的角度展开联想，比如在看到“蝴蝶”这个词的时候，可以让儿童展开这样的联想，与蝴蝶同类的昆虫有哪些？在童话中的人物经常具有什么样的品德？经常跟什么联系比较紧密等；还可以进行从事情发展角度展开联想，比如看到“打碎玻璃”，可以让孩子脱离阅读材料内容，发挥自己的想象，认为事情发展下去会是什么样子等。

③语言风格相关性：不同的文章有不同的语言风格，这种语言风格会造成孩子在阅读时不同的阅读体验，因此在阅读时可以根据孩子以往的阅读体验进行发散，从多个方面找到引起相似、相同、不同体验的阅读经历。或是以前曾用什么样的阅读方式成功地理解了该类文章，等等。

大大提高对文章内容的理解水平。训练儿童的阅读迁移能力，需要设计一些假设的情境和问题，让儿童根据阅读的内容，来加以解决。这些假设的问题，就是阅读测验里面的外部推理问题。

比如，阅读的文章内容是：

在伦敦街头，行驶着一万六千多辆出租汽车，它们几乎都是老式“奥斯丁”牌汽车。这些车看上去不够华丽，但坐起来却十分舒服，因为它比一般的车高大。这种车后排可坐4人，另外还有一把折叠椅子，打开之后还可以再坐两人。亲朋好友五六个人出去，叫上一辆车就行了。

设计的迁移问题是：

如果出租车都坐满了，那么车子里一共有多少人呢？

A　4个人　　B　6个人　　C　7个人

3. 通过改变阅读方式克服阅读障碍

阅读障碍儿童主要是因为涉及文字与声音转换的基本认知过程存在落后。如果我们针对阅读障碍儿童的弱项，改变他们固有的阅读方式，用特殊的、适用他们大脑发展特点的阅读方式代替传统的方式，就可以取得事半功倍的效果。首先，我们要改变孩子一些不良的阅读习惯，具体来说，这些不良习惯有如下几种：

（1）音读

许多学生都有出声阅读的习惯。出声阅读的主要弊病就是使阅读速度和效率受说话速度的限制。因为，正常默读速度几乎要比出声朗读的速度快两倍以上。另外，出声阅读往往以不同的形式表现出来，有时看见学生仅仅是无声地动动嘴唇，有时甚至连嘴唇也不动，只是舌、喉在活动。这时，只要用手指触摸声带部位，就能很容易地觉察到声带的振动。嘴唇的活动无疑会影响眼睛的扫视速度，“一个有效率的读者能够只要看到印刷符号，就直接获得意思，而不经过声音阶段”。因此，要克服这种不良的阅读习惯，就要训练养成通过视觉器官直接感知文字符号的视读能力。

（2）心读

心读是一种很难观察到的阅读习惯。心读时，人体的任何部位，不论嘴、头或声带都没有动，只存在一种说话的内在形式：学生在内心里始终自言自语，清晰地发出并听着每个字音。这种毛病亦是一种很坏的阅读习惯，它直接影响到阅读的速度和效率，并且矫正起来又比较困难。采用强制自己深入理解文章内容的同时，又强制自己加快阅读速度的方法一般能帮助学生逐渐克服这种坏习惯。

（3）指读

指读是指用手指、铅笔或尺子等指着一个个字、词进行阅读的习惯。这种指读的单纯机械运用不仅会减慢阅读速度，而且还会把学生的注意力引向错误的方向。一个高效率的阅读者不会注意单词的位置，也不会在每个单词上都花费时间，而是把注意力集中在作者要阐明的思想内容上。指读的习惯实际上妨碍了眼睛运动并限制了大脑的快速活动能力。因此，必须克服这种不良的阅读习惯，逐渐养成用脑瞬间反映文字信息的能力。

（4）复视

复视指的是读完一个句子或段落后回过头去重复阅读。阅读能力差的学生往往过分依赖于复视。改变这种不良习惯的办法就是让学生阅读大量难度适宜的读物，他就不会因遇到生词或不太懂的短语、句子或段落而回过头来再看，以致养成复视的习惯。

（5）头的摆动

阅读时头部下意识地左右摆动是阅读的另一种坏习惯。在阅读过程中，学生往往尽量使自己的鼻尖对准他正在读的每一个字。这样，当他顺着一行字往下读时，他就会轻微地摆动头部，而当他通过头来看下一行时，他就会很快转回去以便使鼻尖再对准书页的左边。这种头的摆动，学生往往意识不到，而正是这种不必要的动作往往对阅读速度产生影响。因此，必须克服这种毛病，养成阅读时只移动视线的习惯。

其他不良的习惯，诸如阅读时，有的注意力不集中，“思想开小差”；有的用尺子比着，一行一行地向下移；有的一面阅读一面玩弄钢笔、尺子、钥匙等物，不时地发出响声；有的爱抖动双腿等等。这些不良习惯直接影响到学生的思路，降低阅读速度，应及时地加以纠正。

可以通过改变阅读方式来矫正不良习惯，具体如下：

（1）听助读

对于那些视觉加工方面存在缺陷的阅读障碍孩子，单方面读书面文字刺激会过于枯燥和艰难。一行行整整齐齐的方块儿字在他们的眼里，就像是一排排长得差不多的蚂蚁。如果这些孩子的识字量又很低，即使是用手来协调阅读，也是一件很难的事情。让他们在短时间内实现从书面文字的形状到字的发音和字义的联系，并且连续地进行阅读，注意的分配又是一个问题。

在这个过程中，有效建立起字形与字音、字义的联系是阅读中的关键，针对这些孩子的特点，可以使用听助读的方法。

所谓听助读，就是让孩子通过听和读的结合来理解文章的意义，具体的做法是将一篇文章用标准话录制下来，让孩子边听边跟着读。通过模仿磁带里的发音来帮助实现阅读的流畅性。这种方法对于单词量过少的孩子阅读生字较多的文章时，非常有效，可以使他们利用声音的辅助，直接发音。国外这种技术的发展已经比较成熟，书店中经常可见到听助读的读物，如磁带书等。国外甚至有一些专门的教育政策，允许这类阅读障碍的学生通过口头报告而不是书面报告的形式来进行考试等。

听助读是解决阅读障碍儿童阅读问题的一种重要方法，这种方法为阅读障碍儿童掌握书面语言提供了一个有效的工具。听助读材料的内容比较广，可以是语文课文的朗读录音，也可以是小故事、童话、寓言等。一定要适合学习儿童的语言特点。

听助读方式有哪些好处呢？

①给予声音的提示有助于降低阅读的难度。对于识字量和词汇落后的学生，声音可以将不认识的字词的发音提供出来，通过让他们跟着读，而理解阅读材料的内容，对阅读内容产生兴趣。在听助读过程中，文字的语音、语调、语气、断句等也提供了理解文字的线索，减轻了学习时的视觉负担。

②有利于深度加工和理解。阅读障碍的孩子在阅读中尤其是朗读中，往往会出现语调错误、字词读音错误、断句错误等。这是因为他们的阅读还没有形成自动化，主要精力都关注于对文字表面信息的加工，这在一定程度上影响了他们对文章深层含义的理解。

借助听助读的方式进行学习，可以减少认知资源在文字表面信息加工上的消耗。障碍儿童可以将更多的认知资源用于有效的精加工和深度加工。因此在很大程度上减轻了儿童的认知负荷，提高了儿童的理解能力。

③听与读相结合有助于阅读的流畅性。听助读材料的学习不单单是听，还包括对阅读的训练。一般材料的使用要结合相应的读物，先听后读、边听边读，或是先读后听再读等。由于障碍儿童在听的过程可以对文章有一定的理解，因此在阅读相应的读物时就可以根据对文章的理解来猜测一些不熟悉的字词，在加强对文章内容理解的同时加强对部分字词的音、义的记忆和理解，从而加强了阅读流畅性。

④可重复性。听助读材料为阅读障碍的孩子提供了一个可以反复使用的教材。课堂上老师的示范朗读只能听一次，一不留神就错过去了。而听助读材料可以反复听，可以根据孩子的水平调整播放的速度，可以有针对性地精听精练，也可以作为泛听或知识性提高的听力材料，并且可以根据学习的不同侧重点选择不同的收听方式，结合相应文字材料，加强对部分发音的学习，加强字形和读音的结合学习。同时由于对文章内容有深刻的理解，因此可以结合字形、字音和词义学习，并通过形、音、义的结合积累阅读技能和技巧，有利于阅读自动化的形成，从而全面提高阅读能力。

那么怎么使用这些听助读材料呢？具体的方法有很多，家长和老师可以结合孩子的具体情况或学习的侧重点采用具体的方法。比较常用的方法如下：

①读后听：适用于词语比较简单的知识积累型学习材料，儿童虽然读起来比较吃力，但还能够基本准确地进行阅读，而且也能通过阅读文章对内容有一个比较正确的理解，只是部分的读音、句读有错误时，可以尝试使用这种方法。

②边读边听：比较适合于学习包括较多新字词的材料，边读边听可以使儿童

即时结合读音和字形，有利于学习新字词。当然这个时候要求听助读材料的播放速度应该相应地慢一些，让学生有时间来联合视听信息。

③只听不读：侧重于知识的学习和理解而不对字词记忆有很高要求的文章，这是国外很多听助读材料的主要形式。考查儿童对文章的理解是用口头形式。但因为在国内没有专门的针对性考试形式，这种方法一般只作为不增加阅读负担，同时扩大儿童知识范围的一种方式。这种方式不能提高儿童的阅读经验但可以增加儿童的知识水平，对阅读能力的提高有间接的作用。

④听后读：适用于包含新词较多，阅读难度较大的文章。儿童在熟听的基础上，再进行阅读。

除了这些方法之外，结合儿童的阅读水平和知识水平选择相应的听助读材料，也是进行有效地听助读的重要影响因素，家长应加以重视；另外，考查听助读材料中的理解问题也是选择材料的重要方面。简单的文章，刁钻古怪的问题并不一定有利于儿童的理解。

（2）颜色覆盖法

阅读障碍儿童也经常伴随着注意力不集中，阅读时易疲劳，不感兴趣等现象。黑白印刷的文字，由于缺乏鲜艳的颜色刺激，无法激活儿童的视觉神经，易使阅读者产生疲劳，注意力集中不能长久。而当我们把文字变成彩色时，就可以有效地提高儿童的注意力，并提高儿童对文字的兴趣。

颜色覆盖法就是指通过改变文章字体的印刷颜色，最好让文字的印刷颜色在两种以上，比如一行用蓝色印刷，一行用黄色印刷，这也是提高阅读效率的一种方法。有时，在引导儿童阅读时，就可以有意识地让儿童注意某一种颜色的字而忽略另一种颜色的字，这种颜色的差异可以有效地预防儿童阅读过程中的跳行、漏行等现象。

如果寻找这种印刷读物有困难的话，家长可以自制材料，使用黄色、蓝色、红色等各种透明塑料卡片覆盖在书本上。这样字体就有生动的颜色了。

如果原来的书本已经是彩色的字体，也可以使用这个方法改变原有颜色，使字体的色彩多变丰富。如将黄色塑料卡片覆盖在书上时，就会使黄色印刷的字变得不明显甚至看不到，而蓝色的字颜色变深，甚至变成黑灰色，但是字的底色是黄色的，这种颜色刺激使孩子的阅读变得容易了。

第三节　数学障碍的测评与矫正

一、什么是数学障碍

数学障碍又称数学学习障碍，是学校教师面临的又一紧迫性问题。因为在当前学校中，有许多学生在数学学习中遇到种种困难，数学成绩明显低于同年龄水平，而作为教师，对学生数学学习障碍的原因之所在，知之甚少。在诊断不出学生数学障碍的原因之前，采取矫正措施显然更是难上加难。本部分的任务在于帮助学校教师明了什么是数学障碍、数学能力，及什么因素会导致数学障碍。

数学障碍是指学生由于数学能力的缺损而导致的在数学学习上的落后，即明显低于同年龄或年级水平。那么，什么是数学能力呢？要想明了这个问题，必须从数学这门学科自身的特性及学生掌握数学所必须具备的心理条件这两方面来考查。数学的特点在于它的高度抽象性，它舍弃了事物的许多其他属性，而着重从数量关系与空间形式上对事物进行研究。数学这门学科的第二个特点在于它的逻辑性强，它是一门系统性很强的学科；前后知识联系紧密，例如没学好算术就学不好代数。若从学生学习数学所需的心理条件考查，则数学能力体现在对数学信息的获取、存储、提取、加工和运用诸方面。一句话，数学能力是指学生运用自己独特的信息加工系统对数学材料和数学关系进行抽象概括的能力。

究竟什么因素导致学生出现数学学习障碍？若从数学的学科特点看，学生如果在应该事先掌握的数学知识与数学技能上出现缺损，则会导致此后一系列与此知识与技能有关的数学学习上的困难。若从数学学习的信息加工过程看，学生若在对数学材料与数学关系进行概括与抽象时，在一个或多个环节出现问题，如数学材料的存储与加工上出现困难，也会导致数学障碍。

二、数学障碍的测评

当前数学障碍测评的研究主要集中在三个方面：对计算障碍的诊断，解决文字问题推理障碍诊断，以及视觉空间诊断。

（一）对于计算障碍的诊断

计算障碍主要是指学生由于计算能力的缺损，而表现在进行加、减、乘、除四则运算上的困难。该种数学障碍在认知任务上表现为：频繁地使用不成熟的计算方法，如高年级的学生仍然需要借助于手指头或其他辅助工具来进行加减法运算；对计算程序执行的错误率高；在计算所使用的方法和程序的概念理解上有潜在的发展迟滞。学校教师可采用算术四则诊断测验，来探究学生在运算中出现的困难及原因。这种测验在施测时详细记录了学生运算时发生的错误。如在做加法时，忘记了进位、读错数字、答错数字、进位加错等。学校教师在进行算术四则测验时，最好让学生口述计算过程，并把受试者的反应记录下来。通过分析学生在计算中所犯的错误，教师就可以发现学生在计算方法和计算习惯上的缺陷。

（二）关于解决文字性数学问题的诊断

所谓文字性数学问题是指用语言描述的数学问题，比如应用题。学生解答文字题的过程可被看做是一种信息加工过程，其流程图如图 11-2。若学生在此加工过程的一个或多个成分上出现困难就会导致解决文字问题的障碍。

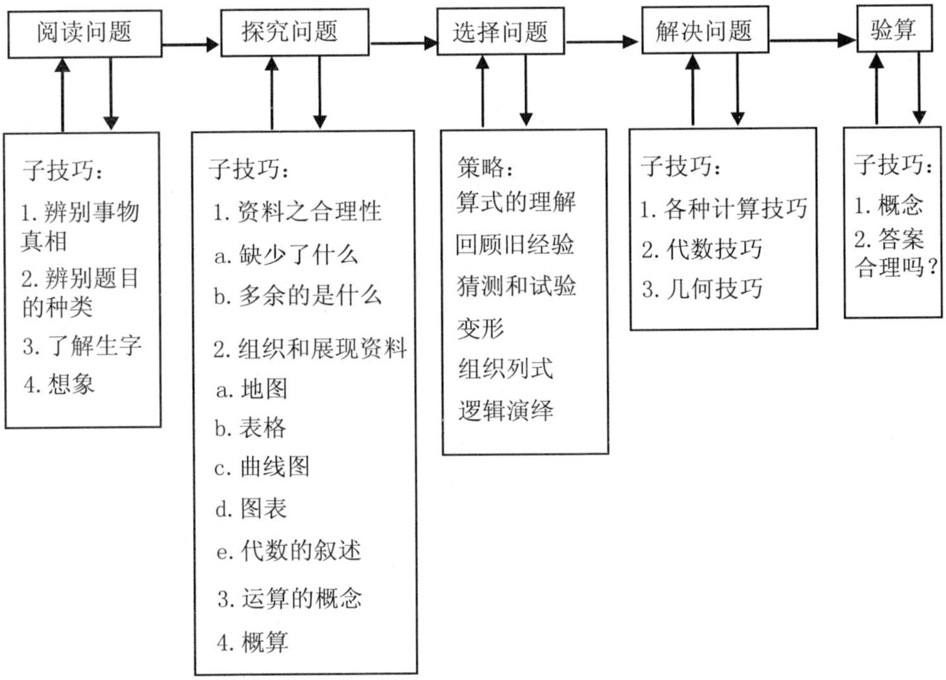

图 11-2　读题诊断

教师可以运用上述这一诊断模式，对学生解决文字性数学问题进行诊断：

1. 阅读环节诊断。例如，阅读步骤中第一子技巧是辨别事物的真相，我们可以这样来诊断并发现学生的问题：小胖的 15 岁生日宴会中请了他的 16 位好友，妈妈帮他们准备了一个三层的大蛋糕、水果拼盘、巧克力冰淇淋、炸鸡及可乐。午餐后，小胖一一打开他的礼物，他的爸爸妈妈送给他一架飞机模型，朋友们送他棒球棒、相片簿、日记簿、钢笔及手套。

【问题】

（1）在生日宴会上共有多少位小朋友？

（2）他们吃了哪些东西？

（3）他的爸爸妈妈送了他什么？

（4）小胖共收到几种生日礼物？

（5）小胖今年几岁？

（6）小胖共请了几位朋友？

通过回答上述问题，可以发现儿童能否借助阅读来判断事物的真实的数量关系。

2. 探究问题环节诊断。比如探究问题环节中，第一子技巧的 b 项为“多余的是什么”，我们可以这样测试儿童：

热狗每支 15 元，汉堡包每个 20 元，面包每个 25 元，可乐每杯 12 元，小丽吃了一个汉堡，一支热狗，喝了一杯可乐，共花了多少钱？

什么价钱是多余的？

（1）热狗的价钱　　（2）面包的价钱

（3）汉堡包的价钱　（4）可乐的价钱

3. 选择策略环节诊断。逻辑演绎是这一环节中的一个子技巧，我们可以这样测试儿童：小心地阅读下列各题，找出其通则并将其余具相通性质者填入空白处，最后以你自己的语气写出其通则。

【问题】

（1）红色，紫色，黄色，____________________

通则____________________

（2）1，3，5，7，9，____________________

通则____________________

4. 解决问题技能环节的诊断。第一个环节为运算子技巧，教师可采用如下的题目：运算是需要一定条件的，如果不具备这一条件，就不可能进行运算，有时候一个问题并未提供给你充分的资料，你必须能够说出什么是遗漏的。仔细阅读以下各题，从三个句子中，选出一个遗漏的资料以完成解答。

上海蛋糕店接受了订单，为全市各高中的联谊舞会准备蛋糕，蛋糕每 12 个装成 1 箱，问总共需多少箱？

遗漏了什么？____________________

（1）每个蛋糕的价钱

（2）每个蛋糕的重量

（3）订购的蛋糕数量

5. 验算环节诊断。第一个子技巧为概算的能力，它需要对事物的数量关系进行估计。以下各问题中均有三个估计值，请仔细加以阅读，并选出一个合适的答案。

从北京市区到通州距离大约是 58 公里，阿莲与她的家人在早上 8 点 15 分由市区出发，10 点 15 分到达通州。问车速大约是多少？

（1）每小时 20 公里

（2）每小时 30 公里

（3）每小时 40 公里

（三）视觉空间型（visual-spatial）数学障碍

该种数学障碍在认知任务上表现为：不能恰当地排列数字信息、符号混乱、数字遗漏或颠倒、空间相关的数字信息的误解，具体表现如：解决多列算术问题时对不准数位；对数字信息空间表征的错误解释，如加减法进位、退位操作上位置出错；同时还可能伴有对线条、图形等的认知困难。儿童对空间关系的概念多数通常在学龄前就有模糊的认识，比如：上下、前后、里外、高矮、远近、交叉等等。但是许多学习障碍儿童对空间关系表现得很茫然，比如在带有单位长度和数字的数轴上，他们可能搞不清数字 3 到底是与 4 更近还是与 6 更近。

通常他们还表现为缺乏空间方位感，可能经常在公园或学校里迷路，去某个地方找不到特定的房间，因为上下学找不准回家的路而必须家长接送。

从神经心理学角度解释，该类数学障碍多与右脑功能失调有关，尤其是与右脑的后半部有关。脑科学早已证明人的右脑与视知觉加工密切相关。

三、对数学障碍的矫正

就目前的研究成果来看，数学障碍的成因并非单一，从而造成其临床表现也各不相同。数学障碍的干预思想和方法也基于对数学障碍的不同的假设和不同类型的理解。共同的原则是，对任何表现形式的数学障碍儿童，都应及早诊断，在确定具体类型，明确其所处数学发展阶段后，对症下药，制订特殊的教学方案。

（一）数学障碍的认知矫正

1. 感知觉—动作统合训练。所谓的感知觉—动作统合，是指将人体器官各部分的感觉、知觉、动作等信息输入组合起来，经大脑的整合作用，完成对身体内外的信息处理，并作出反应的信息统合过程。只有经过感知觉统合，神经系统的不同部分才能协调整体工作，使个体与环境接触顺利、反应适当（Ayres，1969）。对于严重的伴有视知觉、空间障碍的数学障碍儿童来说，可进行必要的感知觉—动作统合训练，以提高他们在这方面的能力。例如可采取前滚翻、丢球、跳绳活动来培养他们的空间运动能力；通过临摹图案、笔画、连线走迷宫来提高他们的视动协调能力。

2. 记忆策略训练。针对数学障碍儿童的工作记忆缺陷，我们可以教给其不同的记忆策略。通常记忆策略有联想、组块和借助媒介提示。联想是头脑中由一事物（或观念）想到另一事物（或观念）的心理活动。联想是一种思维方式，也是一种记忆方法。巴甫洛夫认为，联想是由两个或几个刺激物同时或连续地发生作用而产生的暂时神经联系。实际上联想策略与数学运算关系不大，毕竟数学涉及的记忆不是太复杂。同样，组块也是在涉及大量、复杂的信息时，效果才比较明显。针对数学学习中的特点，我们可以要求低年级的儿童在环境允许的情况下，大声说出计算步骤，或借助手，以声音或手指作为媒介进行运算；对于高年级的同学，可以诱导其把关键变量、关键数据写在纸上，计算步骤每步也尽量写清，从而减少自己的记忆负担，提高准确性。

3. 表征技术训练。这种方法指对数学题中所呈现的信息和观念进行解释和表征。许多研究表明，建构一个恰当的问题表征是数学问题解决的关键环节。解决数学问题时的表征方法包括图示的（如画图表）、具体的（如动手操作）、言语的（如语言训练），其中很重要的一点是指导学生辨别问题中各关键成分之间的重要关系。研究显示学生使用具体的材料学习数学，确实能更精确、更充分地理解一些数学陈述，激发更多的动机和作业行为，这样能更好地理解数学思想，并把它们运用到实际生活中去。

4. 计算机辅助教学。计算机给数学障碍儿童提供了独特的机遇去适应很多情况，弥补了他们自身的弱点。计算机辅助教学模式对培养中学生数学学科自我监控学习能力有促进作用。该模式对数学学科自我监控学习能力低的障碍学生，可以有效提高其对数学的意识，能够额外地对其进行补救，尤其是当与表征技术训练结合使用时能收到更好的效果。

5. 认知和元认知策略训练。有效的数学问题解决依据选择和采用适当的认知和元认知过程来理解、描绘和解决问题。认知过程可作为“去做”策略，元认知作为“反思”策略。认知策略的应用离不开具体的数学内容，所以认知策略的教学应作为学生面临的实际学习任务的一部分来教，通过提供策略可以应用的情境，让学生逐步学会数学的认知：（1）在知识形成过程中渗透认知策略；（2）按程序性知识学习规律教认知策略；（3）用认知策略指导变式训练。元认知就是对自己认知的认知，属于自我意识的范畴，它是一种极为重要的认知策略。思维策略的元认知外显训练和内隐训练比一般思维策略训练对小学生的解应用题能力具有更明显的促进作用，有研究表明：外显训练更有利于男生的应用题解题能力的提高，内隐训练则更有利于女生的应用题解题能力的提高。自我提问的元认知训练方法能让学生在自我监控过程中反复体验到自己的思维过程，并与所教的思维方法反复对照，及时更正不正确的解题思路，使自己真正掌握老师所传授的几种相互联系的思维策略。所以解题过程当中的自我提问训练不失为一种十分有效的元认知训练方法。

（二）数学障碍的教学干预

学生学习的数学知识不应当是独立于学生生活的“外来物”，不应当是封闭的“知识体系”，更不应当只是由抽象的符号所构成的一系列客观数学事实（概念、定理、公式、法则等）。尽管数学具有抽象性、逻辑性及系统性三个特点，但在实际的数学教学过程当中，还是特别要强调结合学生的实际生活，建立经验联系，可从以下四个方面入手：

1. 数学知识尽管表现为形式化的符号，但它可视为具体生活经验和常识的系统化，它可以在学生的生活背景中找到实体模型（黄翔等，2002）。现实的背景常常为数学知识的发生发展提供情境和源泉，这使得同一个知识对象可以有多样化的载体予以呈现。另一方面，数学知识的形成过程又是可以在教师的引导下，通过学生的自主活动来体验和把握的。所以教学过程中，应尽量使学习材料的呈现更为形象、直观、生动。

2. 数学知识具有一定的结构，这种结构形成了数学知识所特有的逻辑性，而这种结构特征又不只是体现为形式化的处理，它还可以表现为多样化的问题以及问题与问题之间的自然联结和转换，这样，数学知识系统就成为一个相互关联的、动态的活动系统。所以，教学过程中，应该保持知识的前后连贯，防止学生的知识脱节。很多数学学习成绩落后的学生，并不是由于其能力缺陷，而很有可能仅仅是因为某部分知识缺漏，一环套一环恶化，从而导致积聚效应。所以针对此类学生，要找准问题根源，查漏补缺尽快跟上进程。

3. 知识的抽象程度、概括程度表现出层次性——低抽象度的元素是高抽象度元素的具体模型。例如，数字是抽象字母的具体模型，而字母又是抽象函数的具体模型。同一个对象在不同的学习阶段，或者对具有不同背景的学生而言，表现出不同的抽象程度。例如运算，对于小学生来说，就是数的四则运算，而对于初中生而言，它还可以是代数式运算，甚至几何变换；函数也是如此，对小学1—4年级学生来说，它只是一个数式；对于小学5—6年级学生来说，它还是一个模式，表示两个对象之间的一种确定联系；而对于初中生来说，它则是一种表示变化现象中变量之间关系的数学模型。因此需要掌握不同阶段学生的心理发展状况，选择适当的教学方法，揠苗助长的做法切不可取。

4. 在教授知识的同时更应注重教授学习策略，授人以鱼不如授人以渔。学习策略是指学习者在学习活动中有效学习的程序、规则、方法、技巧及调控方式。它既可是内隐的规则系统，也可是外显的操作程序与步骤。有些儿童在数学学习上存在困难，并非本身能力不够，而是他们在数学学习中总是处于消极被动的地位，不会运用有效的学习策略。实践中人们总结了几种比较实用的数学学习策略：（1）模仿接受学习策略，也即在看完例题或学完一种新的方法后，改变数据，进行同类型的习题解答；（2）迁移类推学习策略，即在学完某类题目解法之后，进行相似题型的解答，如把原有题型的已知未知互换再改变数据等；（3）实践操作学习策略，如在学习立体几何中，让他们实例操作往等底等高的圆锥与圆柱注水或加沙，体会它们之间的体积关系；（4）合作研讨的学习策略，通过同学之间互相讨论，介绍经验与心得而获得一定的学习方法。这种方法的好处是：由于学生之间年龄相似、思维习惯也相似，故而一些有效的学习方法能够在学生之间得到很好的传输与接受。

（三）数学障碍的情感动机干预

尽管不把情感动机因素纳入诊断与评估数学障碍的标准，但特殊教育干预中却不能忽视这些因素。一些数学落后的学生不仅存在能力不足，而且在情感上对数学有畏惧或抵制心理。因而，提高学生对数学的兴趣，从情感上让儿童对数学有亲近感，提高学生的数学学习效能感是减少“数学障碍”的重要措施。而有效的数学学习来自于学生对数学活动的参与，而参与的程度却与学生学习时产生的情感因素密切相关，如学习数学的动机与数学学习价值的认可、对学习对象的喜好、成功的学习经历体验、适度的学习焦虑、成就感、自信心与意志等等。心理学理论表明：个体的动机、情感、意志、气质等非智力因素对数学学习以及智力开发有着很大影响。事实上，这些非智力因素本身也是个体全面发展的重要标志。除针对数学障碍学生外，我们的数学教学活动显然应当把全体学生的非智力因素教育作为教学目标之一。

只注重学生的智力发展，不顾学生的心理承受，超负荷训练的数学课程可能会给学生的数学学习经历留下阴影，促成许多数学障碍儿童“失败者”的心态，并以这种心态去面对今后的人生。因此在帮助其克服学习障碍的同时，教师应该更多地关注学习的情感因素，使学生的非智力因素与智力因素协调发展。事实上，健康与富有活力的学习活动，独立思考与合作交流的学习方式，自信以及相互尊重的学习氛围非常有利于非智力因素的发展、有利于健康人格的形成。因此，教师应当为学生创设一个宽松的数学学习环境，使他们能够在其中积极自主地、充满自信地学习数学，平等地交流各自对数学的理解，并通过相互合作去解决所面临的问题。

上述这些非智力因素在很大程度上还属于外部动机，外部动机转变为直接指向数学学习的内部动机是更加重要的。而这一转变的实现来自于多方面：除了消除挫败感、获得成功的体验以外，教师还可引导其体验对数学本身的感受、领悟和欣赏等。

诚然，不同的个体，其认知发展、情感和意志要素不完全相同，但相同年龄段的学生却有着整体上的一致性，而不同年龄段的学生在整体上有比较明显的差异。

刚进入学校学习的低年级学生更多地关注“有趣、好玩、新奇”的事物。因此，学习素材的选取与呈现以及学习活动的安排都应当充分考虑到学生的实际生活背景和趣味性（玩具、故事等），使他们感觉到学习数学是一件有意思的事情，从而愿意接近数学。然而，学习障碍儿童由于从小缺乏足够的与数学相关活动的生活经验、数学相关能力没有得到充分的发展，从而导致在学习数学过程当中产生极低的自我效能感。因而教师在教学过程当中应及早诊断出这类儿童，避免布置给他们过难的作业任务，不断鼓励他们走出在数学学习上的沮丧感，以更通俗、更有趣的方式引导他们学习数学的兴趣。

由于处于不同发展阶段的儿童，其思维水平、思维方式与思维特征有显著的差异，但是发展主要通过学习活动来实现，有效的数学学习也应当经历不同的阶段性。而数学障碍儿童极有可能是既往数学活动经验不丰富，数学能力发展处于较低的阶段，与此相适应，教师应该给学生提供适合他们自己思维水平和思维方式的学习素材，应当让学生经历对他们来说有意义的学习活动。

与所有其他障碍儿童一样，数学学习障碍儿童不仅需要教师更多的关注，更需要来自家庭内部的理解和帮助，毕竟，家庭是人生最初以及最重要的课堂，而且是最温暖的心灵港湾。当家庭、学校乃至社会，对障碍儿童都予以最真诚的理解和帮助时，相信其能很好的克服障碍，至少他们能够很好地适应学习和生活。

第四节　针对学习障碍儿童的个别教育方案（IEP）

一、个别化教育方案的含义及功能

罗比被学校心理学诊断为阅读障碍，有关他的个别化教育方案（IEP）是如何实施的？罗比的老师说："当罗比刚到学校的时候，他明显需要帮助。我们获得了他的有关纪录并在第一天为他开了一个制定个别化教育方案（IEP）会议。我们给他制定了一个临时的 IEP。在他的所有评估结果出来之前，我们为他开了两次 IEP 会议。"

（一）个别化教育方案的含义

上面所说的 IEP（individual education program）指的是个别化教育方案。那么什么是个别化教育方案？简单来说是一项针对学习障碍者的学习而制定的教育计划。它是由地方教育部门的代表、医生、心理学家、教育学家、教师、学校负责人、社会工作者、学生家长或监护人和学生本人共同组成小组，为每个鉴定有学习障碍的学生制定的一份书面教育计划，作为教育学生的工作依据。个别化教育方案必须征得其家长或监护人的同意才能实施。

IEP 计划源于美国，1997 年美国修订后实行的《残疾人教育法》（IEDA），规定为 0—21 岁残疾人提供免费的、合适的公共教育，指出了残疾学生的四项教育权利：

一是对某种残疾的特性做出全面、非歧视、科学的系统评估，任何一个评估手段都不能作为最后诊断的唯一依据；

二是学生有权接受满足其个别需要的免费、合适的教育；

三是教育安置的原则是"最小限制环境"宗旨，是使学生积极参与到普通教育课程当中，最大限度地把学生安排在与健全学生一起的环境中学习；

四是提供辅助性设施和服务来保证教育课程的成功实施。

（二）个别化教育方案的功能

个别化教育方案必须针对每一名学习障碍的学生进行设计与实施。比如，在美国，根据法律，个别化教育方案对管理功能、沟通功能和明确义务职责功能，都有相应的规定。

1. 管理功能

管理功能体现在该计划保证为学生提供并实施满足学生自身需求的、合适的教育服务。

2. 沟通功能

沟通功能体现在该计划需要一个包括各学科专业人员组成的专家组，合作开发出书面计划，详细列出合适的教育服务的内容和预期结果等等。

3. 明确义务职责功能

明确义务职责功能体现在专业人员有义务参照制定的各项具体目标，监控学生进展情况并定时评估。

二、个别化教育方案的内容

在美国，根据《残疾人教育法》（IEDA），个别化教育方案的内容应包括：该学生受教育的现状；应达到的短期目标和年终目标；为该生提供的专门服务设施；该生参与普通教育计划的程度说明；实施本计划的预定日期和期限；衡量本计划目标实现与否的标准和评估手段。就目前来看，我国的个别化教育方案设计的内容与美国没有太大的差别，主要内容如表 11-1 所示：

表 11-1　个别化教育方案 IEP 必须包括的内容

个别化教育方案 IEP 是关于每个障碍学生从 3—21 岁情况的书面陈述，不管它在什么时候被制定或修改，都必须包括以下内容：

1. 学生目前的教育成就水平，包括：（1）6—21 岁学生的障碍状况对他们参与普通课程并取得进步有哪些影响；（2）3—5 岁学前儿童的障碍状况对其参与合适的活动有哪些影响。
2. 可量化的年度教学目标与短期教学目标。目标的制定必须适应两方面的要求：（1）障碍儿童参与普通课程学习并有进步的需求，或学前障碍儿童参与合适活动的需求；（2）障碍儿童的其他教育需求。
3. 所提供的特殊教育、相关服务、辅助性器材及服务；或是为了学生的利益要对特殊教育计划作哪些调整，对学校教学人员提供哪些资源。其目的在于：（1）帮助障碍学生尽可能地实现年度教学目标；（2）障碍学生能够参与普通课程的学习以及课外及其他非学术性的活动并有所进步；（3）使障碍学生能与其他障碍学生以及身心正常儿童共同接受普通教育、共同参与活动。
4. 障碍学生不能参与普通班学习和课外活动有其他非学术活动的范围与程度。
5. 障碍学生如参加州或学区的学习成就评定，评定计划需要根据学生的障碍情况作哪些调整；如果 IEP 小组认为学生无法参加州或学区的学习成绩评定，则需要说明评定计划为什么不适合该障碍学生以及该生的学习成就应如何评定。
6. 各项计划与服务的开始日期、频率、地点及持续时间。
7. 衔接计划，包括：（1）障碍儿童 14 岁开始及以后每一年需要哪些衔接服务，尤其要说明该儿童学习课程时（如进入更高阶段学习的安置课程或职业教育方案）需要的衔接服务；（2）障碍儿童从 16 岁开始（如果 IEP 小组认为合适，可以更早一些）需要哪些改革衔接服务。这些衔接服务包括各有关机构在提供衔接服务时应承担的责任，或各有关机构联合起来时须共同承担的责任；（3）至少在障碍学生达到法定成人年龄（通常为 18 岁）的前一年，告诉他们拥有哪些法定权利。达到法定年龄时，一份关于法定权利陈述的书面文件将由父母处交到学生手中。
8. 如何测量障碍学生为达到年度目标所取得的进步；怎样让家长及时了解学生实现年度目标的进度，IDEA 要求学校与障碍学生家长联系的次数不得少于联系正常学生家长的次数。

个别化教育方案是由施测人员（以及其他按规定应该参加的人员）在对学生进行测评的基础上制定的，并且要求考虑学生发展的结果。

三、个别化教育方案的设计

（一）年度目标和短期的教学目标的设计

个别化教育方案中的年度目标是指由教育专家依据儿童个体存在的问题、原因及影响其问题的因素所制定的以一年为期限的培养目标。个别化教育方案的年度目标是概括性质的目标，在它的指导下，会生成一些具体的、短期的、可操作的目标，这些目标被称为短期的教学目标。短期教学目标依次排序后如能按期实现，就会逐步实现整个教育的培养方案。

【案例】

小云：10 岁，阅读时，读得特别慢，口齿不太清楚，很多字音读不准。对他进行一系列的检测如下：智力检测结果为 90；经过医学检查小云的大脑言语区中枢神经受损；最后确定其为阅读障碍。然后对其进行障碍程度测试，结果为中度阅读障碍，即一分钟读 15—20 个字，还有错字现象。为小云制定的个别化的教育方案如下：

表 11-2 个别化教育方案

目前水平	长期目标	短期目标	开始执行与持续时间	特设训练	正常教育	评鉴计划	其他
一分钟读 15 个字左右，8、9 个词，读句子很慢总有错字，智力检测结果为 90。学习动机弱	五分钟内能完整、较顺利地读完一篇二百字左右的文章，正确率在 85% 以上	能把给定的字读准 85% 以上	3. 1—3. 4	卡片法，300 个笔画简单的字，挑字法	教师多为其创造发言机会并耐心指导，家长给孩子自信等	基本达标	阅读以外的其他能力变化情况等，教育地点是家庭，学校还是专门的训练机构即教育形式
		能把给定的词读准 85% 以上	3. 15—3. 3	同上 300 个词		基本达标，学习动机加强	
		能把给定的句子顺利读下来，错字在 15% 以下，限定时间内读完句子	4. 1—4. 3	听故事，在故事中找出喜欢的句子。有感情大声朗读等训练		基本达标，阅读带有感情	
		能在限定时间内读完文章片断，错字较少	5. 1—6. 1	听故事，读故事，讲故事等训练		基本达标，阅读能力加强，带有感情	

（二）一般课程的设计

学习障碍学生一般课程的设计，主要是针对学习障碍学生在学习中存在的问题结合学校中所学的课程制定的一个比较全面的课程学习计划。其目的是针对学生的实际问题，编排一个合理的课程计划，以保证对学习障碍学生的教学有组织、有计划、有系统、有效率和效果地进行。

表 11-3 个别化教育方案（IEP）的年度课程计划

2007 年 9 月 2 日	提出者：张 文
2007 年 9 月 4 日	父母被告知，同意评估
2007 年 9 月 14 日	完成评估
2007 年 9 月 15 日	联系父母
2007 年 9 月 16 日	总委会开会，小组委会分派任务
2007 年 9 月 24 日	小组委员会设计个别教育计划
2007 年 9 月 26 日	总委会通过个别教育计划

	时间	课程	教师
第一学期	8:00–8:40	数学	李微微
	8:50–9:30	语文	王华（资源教室）
	10:00–10:40	英语	Rose
	10:50–11:30	社会	赵 萍
	午餐		
	13:00–13:40	体育	张 于
	13:50–14:30	音乐	张 文
第二学期	8:00–8:40	语文	王华（资源教室）
	8:50–9:30	数学	李微微
	10:00–10:40	英语	Rose
	10:50–11:30	社会	赵 萍
	午餐		
	13:00–13:40	美术	郝 佳
	13:50–14:30	音乐	张 文

个人信息

姓名：李小童

学校：××小学

出生日期：1995 年 4 月 2 日

年级：五年级

父母姓名：李军；韶华

地址：哈尔滨市××小区

联系电话：××××

委员会成员

张 文

推荐教师

赵 萍

最小限制环境的其他负责人

辛 雨

父母

李 军 韶 华

其他教师

李微微 王 华 张 于

个别化教育方案生效日期：2007 年 9 月 20 日

测验信息

测验名称	测验时间	测验内容
考夫曼教育水平测试	2007 年 9 月 10 日	拼写标准成绩：80 数学标准成绩：106 阅读标准成绩：76
非正式性最优发音测试	2007 年 9 月 12 日	20 个发音规则掌握 5 个
课程本位测量	2007 年 9 月 17 日	阅读水平三年级 理解率：60% 正确率：74 词/分钟
课程本位测量	2007 年 11 月 10 日	阅读水平三年级 理解率：50% 正确率：70 词/分钟
社会技能检核表		

安置体系

	每周小时数
普通教室	24
资源教师在普通教室	4
资源教室	4
阅读专家	2
言语/语言训练师	1
教育顾问	—
特殊教师	—
转衔教师	—

健康状况

视力：良好

听力：良好

体格：一般

其他：

其他：

四、学习障碍儿童资源教室的布置

资源教室是在普通学校或特殊教育学校建立的集课程、教材、专业图书以及学具、教具、康复器材和辅助技术于一体的专用教室。资源教室具有为有特殊教育需求儿童提供咨询、个案管理、教育心理诊断、个别化教育计划、教学支持、学习辅导、补救教学、康复训练和教育效果评估等多种功能。资源教室可以满足具有显著个别差异儿童的特殊教育需求，为他们在普通学校接受平等的教育提供最适合的环境与条件。

资源教室坚持直观性、补偿性、趣味性、针对性的原则，在个别辅导的基础上使用辅导法、演示法、分类教学法、操作法、练习法、电教法及综合训练法等对学生进行教育和训练。根据学生的需要设置相应的区域，并针对每一个儿童的特殊需要安排学习与辅导。

(一) 资源教室的功能及使用要求

对于大多数学习障碍儿童来说，应以普通班上课为主，业余时间在资源教室上课。最重要的是，资源教室不仅针对儿童，而且针对普通教师。特殊教育的教师应当及时与普通班教师沟通，以促进教学效果。

资源教室最好有独立的房间，每星期特殊教育教师有半天以上的时间与普通班的教师进行交流，讨论儿童进步情况。资源教室每班儿童人数一般为 6—12 人。一般不能让 3 个以上的儿童在 1 间资源教室中上课，如果有专门的助理教师，则可以增至 6 名儿童。一般每个儿童每天在资源教室的时间不超过两个小时，教师应与家长积极沟通，以促进家长在教育上的配合。

(二) 资源教室的布置

资源教室的布置对教学活动的开展和课堂管理会产生巨大的影响。资源教室的布置会影响学生主动学习的时间、能否认真听讲和影响学生破坏性行为的出现率。富有人性化、精心布置的教室会让教师顺利开展教学，不会造成混乱，而且教师能轻易地观察到学生的一举一动，反过来学生也可清楚地看到教师，倾听教师的讲解。在布置教室的时候，教师要充分考虑如何对学生的座位、学习用具的摆放和特殊活动区等进行设计。以下仅就特殊活动区的设计进行说明：

在设计和布置教室的时候，很重要的一点就是安排好具体活动区（如：数学的教学活动区，语言课的教学活动区或自学活动区），因为教师要充分利用教室空间组织小组教学。教室里的特殊活动区有：

1. 学习区

把教学区分隔成若干个学习区是很有必要的。在低年级，这些学习区主要是指阅读学习区、数学学习区、语言学习区、书写学习区、拼写学习区和一些学科的学习区，如：自然科学学习区、社会科学学习区和保健课学习区。学生可以在学习区里学习，存放相关的学习用具和教材。在中高年级，教室里的学习区可以少些，但相应的教学活动区、语法教学活动区、听力教学活动区和阅读教学区等是必须要有的。

2. 教师区

教师需要一定的区域进行小组教学和大组教学。此外，教师还需要存储教材和个人用具。教师区还应方便教师检查学生的教学活动。

3. 学生独立活动区

每个学生都需要自己的空间来存储学生用具，坐在教室里参加全班活动或合作式学习、独立学习等等。通常，学生有自己的课桌，但对那些注意力不集中或学习困难的学生来说，教室应为他们提供安静的学习区域，如离学习区较远的书架式书桌或课桌。学生应该服从教师的安排，因为这有利于自己的学习，而不是一种惩罚。

4. 视听区

设计独立的区域，供学生看电影、幻灯片、录像，这对学生的发展是非常有益的。视听区还应配有录音机、磁带、录像机或计算机。很多教室没有独立的视听区，在这种情况下，一些区域可以行使双重职能（如阅读区也要作为视听区）等。

在布置教室的时候，教师要注意教室的整体环境应该是令人感到愉快的。教师必须根据教学内容和教学风格，充分利用可用资源和空间。资源教室的具体布置如图 11-3：

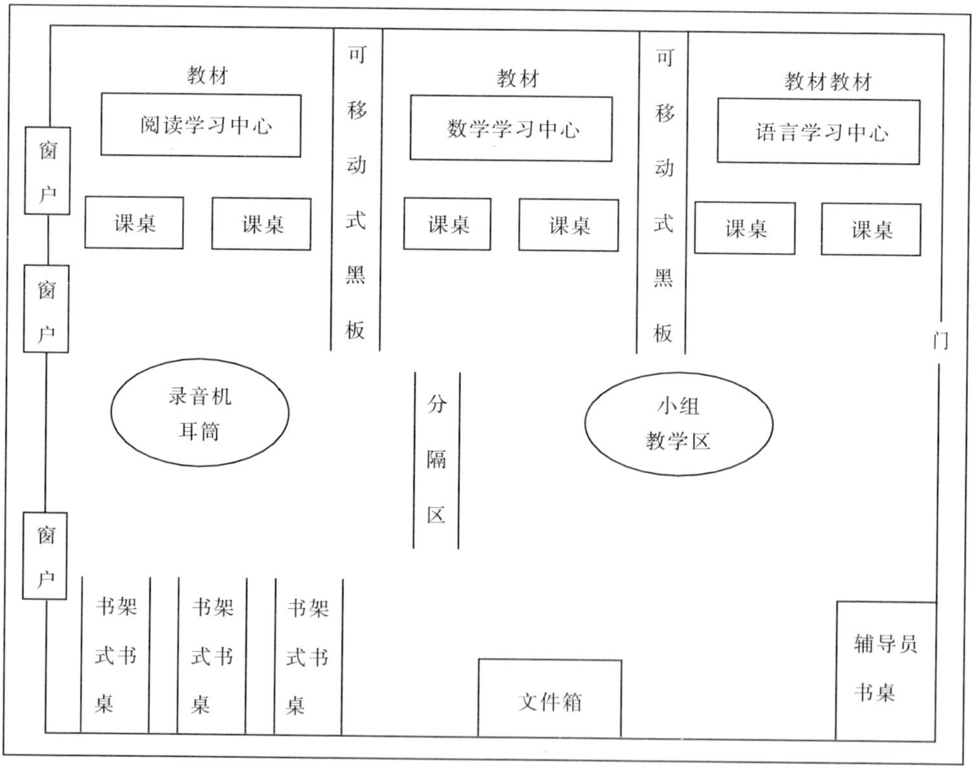

图 11-3　资源教室布置示意图

（三）资源教室的教育服务

许多学习问题学生大部分时间是在普通班度过的，只有部分时间到资源教室上课（如每天45—60分钟）。资源教师在校内工作，和许多普教教师一起给学生上课。因为资源教师每天要为20—30位有学习问题的学生上课，并为学生各自的教师提供教学建议和咨询服务，他们一定要具备较高的能力和平易近人的优良品质。

资源教师应为普教教师提供以下的支援性服务：

1. 参加家长会；
2. 与普教教师非正式会谈，讨论学生进步状况；
3. 在资源教室里进行补救教学；
4. 提供学生行为特点的信息；
5. 提供学业评估资料；
6. 定期安排会议，评估学生学业进展情况；
7. 提供教学材料；
8. 对教学材料的选取提出教学建议；
9. 提供学生活动和学业进展的书面报告。

五、教师与个别化教育方案

在整个个别化教育方案的实施过程中，教师的投入是关键，教师在个别化教育方案实施的过程中处于核心地位。教师是将个别化教育方案与实施融合为一体的"命脉"；是将各种教育力量和信息整合为一体的纽带。

（一）教师在个别化教育方案中的作用

1. 教师是个别化教育方案的制定者之一

如前所述，学习障碍学生的个别化教育方案是由包括教师在内的地方教育部门的代表、医生、心理学家等组成的小组，为每个鉴定有学习障碍的学生制定的一份书面教育计划，作为教育学生的工作依据。其中教师作为制定个别化教育方案的主要人员，要负责相关学生的基本资料的搜集工作，建立学生的个案资料；负责学生的初步筛选工作和专业鉴定的配合工作；参与制定学习障碍学生的个别化教育方案；编写资源教室的教学方案；选编教材，准备适合学生使用的教科书和其他教学材料。教师所做的这些工作，是为其具体实施个别化教育方案做前期准备。

2. 教师是个别化教育方案的具体执行者

如果说参与制定个别化教育方案的人员是以小组的形式进行的，而具体实施方案主要是由教师来完成。教师在实施方案的过程中，要依据方案中的目标、任务和要求对学生进行直接的教学辅导；经常与普教教师、家长等相关人员进行沟通，与他们交流信息；随时向参与制定方案的教育专家或权威人士反馈方案实施中的问题，在方案调整过程中提出意见或建议；还要对方案的进展情况及学生的学习效果进行评价等等。可见，教师是个别化教育方案的具体执行者，是个别化教育方案得以贯彻落实的关键。

（二）个别化教育方案的实施对教师的要求

个别化教育方案能否成为有效的方案，教师所起的作用是巨大的。这就要求执行个别化教育方案的教师有着不同于一般教师的素质：

1. 有比较丰富的学习障碍方面的理论知识

执行个别化教育方案的教师，要具备一定的有关学习障碍方面的理论知识，以理论为指导下的实际操作才会有目的，才会灵活地执行方案，才会在实际操作中及时发现问题、总结经验，顺利实现方案制定的目标。

2. 具有丰富的普通教育经验

一般来说，从事个别化教育方案的教师应当具有一定的在普教教学岗位工作的经验和技能。执行个别化教育方案的教师即使是在普通学校里执行，也是在从事着特殊教育。特殊教育有其特殊性，但与普通教育有其共性的方面。如果一名执行个别化教育方案的教师具有了普通教育的经验和技能，他只要掌握特殊教育的特殊性，就不难把方案执行好，把方案的目标完成好。普通教育的经验是教师执行个别化教育方案的可贵财富。

3. 了解学习障碍儿童的心理

通过观察发现，学习障碍儿童多数因学习成绩不良而受到学校教师、家长及同学的不公正待遇。这些儿童可能在学习障碍问题的影响下已经产生了诸如自卑、胆怯、孤独、自暴自弃等心理问题。作为执行个别化教育方案的教师，对学习障碍学生的心理问题的了解是执行方案前应做的重要工作之一。这也是对个别化教育方案实施者的一项基本要求。

4. 具有一定的组织管理能力

个别化教育方案的实施，主要是教师在对学生直接地进行学习辅导的过程中完成的。教师对学生进行的学习辅导虽然人数很少，但教师也要管理好学生，如辅导中的学生的行为表现、注意力和辅导过程各环节的进展或调整等。这就要求教师要具有一定的组织管理能力，教师的组织管理能力是完成方案的保证。

5. 有为学习障碍儿童服务的热情和耐心

学习障碍儿童因学习问题，可能会有许多让教师不能理解的问题出现，如简单的两位数乘法教几天也教不会；一个汉字怎么教他也记不住等。学习障碍儿童在学习上表现出来的这些问题是经常的，也是普遍的，当然对他们来说也是正常的。但对教师来说，这是一种极大的耐力考验。这需要教师有着为学习障碍儿童服务的热情和耐心。教师的热情和耐心是保障个别化教育方案能否顺利实施以及能否执行到底的重要因素。

（三）教师在执行个别化教育方案时应注意的问题

1. 严格执行个别化教育方案

学习障碍学生的个别化教育方案是由包括教师在内的特殊教育小组，针对学习障碍学生的个人情况制定的矫治计划。教师作为方案的执行者，肩负着执行方案的任务，对方案的执行要做到不折不扣，严格按方案的要求操作。

2. 做好方案各环节的实施工作

在方案实施过程中，教师要依据方案的要求，做好学习障碍学生学习辅导的备课、辅导、作业批改和教育后记等工作。教师学习辅导前的备课要针对性强，要求有一个个别化教育方案；学习辅导过程中教师要有耐心，一方面要按计划进行，另一方面还要依学生在辅导中的表现，改变自己的辅导内容、方法或策略；辅导内容结束后要对学生进行学习效果的考查，考查的卷子或作业，最好能当着学生的面进行批改；辅导后，教师要认真做辅导后记，记录辅导过程中学生的实际表现，辅导计划的执行情况及提出下次辅导的改进办法。

3. 及时反馈方案执行情况

教师在方案的执行中，根据方案实施过程中各环节、各阶段学生的表现及学习效果，要及时向特殊教育小组或教育专家反馈情况，以便及时调整方案。

4. 对方案执行后无成效的学生提出转介意见

教师是个别化教育方案的制定者和执行者，学习障碍学生接受个别化教育方案的情况，教师最有发言权。由于学习障碍学生接受特殊教育的机构不同、权威性有差异。教师在执行个别化教育方案基本无效的情况下，要针对学习障碍学生的实际状况，提出将学习障碍学生转介到其他更具权威性的特殊教育机构去矫治。

【建议参考资料】

1. 刘翔平．学习障碍儿童的心理与教育［M］. 北京：中国轻工业出版社，2010.

2. 詹森．不同的脑，不同的学习者：如何触及最难触及的核心［M］. 董奇，译．北京：中国轻工业出版社，2006.

3. 本德．学习障碍［M］. 胡永崇，译．台北：心理出版社，2006.

【问题与思考】

1. 什么是学习障碍？它与成绩落后是什么关系？
2. 学习障碍可以分为几个类型，每个类型的主要表现特点是什么？
3. 为什么说阅读障碍是学习障碍的主要类型？
4. 如何诊断与识别阅读障碍？
5. 阅读障碍可以分为哪两个类型？每个类型的心理机制和表现是什么？
6. 如何矫正解码型阅读障碍？
7. 数学障碍可以分为几个类型？每个类型的表现是什么？
8. 如何理解计算障碍的心理机制？如何矫正计算型障碍？
9. 如何理解视空间落后型数学障碍的心理机制？
10. 如何制定个别化教育方案？教师在个别化教育方案中的作用是什么？

第十二章 注意力缺损多动障碍的诊断与矫正

【本章提要】

本章主要介绍注意力缺损多动障碍，定义、诊断标准、症状、亚类型、危害及其与学习障碍的关系。接着介绍了几种很有影响力的注意力缺损多动障碍理论模型，对我们理解和干预注意力缺损多动障碍有很强的指导意义。最后详细介绍了诊断该障碍的步骤、方法，以及干预的手段和策略。

【学习重点】

1. 掌握注意力缺损多动障碍概念、定义和诊断标准。
2. 了解注意力缺损多动障碍的两个类型及其行为表现和不同的心理机制。
3. 重点掌握评定和诊断注意力缺损多动障碍的过程。
4. 掌握注意力缺损多动障碍与品行障碍、学习障碍、情绪障碍的区别。
5. 了解行为矫正、交往训练对矫正注意缺损多动障碍的作用及其操作方法，掌握这些方法与药物治疗的不同作用。

【重要术语】

注意力缺损多动障碍　DSM-IV　注意缺陷型　多动—冲动型　混合型　对立违抗性障碍　品行障碍　情绪障碍　中枢神经系统低唤醒模型　认知—能力模型　行为抑制模型　持续操作测验 CPT

第一节　注意力缺损多动障碍的定义

在学习障碍者中，大约有 20%—40%的人同时伴随有注意力问题，临床上被诊断为注意力缺损多动障碍（attention deficit hyperactivity disorder，ADHD）。这类儿童在日常生活和学习中表现为注意力不集中，不持久，容易分散，性情急躁，任性冲动，而且自控能力差，与人相处困难，具有攻击性等行为问题。广义的学习障碍也包括这些注意力缺损多动障碍的人群。

一、注意力缺损多动障碍的定义

案例 1　小明是个小学三年级男孩，平时学习成绩不错。但最令家长和老师头疼的问题是，小明在学校里很难参加集体活动，经常会和同学发生冲突。平时在玩游戏的过程中，不管别人是否欢迎他，他就突然闯入，还经常把他人传递的讯息理解为具有攻击性的，与同学的摩擦不断，时间久了，班里的同学都不喜欢他。在上课时，他也坐不住，腿和脚老在桌子底下乱动，身体像装了马达一样，一刻也停不下来，而且经常没等老师说完话就插嘴。小明的父母平时对他要求很严格，试过很多办法管教孩子，但是效果都不尽如人意。小明自己也很苦恼，他也想让自己能够安静下来，认真听课，与同学和平相处，但他觉得老是控制不住自己。

案例2　贝贝是个10岁男孩，上四年级。据他父母说，从5岁开始，贝贝就表现出严重的注意力问题，感觉他经常在做白日梦。无论是在家里还是学校，在那些需要注意力集中的任务上，贝贝经常不能完全投入。据他的老师反映，贝贝经常会忘记任务要求，特别是当这些任务需要分步骤完成时，更是如此。写作业时，父母在旁边不断督促，但贝贝还是效率很低，有时写一个字就要花5分钟时间，甚至字只写了一半，就开始走神。这严重影响了他的学习成绩。父母和老师都认为其实贝贝智商并不低，在注意力集中的情况下，他能做得和其他儿童一样好。

像小明和贝贝这样的孩子临床上就被诊断为ADHD儿童。这是一组以注意力缺损，多动，冲动，唤醒不足，角色管理失控为主要表现特征的行为—情绪综合症候群，是儿童期常见的心理障碍之一。ADHD症状通常发病于儿童早期，一般是7岁以前，并且该症状随着以后的发展一直持续。

早在1845年，德国法兰克福的神经科医师霍夫曼就曾表述坐立不安的菲利普和汉斯的个案，让人了解这类儿童及其家长所遭遇的问题。这类儿童经常匆匆忙忙、马马虎虎、错误百出、处理不好事情。他们往往行为缺乏计划，考虑不周，没有事前想好就行动，因此常常感觉动作太快，并简化解答问题的过程（如在课堂中插话，不按照解题步骤进行，无法等待，不注意听讲）。他们很难专注地完成一件事，总是对新事物感到好奇并且快速转移目标，无法持续地掌握行动的目的。他们如同上了发条，随时随地都会行动，他们无法安静地坐一段时间，也经常因躁动而导致内在冲突。英国医生斯蒂尔于1902年首先把多动描述为一种障碍，他认为这些儿童的行为是意志缺乏和道德控制缺乏导致的。在随后的六七十年间，该障碍的名称历经了多次变更，包括轻微脑损伤、轻微脑功能异常、多动症等。概念的变迁一方面反映了人们对ADHD认识的不足，另一方面也反映了人们对它的关注和不断深入的研究。

二、注意力缺损多动障碍的诊断标准与分类

首次对ADHD的症状进行权威描述和定义，以便进行临床诊断的是1968年的美国精神病学会的《精神障碍诊断与统计手册》第二版（APA，DSM－Ⅱ）。但是，受到当时对ADHD认识不深的影响，该诊断标准简单地将ADHD症状定义为儿童活动过度。随后，1980年的DSM第三版（DSM－Ⅲ）中有所改进，并没有将ADHD看成是多动这个单一维度的障碍，首次将注意缺陷作为诊断ADHD

的核心症状，并将此症状归为两类：不伴随多动的障碍（ADD）和伴随多动的障碍（ADHD）。尽管在当时，将注意缺损纳入诊断标准仅限于临床的观察，实证研究并不多，但DSM-Ⅲ的出现诱发了大量的研究，并证实了这种分类的有效性。然而，令人费解的是，在1987年的DSM第三版修订版（DSM-Ⅲ-R）中再次将ADD排除在ADHD之外，没有对ADHD进行分类，这招来了研究者们的批评。于是1994年，DSM第四版（DSM-Ⅳ）重新回复到第三版的诊断原则，只是做了小的改动，并一直沿用至今，将ADHD界定为持久性的注意缺损和多动冲动。核心缺损为注意力缺损（inattention）、多动（hyperactivity）、冲动（impulsivity）。由于多动与冲动相关极高，第四版将ADHD的行为表现为两个维度（多动冲动和注意力缺陷），并据此区分了三种亚类型：注意缺陷型（ADHD/Ⅰ）、多动—冲动型（ADHD/HI）和混合型（ADHD/C）。以注意缺陷为主的亚类型（ADHD/Ⅰ）必须满足九条注意力缺陷症状中的六条及六条以上，例如“在完成任务或者游戏时常常无法保持注意”。以多动冲动为主的亚类型（ADHD/HI）要满足九条多动症状（如，“经常坐立不安地摆弄手脚或在座位上蠕动”）和冲动多动症状（如，“经常打断别人”）中的六条及六条以上指标。混合的亚类型（ADHD/C）则须同时满足多动—冲动症状中的六条及六条以上以及注意缺陷症状中的六条及六条以上。判定一个儿童患ADHD必须确定其症状出现在7岁之前，持续时间超过半年，须在两种以上的情境中都有这种症状表现，并伴有明显的功能障碍。如果该类儿童同时还出现普遍性的发育障碍（pervasive developmental disorder）、精神病性障碍或其他精神障碍，则不被诊断为ADHD。

三、注意力缺损多动障碍的危害

在我国，最近的一次调查结果显示，在学龄儿童中ADHD患病率大约为4.31%—5.83%，估计全国共有ADHD儿童1 461万至1 979万。由于注意力缺乏，多动冲动且伴有其他共病症，ADHD儿童的学业和情绪控制受到影响，各种问题行为的发生率较高。具体而言，ADHD儿童可能会在数学、阅读和拼写方面的成绩明显低于正常标准。由于言行冲撞，ADHD儿童经常受到同学的回避或排挤，有的孩子在家庭及学校里很难与同学、老师和睦相处，良好的人际关系较难建立，由此而产生负性情绪和行为问题。

尽管随着年龄的增长，ADHD儿童的多动水平会下降，但有随访研究发现，30%—80%的ADHD儿童部分症状持续到青少年阶段或仍符合ADHD的诊断。而且ADHD儿童在青少年阶段，交通事故发生率、物质滥用、反社会行为、行为障碍均高于正常儿童，学业成绩较差。关于ADHD儿童成年期的随访研究，也发现50%—65%的ADHD儿童的症状持续到成年期。而且ADHD儿童常常伴有其他儿童青少年时期的神经精神障碍，即共病症，如对立违抗障碍（oppositional defiant disorder，ODD）、品行障碍（conduct disorder，CD）、学习障碍（learning disabilities，LD）、情绪障碍（emotional disorders）等。巴克利认为，这些情绪问题和精神症状还会衍生其他更严重的行为问题，自信和自尊会随之降低或缺失，继发情绪障碍，焦虑的发生率为25%，心境障碍的发生率为20%。各种问题行为的发生率也较高，尤其是对立违抗障碍（ODD）发生率可高达50%，重症者会出现品行障碍（CD），发生率可达30%—50%。而且ADHD成人的反社会人格、反社会行为、违反交通法规的发生率均明显高于正常对照群体，他们的社会经济地位、社交能力低下，受教育程度和工作能力低，工作更换频率高等问题也很突出，无论给个人、家庭还是社会都造成了很大的负担。

四、注意力缺损多动障碍与学习障碍的关系

学习障碍是指智力正常但学习成绩落后的一类儿童的总称，是指在听、说、读、写、推理或数学等方面的获取和应用上表现出显著困难的一群不同性质的学习异常者的统称。它包括阅读障碍、写作障碍、数学障碍等特殊障碍。具有学习障碍的儿童缺乏学习某一课程的能力，即使在个别教学的情况下，他也很难掌握所需技能。而注意力缺损多动障碍的儿童由于其注意力问题经常导致学习成绩的落后。二者是从两个不同的定义和脑功能来加以规定的，一个是说自我控制能力的落后，另一个是听、说、读、写能力的落后。两者关系可以用下图来表示：

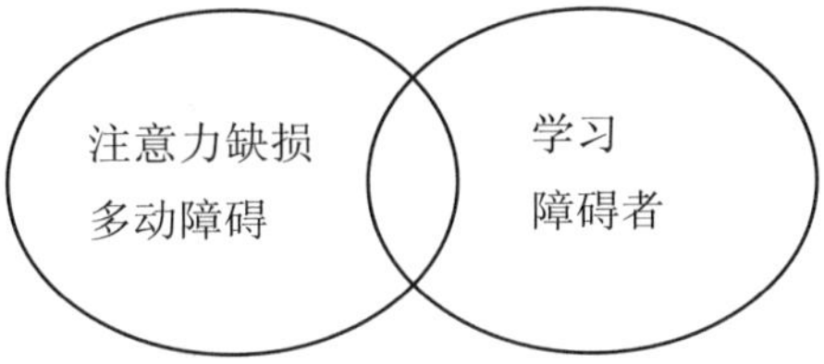

也就是说，注意力缺损多动障碍和学习障碍者的人群分布上有重合。平均来说，大约有三分之一或四分之一的ADHD儿童伴随学习障碍。约有40%的学习障碍者伴随ADHD。目前还不清楚是注意力缺损多动障碍与学习障碍是否有因果关系，但是有研究表明ADHD会影响学习成绩，尤其对儿童的阅读水平有很大影响。

第二节　有关注意力缺损多动障碍的理论模型

近30年来，大量的研究者分别从不同角度来研究注意力缺损多动障碍的致病原因，提出了很多理论模型，比较有影响力的理论如下。

一、中枢神经系统低唤醒模型

赛特菲尔德等人提出中枢神经系统低唤醒模型，该模型主要是从生理唤醒的水平探讨了ADHD缺损的实质。唤醒可被看成是一个对神经系统背后活动的测量指标。该理论认为，大多数任务的完成需要中等水平的唤醒，过高的唤醒水平会

导致行为紊乱；过低的唤醒水平会使人昏昏欲睡。ADHD 儿童比功能正常的儿童具有较低的唤醒水平，因此这类儿童需要高活动水平和寻求刺激行为来提高自身的唤醒水平。近年来对儿茶酚胺类化学递质与 ADHD 关系的日益确定在一定程度上支持了 ADHD 中枢神经系统低唤醒水平的理论。

二、行为抑制模型

巴克利将 ADHD 儿童所表现出来的行为缺陷归因于抑制控制的失败，临床观察到的 ADHD 的 3 种核心症状：注意分散或不能维持注意、冲动性和多动性都可描述为行为抑制障碍的不同类型。这里，巴克利所指的行为抑制主要指三种相互关联的过程：1. 对某一事件的最初优势反应的抑制，这种抑制最有可能发生在某一特定条件下；2. 阻止一个正在进行的反应，容许延迟以决定采取何种反应；3. 冲突控制，为了避免干扰事件和反应的破坏，产生对延迟阶段的保护，使自我导向的行为得以产生。

行为反应抑制使大脑在接受外界刺激后，有充分的余地来加工信息，使工作记忆和行为执行过程得以实现。但抑制不能自动地引发正确的行为动作，而要由行为的执行功能为中介。所谓执行功能，是指个体在实现某一特定目标时，以灵活、优化的方式协同多种认知加工过程的认知神经机制。巴克利提出了四种行为的执行机制：工作记忆；内化的语言；情绪动机的自我控制；行为重组。巴克利认为，抑制功能落后导致行为的执行机制缺陷，他将行为抑制称之为“第一执行”，他主张将抑制置于所有其他的执行性功能之上，认为抑制缺陷为其他执行性功能的次级缺陷负责，即 ADHD 的“核心”缺陷——反应抑制缺陷导致了其他的几个主要执行功能发展的二级缺损。具体结构如图 12-1 所示：

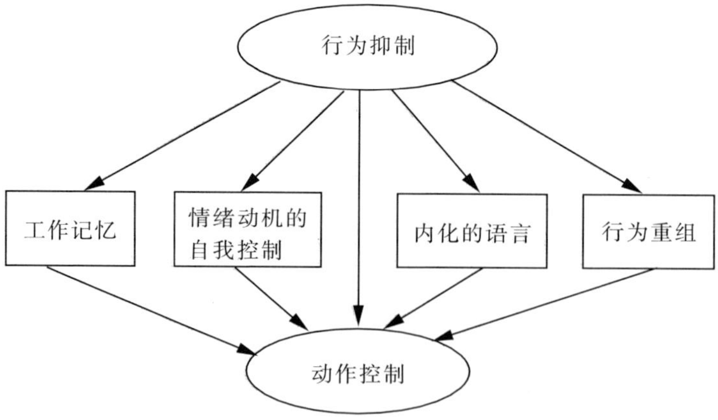

图 12-1 行为抑制模型（Barkley，1997）

目前行为抑制模型是得到研究者普遍认同的一个理论模型，不同的研究者在该模型基础上做了大量的实证研究，基本证实了ADHD儿童反应抑制能力缺陷的假设，但同时也存在一些争议。比如，有研究者发现反应抑制缺陷并不是ADHD儿童的特有缺陷，在有对立违抗行为、情绪障碍儿童的身上也存在反应抑制缺陷。

三、认知—能量模型

萨真特也承认ADHD患者具有抑制功能的缺损，但与巴克利不同，他认为抑制障碍是由于其生理唤醒（或能量）缺损导致的二级症状。该模型认为ADHD在认知机制、能量机制及其执行功能的控制系统三个水平上均受到损害。

在认知能量模型第一级水平上存在一组较底层的基础认知过程：编码（反应输入）、中央加工和反应组织过程（反应输出）。第二级水平由三个能量库组成：唤醒（arousal）、激活（activation）和努力（effort）。努力是满足一个任务要求的必要能量，那些影响努力的因素，如认知负荷、回报和惩罚等因素会妨碍一些个体的努力程度，而一般认为回报和惩罚是努力库操作的关键。唤醒被定义为阶段性反应，即锁定在刺激加工上的时间，影响唤醒的来源有三个：1. 由下丘脑调节的个体物质代谢过程；2. 当刺激是新异的、强烈的和令人困惑的时候，由这些刺激引起的定向反应；3. 来自意愿的、计划的和其他产生于额叶的思想等内部刺激源。激活是一种对即将进行的动作反应的激励准备，它表现为一种激烈变化的生理活动，激活库与基底神经和纹状体有关，在神经功能成像研究中，基底神经中枢和纹状体的激活证实了激活库的存在。激活状态受刺激呈现的速度影响，它可能改变被试的能量状态。第三级水平为管理/执行功能系统，也称管理—评价机制，这一机制与计划、监控、错误探测和纠正相联系，普遍地与执行性功能（EF）密切相关。其结构如图12-2所示：

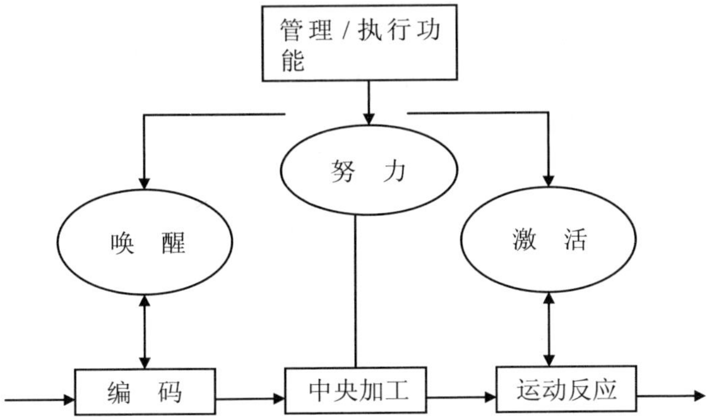

图12-2　认知—能量模型（Sergeant，2000）

根据认知—能量模型，认知的加工机制中编码、中央加工和运动反应三个阶段与能量机制唤醒、努力和激活三种“能量库”联系紧密。同时，这些认知加工过程和状态因素受到一个更高级的执行功能控制系统的监督和调控。ADHD 儿童可能在这三个水平上都存在着不同的缺陷，但其主要缺陷体现在努力、唤醒和运动反应这三方面。其中，激活和努力尤其关系到 ADHD 的执行功能抑制假说，激活库对于一个活动反应的抑制而言是必要的，对于 ADHD 的去抑制解释极为关键。

第三节　注意力缺损多动障碍的具体诊断步骤

对 ADHD 儿童的诊断，一般主要采用行为评估方法，但要从多方面、多角度同时收集信息，以确保诊断结果的科学性和准确性。诊断一般由专业的医生或学校心理学家来进行。他们一方面要从老师和家长那里获得有关儿童行为表现的资料，同时还要对儿童进行直接的观察以获得第一手资料。一般来说，对 ADHD 儿童的评估由如下几个部分组成：1. 对家长和教师进行访谈；2. 由家长和教师填写问卷；3. 在不同的环境中或者变化的实验条件下，对儿童的行为表现进行观察。具体来说，对 ADHD 儿童的诊断主要由以下三个步骤组成：筛选；采用多种方法进行评估；对评估结果进行解释。

一、第一阶段：筛选

此阶段需要了解的问题主要是：

1. 该儿童是否有 ADHD 方面的问题？

2. 是否需要对他进行进一步的评估？

筛选过程：与教师和家长进行访谈，以明确儿童的具体行为问题，并了解可能诱发或维持儿童这些行为问题的环境因素。通过教师和家长填写相应的问卷，获得儿童行为问题发生的频率等相关信息。

在最初的访谈过程中要着重了解儿童行为问题发生的频率、强度以及持续的时间。同时还要了解问题发生时的各种环境因素，如同伴的行为、任务难度等。该阶段的测评工具主要是 DSM-IV 家长和教师评定量表；以及 ADHD 评定量表（ADHD Rating Scale），这是一个 4 点量表，要求教师对儿童在 14 种症状上的表现进行评定，如果有 8 种或 8 种以上症状被评定为经常发生，那么就需要对该儿童进行进一步的诊断。反之，则不需要进一步地诊断，该儿童可能是由于其他问题导致注意力不集中等行为问题，比如学业困难等。

二、第二阶段：多种方法进行评估

该阶段要回答的问题如下：

1. 该儿童在 ADHD 相关症状上体现的程度如何？

2. 是什么因素（如生物因素，环境因素）导致这些行为问题？

3. 这些问题的频率、持续时间和强度如何？

4. 这些行为经常在什么样的背景下发生？

该阶段主要是从各个不同的方面，应用多种评估方法来对儿童进行诊断。首先，医生或学校心理学家要确定学生的问题行为，环境因素以及各种历史因素。学生的父母和家长要填写一些问卷以便确定该生的问题严重程度，以及与正常同龄儿童之间的差异，同时还要确定这些问题行为是否有跨情景性，是否该生在不同的成人面前都有相似的行为问题。最后，还要对学生的行为进行直接观察，并且收集有关他的学业成就方面的信息，以及他的这些行为问题对他的社会交往和学业造成的影响。

在这个阶段主要的测评方法有：教师访谈；了解学业成就；家长访谈；家长评定和教师评定；直接的行为观察；测量学业成就。

1. 教师访谈。该阶段不仅要参照 DSM-IV 标准要求教师对儿童的行为问题进行详细描述，还要了解儿童是否有对立违抗障碍（ODD）、品行障碍（CD）、学习障碍（LD）、情绪障碍（emotional disorders）等。这是因为，一方面，有些表面看起来符合 ADHD 的症状实际上可能是由其他问题引起的。比如，有些患有抑郁症的儿童就会表现出注意力不集中的问题。另一方面，正如我们前面提到的，很多 ADHD 儿童都同时伴随其他障碍，其中最常见的就是对立违抗行为（ODD），约有 40%—65%的儿童伴有此障碍。而且，对 ADHD 儿童的行为与情绪问题进行详细诊断有助于日后的干预治疗。

除此之外，教师还要提供有关学生社会交往情况的信息。比如，该生的交往风格，是否受同伴欢迎。许多 ADHD 儿童在与同伴的交往过程中经常会表现出控制性、攻击性，因此他们通常不被同伴接纳。

2. 了解学业成就。该阶段主要是了解儿童平时的课堂表现与学习中可能存在的困难。一般学生的在校记录通常包括该生的学习习惯以及课堂纪律方面的信息，ADHD 儿童通常在这一项上得分都低于年级的平均水平。比如，对于 ADHD 学生，他的在校记录中通常会包括不能按时完成作业，上课时未经允许频繁说话，坐不住等问题。

3. 家长访谈。对家长的访谈主要需要了解三方面的信息：首先，需要了解儿童问题行为的具体表现以及发生频率。与教师访谈一样，在这一过程中还要了解该生是否有情绪问题（如焦虑）或其他可能导致注意力不集中的潜在障碍。其次，需要了解儿童的早期发育情况。这主要是确定儿童表现出来的与 ADHD 有关的行为是在多大开始出现的。有研究表明，ADHD 儿童在入学前，早期的行为就主要表现为活动过度和难以控制自己。但是，在很多情况下，父母在儿童入学后才发现这些问题，此时，对儿童问题行为的解释就需谨慎，有时这些问题的出现是由于学业任务要求的增强导致，也可能由于父母缺少教育经验或者对儿童期望太高，把儿童的正常行为严重化了。最后，还需要了解该儿童的家庭成员中是否有人曾有注意力问题、情绪问题或学习障碍等问题。因为有研究表明，ADHD 可能会遗传，如果家庭成员中曾有人患有 ADHD，那么他的后代患 ADHD 的几率就会大大增加。还有研究发现，在 27%—32%的 ADHD 患者中，ADHD 儿童的母亲都曾有过抑郁症病史。同时，在 ADHD 儿童家庭中，父亲有反社会行为的概率要比正常家庭大。

4. 家长评定和教师评定。该阶段需要教师和家长填写一些问卷来使儿童的问题行为更加明确化和量化，以便于医生确定儿童行为的严重程度以及是否伴随其他的障碍。父母填写的问卷主要有儿童行为核查表（child behavior checklist, CBCL）和 Conners 家长评定量表（Conners parent rating scale）。教师需要填写的问卷主要有儿童行为核查表—教师报告表（teacher report form of the child behavior checklist, TRF-CBCL）和 Conners 教师评定量表（Conners teacher rating scale）。如果家长和教师在访谈过程中还反映儿童有其他方面的问题或障碍，医生或学校心理学家需要对这些问题提供相应的问卷让家长和教师进行评定，这样可以获得相应的量化信息，使问题更加明确。

5. 直接的行为观察。虽然访谈法和问卷法能够提供关于儿童的一些基本信息，但是在访谈和填写问卷的过程中，很难避免家长和教师的主观偏见的影响，因此，还需要借助于直接的行为观察，来获得更加客观的第一手资料。一般来说，行为观察每次会持续 10—30 分钟，医生或学校心理学家会在不同的情境下（如数学课、课间操、家里）对儿童进行多次反复观察，记录问题行为发生的频率、持续时间以及儿童交往风格，与同伴关系等内容。在观察过程中，医生会参照标准的关于 ADHD 的行为核查表进行系统观察。

医生和学校心理学家还可以借助实验法来对儿童进行观察，持续操作测验（continuous performance test, CPT）是测查儿童是否患有 ADHD 的经典测验，它利用计算机来测试儿童的选择性注意力能力、持续注意能力以及冲动行为等。测验一般持续 20 分钟，不仅能够提供关于儿童注意力方面的量化指标，而且由于测验时间长，任务相对枯燥，医生可以在测验过程中对儿童的行为进行观察（比如：东张西望、频繁询问测验时间、敲打键盘等）。

6. 测量学业成就。有很多 ADHD 儿童都会在学习中遇到不同程度的困难，因此对儿童进行学业方面的测试也是非常必要的。以往研究发现，ADHD 儿童由于注意力不集中、粗心等问题，他们常常不能完成全部的任务或者是正确率非常低。主要的测验有识字量测验、阅读理解测验等。因为有研究表明，很多 ADHD 儿童都伴随不同程度的阅读障碍。一般都采用常模参照测验，将儿童的成绩与常模团体进行比较，来获得更科学、更客观的信息。测验中主要对儿童的完成数量、完成时间和正确率等指标进行统计。

三、第三阶段：解释结果（诊断/分类）

该阶段需要回答的问题主要有：

1. 根据家长和教师的报告，判断该儿童的行为特征是否符合注意力缺损多动障碍。

2. 该儿童所表现出来的有关 ADHD 的行为问题的发生频率是否显著大于正常对照组儿童。

3. 该儿童在多大时开始表现出 ADHD 症状，这些行为是否具有持续性和跨情境性。

4. 儿童表现出来的 ADHD 症状是否可能由其他问题（如学习困难）或因素（教师对活跃行为不能容忍）引起。

在对结果进行解释的过程中，医生和学校心理学家会根据各种观测手段进行综合评定，如果同时符合以下几点则可确定为注意力缺损多动障碍，即：

1. 根据 DSM-IV，证实的症状达 6 个以上。
2. 在 7 岁前出现 ADHD 症状。
3. 至少在两个领域有不良影响（如学校、家中、与同伴互动）。
4. 父母、教师和儿童自己认为注意力问题意义重大。
5. 排出其他的解释（如反应性的生活障碍、恐慌症以及类似的疾病）。

诊断过程中，可能由于资料来源的不同而有明显差异。例如，父母与老师的评估有差距，或是课堂观察没有描述的那么明显。面对这种情况，在儿童生活中重要他人的评估为优先考虑。

第四节　对注意力缺损多动障碍儿童的矫正

对于学龄儿童来说，他们每天有 6—8 小时都是在学校和课堂中度过的，这些环境要求学生们在大部分的时间里能够遵守规则，与同伴建立良好的关系，能够积极地参与课堂的教学活动、认真学习。对于普通儿童来说，这些要求可能不算什么。但是，对于 ADHD 儿童来说，他们很难完全遵守这些规则，因此，在课堂中如何管理和矫正 ADHD 儿童的行为就显得至关重要。对 ADHD 儿童的治疗，主要采取个别化的治疗方法，即根据儿童的具体情况为之专门设计治疗方案。总体来说，对 ADHD 儿童的治疗主要从以下几个方面考虑：

基础训练：针对 ADHD 儿童注意力不够持久、缺乏自我掌控的能力等特点来进行干预治疗，这个治疗可以增进 ADHD 儿童基本的认知能力，如仔细看、仔细听、仔细复述、将察觉到的内容表达出来。基础训练主要包括听知觉训练和视知觉训练。听知觉训练包括培养儿童的听觉辨别能力、听记忆力、听理解力等。视知觉训练主要包括视觉注意力、视觉记忆力、视觉分辨能力等。

技巧训练：技巧训练传授的是组织行动的技巧，以及应用时的自我指导，在此建立的是跨情境且一般的行动技巧等。在技巧训练中，最常用的是心理模拟法，即将内在的心智活动通过言语逐步转化为外在的、可见的活动。心理模拟主要分五个阶段进行：活动的定向阶段；物质活动或物质化的活动阶段；有声言语阶段；无声的“外部言语”阶段；内部言语阶段。

活动定向阶段是一个准备阶段，也就是在学生从事某种活动之前了解做什么和怎么做，从而在学生头脑中构成对活动本身和活动结果的表象，进行对活动本身和活动结果的定向。物质活动或物质化活动阶段是指运用实物或实物的模象来进行教学。在这一阶段，教师主要把心智活动的步骤展开，把活动分为大大小小的各种操作，指出其间的联系，然后再进行概括，使学生从对象的各种属性中区分出这一活动所需的属性，概括出智力活动的法则。有声的言语阶段：这一阶段的活动不直接依赖实物或模象，而用出声的外部言语来完成活动。无声的“外部”言语阶段是由出声的言语向内部言语转化的开始。内部言语阶段，即智力活动完成的最后阶段，这一阶段的特点是压缩和自动化。

人际交往能力训练：主要目的在于减少 ADHD 儿童社交上的困难，并建立利他行为。混合型 ADHD 儿童多数都存在人际交往方面的困难。人际交往能力的训练主要采用角色扮演的方式进行。在训练过程中，教师首先要向儿童讲解社会交往需要的基本知识，然后通过设置问题情境，采用小组讨论、角色扮演的方式应用所学到的知识，直到儿童非常熟练所学方法时，就能自觉将其应用到真实的情境中。有研究者曾提出解决冲突的六步法，将此策略教授给 ADHD 儿童，收到了很好的效果，即阐述冲突者当时的想法；描述冲突者当时的感受；分析冲突发生的原因；帮助冲突者换位思考，提出方案；小组讨论，提出解决冲突的可能策略；找出解决冲突的最佳策略。

除此之外，在对 ADHD 儿童的具体治疗过程中，还需要应用行为矫正技术来改变他们的不良行为。最常用的方法有：阳性强化法；消退法；惩罚法；代币制法。

- 阳性强化法：每当儿童出现所期望的目标行为，或者在进行一种符合要求的良好行为之后，采取奖励办法，立刻强化，以增强此种行为出现的频率。
- 消退法：对 ADHD 儿童的某些不良行为，采用不予理睬的方法，使之逐渐消退。采用消退法时，重要的是寻找不良行为的强化因素是什么，并予以消除，从而减少这种不良行为的发生。
- 惩罚法：对 ADHD 儿童的某一不合适的行为，附加一个令他厌恶的刺激，或减弱、消除其正在享用的强化物，从而减少该行为的发生频率。
- 代币制法：又称标记奖酬法，是在 ADHD 儿童出现目标行为（期望行为）时，立刻给予一种“标记”或代币加以强化，然后再将“标记”或代币换取各种优待的一种行为矫正方法。

在具体应用这些行为矫正的技术过程中，要遵循以下原则：

1. 要在诊断的基础上，明确儿童的问题行为，确定需要干预的目标行为，然后设计详细的干预方案和步骤。

2. 与儿童相比，ADHD 儿童需要更即时和明确的反馈。因此，教师或家长需要根据儿童自身的特点来选择不同的行为矫正方法。有研究表明，对于 ADHD 儿童来说，小的、即时的反馈要比大的、延迟的反馈更有效。

3. 如果 ADHD 儿童在独立完成任务的过程中不能按照特定的步骤有计划地完成，那么在培训的初始阶段，教师给儿童布置的任务要包含尽量少的步骤。随着治疗的进程和儿童的进步程度，教师可以逐渐增加任务的复杂性和长度。

4. 在应用奖赏物的过程中，教师和家长应该尽量应用活动性奖赏或社会性奖赏，少用物质性奖赏。活动性奖赏可以分为两类：一类是儿童所喜欢的，如看电视、玩游戏机等；另一类是他们不喜欢的，如做作业等。社会性奖赏主要包括对儿童的表扬、微笑、认同等。

5. 教师和家长需要详细记录儿童的训练情况，最好以量化的、直观的方式呈现，以便让儿童不断看到自己的进步，更积极地配合治疗。

【建议参考资料】

1. 刘翔平．分心不是我的错［M］．上海：华东师范大学出版社，2006.

2. 劳特．儿童注意力训练手册［M］．杨文丽，叶静月，译．成都：四川大学出版社，2006.

3. BARKELY，RUSSELL A. ADHD and the nature of self-control［M］. New York：Guilford Press，1997.

【问题与思考】

1. 什么是注意力缺损多动障碍？它主要分哪几种类型？
2. 注意力缺损多动障碍与学习障碍有什么关系？
3. 反应抑制模型与认知—能量模型有哪些区别和联系？
4. 如何对注意力缺损多动障碍儿童进行诊断？
5. 如何对注意力缺损多动障碍儿童进行干预治疗？治疗过程中要遵循哪些原则？

第十三章　学生的人格与情绪障碍

【本章提要】

本章主要介绍了情绪障碍的概念，在内外倾性障碍的分类框架下对中小学生中常见的各类人格和情绪障碍进行了介绍，包括其症状表现、诊断标准、病因、干预方法和策略等，并对学生的心理危机干预问题进行了介绍和讨论。

【学习重点】

1. 掌握情绪障碍的概念，区分其与神经症、人格障碍、心理疾病概念的关系。

2. 掌握学生情绪障碍的两个类型：内倾性和外倾性障碍不同的行为表现，其与 BAS 系统和 BIS 系统的关系。

3. 内倾性障碍包括抑郁、学校恐惧、考试焦虑、强迫，掌握这些障碍行为表现的诊断和矫正方法，以及用医学模式与学校心理咨询模式处理这三个障碍角度的不同。

4. 掌握外倾性障碍的类型，网络成瘾、攻击、纪律问题，了解这些心理障碍形成的环境和生理的原因，并能应用和理解矫正这些障碍的基本方法和技术。

5. 了解学生心理危机的类型、后果和行为表现，掌握预防、识别自杀意图和行为的技术、方法及生命教育的内容。

【重要术语】

情绪障碍　内倾性障碍　外倾性障碍　BAS 系统　BIS 系统　抑郁　恐惧　考试焦虑　CBT　强迫　强迫观念　强迫行为　反应预防　交往退缩　攻击行为　挫折　模仿　强化链条　危机干预　自杀

情绪障碍是指人们在情绪感受中严重脱离现实，以一种妨碍解决问题的操作和自我挫败的方式应付外界事件。例如，在考试前有些焦虑是正常适应环境的行为表现，适当的焦虑不但不会影响考试成绩，而且可以调动全身的精力投入考试，有利于回答问题。而情绪障碍则是另一回事。如果一个学生在考试之前吃不进饭、睡不着觉，刚进考场就腿发软、脸色苍白，头脑一片空白，明明平时能答上来的问题也不知所措，在浑浑噩噩之中度过了考试，并且每次考试必如此，则算是一种病态了。人们用“考试焦虑”标识这一病态。

人的情绪反应总体上说也是长期的生活习惯的结果，人们在自己的生活中习得了特有的情绪反应，所谓不健康的或病态的情绪反应，也是长期学习的结果。

情绪反应在人的心理健康中占有极为重要的地位，所有患有某种心理疾病的人，必定是情绪方面出现严重问题，如情绪焦虑、惊恐发作等；而情绪方面发生障碍的人，也必定被诊断为有某种心理疾病的人。其实，某些心理疾病指的就是情绪障碍。例如，在神经症中，我们分为恐怖症、焦虑症、癔病、抑郁症等，这四种神经症不过是情绪障碍的别名。

由于本书阐述的是处于发展变化中的学生，这些学生身上出现的某些神经症或心理疾病不带有终极性质，学校心理学工作者通常也不采用精神病学的诊断标准来标识某一学生，所以，我们宁愿把学生身上的这类神经症症状叫做情绪障碍，而不叫神经症。

情绪障碍虽然主要是内部的情绪体验出现异常，但它直接影响人的行为，或者使人不能以社会接受的方式行动，或者使人的行为操作低下。

学生的情绪障碍大致可以分为两大类型，第一个类型是内倾性障碍，在动机上表现为害怕失败的动机超过了追求快乐的动机，行为上以自我妨碍但不妨碍他人为特点。情绪和认知上表现为焦虑、紧张、抑郁、抑制自己，自我评价较低，面对需求的满足，易产生冲突，效率不高和情绪体验痛苦。遇到挫折，责备自己，攻击自我。第二个类型是外倾性障碍，在动机上表现为追求快乐的动机比害怕失败的动机占优，主要以妨碍别人、打扰集体为特征。情绪和认知上表现为冲动、易激怒、具有攻击性和报复性，遇到挫折经常责备和抱怨他人，经常与人冲突，缺少自我分析能力和道德约束。如品行障碍、反抗和逆反都属于这类障碍。

大脑科学家的研究证明了这两种不同类型的情绪障碍的脑机制。英国格雷教授指出大多数目标定向行为由两个控制中心负责。一个是 BAS 系统，即行为激活系统，位于后脑，主要功能负责奖赏体验，对强化和奖赏起反应，控制接近行为，决定了人对陌生环境的探索行为。这种人乐观但不善于管理风险。第二个是 BIS 系统，即行为抑制系统，位于大脑的前叶，它只负责对惩罚起反应，控制回避行为，发出停的指令。其实每个人的大脑中都有这两种系统在起作用，只是正常人的这两种系统的配合与协调是灵活的，人的自我可以调节为这两个系统，使人有能力适应现实。而情绪障碍的人，自我控制的力量发展不良，两个系统不能平衡与协调发展，某一系统过分发达，造成了情绪的失控。

第一节 学生的抑郁情绪

从前，学生的抑郁问题一直没有受到人们的重视，抑郁在学生中并不是常见的情绪障碍，而是被认为与人格障碍、精神分裂有关的罕见症状。然而，近 20

年来，学生的抑郁症增多。北京的一所医科大学精神科门诊病人中，学生因抑郁前来就诊的人有许多，以学习成绩上等的高中女生居多。

一、抑郁的表现

抑郁症是一种异常沮丧的、长时间持续的症状。这一情绪状态妨碍了人们的日常活动。总体上说，儿童与青少年的抑郁情绪与成年人的没什么区别，如都表现为兴趣淡漠、被动消极、悲观绝望、难以卷入现实生活。但也有人指出，儿童身上的抑郁较为短暂，有时不表现于外，随着年龄的增长，青少年的抑郁行为表现得更为突出，如逃学、不服从老师或家长的管教、学习成绩下降等。

具体来说，一旦下述症状持续两周以上，就可被诊断为抑郁症：

1. 食欲或体重减退。
2. 疲倦或嗜睡或早醒。
3. 对日常活动无兴趣或乐趣。
4. 精力减退。
5. 感觉到无价值。
6. 不能专心做事情。
7. 有想死的念头。

诊断一般由有经验的医生做出，并且抑郁症又可分为若干亚型。据国内外的几项研究，中学生患有抑郁情绪的比例为 13%—18% 不等，高于小学生的 1.8%—5.2%的比例，而心理异常的人群中，患有抑郁情绪障碍的比例远远高于正常人。当然，在患有抑郁情绪障碍的人当中，极为严重的人毕竟为少数，大多数为轻度或中度抑郁。

在情绪方面，抑郁表现为沮丧的状态，对从前曾感到愉快的事物或活动不再感兴趣，不能对幽默作出反应。

在认知方面，抑郁表现为否定的自我评价，犯罪感和绝望。据调查，27%的抑郁者表现出否定性的自我评价。在学生群体中更是如此。在学生群体中，自责或犯罪感也很普遍。否定自己的学生倾向于责备自己，把行为的过错归咎于自己。此外抑郁的学生还对未来抱有一种悲观绝望的态度，认为自己毫无前途，事情不能越来越好，只能越来越糟。这种悲观绝望情绪是十分危险的，因为自杀行为常与此有关。抑郁在认知上的另一个表现就是不能专心致志于学习与工作。对青少年的调查表明，77%的抑郁者有此症状。在抑郁的儿童中，约有 48%—62%的人出现学习困难。这与他们的不能专心有一定的关系。

在动机方面，抑郁的学生表现为社交退缩和自杀意向。抑郁的学生倾向于避免社会交往。因抑郁而导致社交退缩的学生应当区别于那些社交障碍的学生。前者在患有抑郁之前是一个主动交往的人，唯因抑郁造成被动消极，而后者则一直是一个自我封闭、不与别人交往的人。调查表明，大约三分之二的抑郁学生表现出了社交退缩。

在身体症状方面，抑郁的学生是很容易观察并识别的。他们表现出无缘无故的疲倦，经常诉说头痛、胃痛或身体其他部位的疼痛，并经常出现睡眠障碍，不是睡得过多，就是失眠。此外，还有因食欲不振导致的体重下降，运动、言语和反应迟钝等。

抑郁的学生还伴有其他症状，如焦虑、恐惧等。

作为教师虽然不能像医生那样准确诊断学生的抑郁，但牢记这些症状有助于他们了解自己的学生，及时向有关专家报告情况。

二、抑郁情绪的病因

目前，人们对抑郁情绪的发生原因所知甚少，可以断定，抑郁与生物遗传和环境影响均有密切关系，但确切的关系尚难以肯定，我们在此只介绍几种观点。

生理学家侧重探讨大脑的生化过程和遗传因素对抑郁的影响，主要以成年人为研究对象，发现去甲肾上腺素与抑郁有一定的关系。对青少年及儿童的研究不多见，主要以研究性激素、新陈代谢为主，目前还未发现与抑郁有关的生理因素。对双生子的调查则发现遗传因素是抑郁的一个原因。

精神分析理论认为，抑郁与人格结构中的超我有关。由于儿童的超我结构尚未形成，所以不易患有抑郁。当超我的攻击性指向内部时，人们易患有抑郁症。精神分析关于抑郁问题的探讨仅停留于理论水平，缺少经验材料的证实，因此它仅是判断抑郁成因的一家之言。

行为主义则倾向于认为，抑郁产生于个体未能在与他人的社会交往中产生肯定性的强化。由于未能得到这种肯定的强化，个体便缺少与他人交往的社会技能，如此又导致肯定强化的减少，如此循环易诱发抑郁。所以，当个人在其社会行为中收到较少的肯定性强化时，容易产生消沉、沮丧和抑郁，这种情绪又可诱发低自尊、悲观与罪恶感。行为主义用受到较少的肯定性强化、缺少社会技能来解释抑郁，可我们在接受这一假设之前应当思考的问题是，上述这些因素究竟是抑郁的原因还是抑郁的后果。

认知心理学模式则用习得无助（learned helplessness）和归因（attribution）这两个概念来解释抑郁。认为当个体相信自己不能控制生活的结果时，会产生抑郁。这种无能为力感便是习得无助。习得无助会使人把自己行为的后果归因于自己不可控制的力量，陷入悲观、绝望的抑郁状态。

以贝克为代表的认知理论则认为，抑郁与人们的自我评价有关。抑郁的人倾向于消极地看待自我、世界和未来。看待自我、世界和未来的时候，他们使用一个稳定的否定性的图示。这一否定性的认知图示使其歪曲地看待现实，认知自我、世界和未来时倾向于高估否定性的行为，低估自己肯定性的行为。对自己行为的录像的评估研究证明了这点。这种自我歪曲和消极的认知图示是导致抑郁的重要的认知上的原因。

三、学生抑郁的矫治

抑郁情绪是造成学生自杀的重要原因，对于那些患有抑郁症的学生应当及时治疗。学生抑郁症的治疗是一个系统性干预，目前的干预，尤其是心理干预仅仅是刚刚起步。

对于较为严重的抑郁症病人，心理治疗往往无能为力，药物干预是必不可少的，经过药物治疗病情缓解之后，再转以心理治疗，效果较佳。从前对 12 岁以下的儿童使用抗抑郁药（如丙咪呐）是禁止的，主要是考虑其对大脑发育的副作用，现在，则允许医生对那些异常严重的抑郁儿童使用药物，以防止他们出现自杀行为。

中等抑郁或轻微抑郁的病人则可采用心理治疗。心理治疗主要有认知疗法、社会技能的训练等。

【举例】

有一个 10 岁的女孩虽然在语言艺术和数学方面有天赋，但抱怨说“经常恨自己”，自认为是“愚蠢的”、“发胖的”、“丑陋的”，经检查，该女孩 4 岁时即有抑郁情绪，6 岁时有过自杀愿望。她脾气不好，社会技能低下，没有什么朋友。经过药物治疗控制病情后，心理学家采取了如下措施：

1. 教会她以自我对话的形式控制自己的情绪。

2. 教会她从事愉快的活动，并让她借助记日记监控这一活动。每天晚上记日记，写下令自己最愉快的活动，并对愉快的程度进行评价，每天都对自己的情绪进行描述与监控。

3. 取得父母的配合。让她写出什么事情意味着父母爱自己和自己是值得爱的，然后让父母做这样的事情，并定期在一起交流，使她感受到自己有人爱。

4. 在学校中教给她社会技能，如与人怎样打招呼，怎样倾听别人谈话，从他人角度想问题等，并让老师提供及时强化。

经过系统的干预，她的抑郁得到了缓解，能正常上学学习了。

由此可见，干预需要家长和老师的配合，要改变的是一种交互作用的模式，而不是症状本身。

第二节　学校恐惧

儿童比大人更经常感觉到恐惧。由于对自然规律缺少认识和自身的弱小，儿童经常害怕黑暗、害怕独自睡觉、怕动物等等。随着年龄的增长，儿童恐惧的对象或事物会逐渐减少。心理学家经过调查研究发现，不同年龄水平的儿童经常出现的恐惧如下：

年龄	经常恐惧的事物
0—6 个月	强烈的声音，无人照看
6—9 个月	陌生人
1 岁	与母亲分离，受伤
2 岁	想象的怪物，死亡
3 岁	狗、孤独等
4 岁	怕黑
6—12 岁	怕学校、受伤，怕自然事件
13—14 岁	怕受伤，怕受拒绝与批评
19 岁以上	怕受伤，怕自然和与性有关的事情

一般而言，轻微的恐惧并不为人们重视，因为这种恐惧不会妨碍儿童和青少年的学习与日常生活，只有那些极度的恐惧，才受到家长和老师的重视。这些恐惧使学生难以集中精力学习，并时常伴有各种躯体症状。据估计，5%的儿童曾发生极恐惧的情况。

学生中的一个较为普遍的恐惧是对上学的恐惧。由于种种原因，常有一些学生拒绝上学，当家长让他们上学的时候，他们就感到极度的惊恐和害怕。伴随着这种恐惧情绪的是一些躯体症状，如头疼、胃痛、恶心、呕吐及眩晕等。上学恐惧易发生于7—15 岁期间，男女无什么差异。起初，学生常说自己头疼及身体不适而不上学，后来就无缘无故地不愿上学。上学恐惧与智力水平无显著关系，并不是那些有学习问题的人才出现上学恐惧。通常是学生在学校的生活发生某种剧烈的变化，如转学、升入一所新学校，得一场大病或者母亲出差等。对学校的恐惧有时指向学校的陌生环境，有时指向学生人际关系，有时指向考试和失败。

对学校的恐惧可以大体上分为两类：一类是害怕与母亲的分离，另一类是真正的对学校情境的害怕。前者以女孩子、小学刚入学新生、母亲为家庭主妇的学生居多；后者男孩子、初中生居多。

一、上学恐惧的原因

精神分析理论认为，上学恐惧主要源自儿童与母亲的关系。亲子关系没能很好地解决依恋问题，造成孩子过度依恋母亲，母亲也过度依恋孩子，双方彼此强化着这种依恋，当他们因孩子上学而必须分离时，孩子的上学恐惧便发生了。孩子在心理上忍受不了与母亲分离这一事实，而母亲在无意识中也愿意孩子回家，不再上学。精神分析将这种母子不愿分开的情感叫分离焦虑。在我国城镇中，由于一般家庭均是父母双双外出上班，孩子一般从小就上幼儿园，习惯于与父母分离，所以，分离焦虑并不十分普遍。一些前来咨询的学生及学生家长，在诉说害怕上学的原因时，主要强调的是师生关系不良、害怕考试、害怕失败等等。

恐惧上学主要的原因是对学校环境的适应出了问题。行为主义者强调行为的强化，认为上学恐惧是经学习得来的，从很小的时候，孩子就过分依赖父母，遇到什么问题都习惯于求助父母，他们倾向于把家看成是避难所。家中总是意味着温暖的，有各种玩具和卡通电视片，而父母的过分保护又强化着孩子对家的依恋。所以，有朝一日必须上学，自己独自战胜困难和自己照顾自己时，孩子便想到了家，借回家逃避一切困难，尤其是当孩子偶尔找借口不去上学得到了父母的肯定之后，孩子便学习了不上学的行为。

有的孩子是由于在学校经历了某种创伤，如受到某一同学的欺侮，或者经常受到老师的训斥而恐惧上学。还有的人是因为学习成绩落后，在学校中体验不到任何乐趣，经常受到嘲笑而害怕上学。总之，恐惧上学的原因是多方面的，咨询中应真正发现该行为的原因，并根据不同的原因，设计干预计划。

二、上学恐惧的干预与矫治

对上学恐惧的心理矫治，目前主要有两种主要的方法，一是精神分析疗法，一是行为疗法。

由于精神分析把母子关系及分离焦虑当做上学恐惧的主要原因，所以，治疗也是从改变母子关系开始。一般来说，无论何种疗法，都要求立即让孩子上学，有时开始上半天也好，这样可以产生造成变化的压力，并迅速打破因休学在家而产生的对母亲或家的依恋。精神分析疗法详尽分析了母亲关系的动力特点，花费大量时间找出母亲潜意识中存在的问题，阐明和分析母亲对子女的不正确的态度和不健康的情绪，鼓励母亲培养孩子的独立性，对分离采取正确的、现实的态度。据几项报告，精神分析的治疗研究中，对上学恐惧有效率达92%。

行为疗法则主要利用正强化和负强化。

【举例】

有一个10岁男孩在新学期不肯上学，心理学家采用行为疗法：

1. 让学生立即上学；
2. 让学校工作人员整天关照该学生；
3. 不理睬家长的其他妥协的要求；
4. 及时表扬孩子的上学行为；
5. 一旦孩子在家不给予其玩玩具、看电视的机会；
6. 晚上，给孩子讲愉快的故事，主题是描述学校的快乐事情的；
7. 接连上学的第三天，召开庆祝会，庆贺孩子坚持上学。

不到一个星期，孩子就恢复上学了，以后再没有复发。

对于那些患有严重上学恐惧并诱发头疼、恶心、呕吐的学生，可采用系统脱敏的方法。让孩子想象学校的情形，同时辅之以放松训练。或者循序渐进，让学生一点一点地接近学校。开始只是带孩子到校门口转一转，然后，走进学校，成功之后，第三步是让学生只与老师呆在一起，最后一步是与所有的同学在一起。这些方法都属于条件反射的方法。

在有条件的情况下，也可采用观察疗法，让恐惧上学的学生观看其他同学是怎样战胜困难、坚持上学的录像，或听故事，从样板的身上吸取力量。

第三节　考试焦虑

考试焦虑实质上是一种表现焦虑，是个体在完成涉及他人评价或结果意义重大的事件时产生的。在学校环境中，考试焦虑指学生在意义重大的各种考试中的一种焦虑状态。

考试焦虑有认知、情绪和行为三个方面的表现，同时这些表现进一步影响或干扰学生的复习和考试。

认知方面，考试焦虑者的注意力集中在自我身上，思维总是指向对考试结果的担忧，而不是当前的复习任务或考试上，导致低复习效率，影响考场发挥。具体来说，焦虑会带来两方面的认知障碍：一个是认知过度，这体现在过分重视考试结果，认知过程负担过重。另一个是认知缺陷，对考试结果的过度认知阻碍了个体在当前任务上的表现，焦虑情绪使人在记忆、注意力、推理、组织等认知能力受到妨碍，甚至会出现思维空白的想象，觉得似乎无法思考。

情绪方面，考试焦虑者会出现生理唤醒，会有一些躯体的症状，甚至会出现过强的情绪反应。如觉得心跳加快、恶心呕吐、头痛胃痛、呼吸短促、出虚汗、脸色苍白、手心发凉、眩晕等。行为方面，考试焦虑者会出现拖延、逃避和退缩等消极行为。他们会制定很多完美的计划，但却似乎总是无法按计划执行，会寻找很多借口，一再拖延。不能有效组织学习活动安排学习时间。

这三个方面的内容不是独立存在的，它们相互影响，比如认知上的缺陷会加大考试焦虑者的担忧情绪，进一步增强其情绪反应和逃避行为；对考试准备的逃避使个体自我效能感降低，加大担忧和情绪反应；而生理上的唤醒往往会作为个体对自己焦虑状态的认知来源，从而加大认知担忧。

考试焦虑会影响个体的考试表现，研究也显示考试焦虑的学生比同辈的表现要差 12%。对考试焦虑的干预刻不容缓。但是在处理考试焦虑的过程中，要谨防对考试焦虑的过度夸大。不是与考试相关的焦虑都是不利或者说是不适的。所有的考生在考前都会有或多或少的生理唤醒和焦虑体验，这是人的神经机制的必然结果，是人类无法抗拒的。而这种生理唤醒和焦虑体验能使学生保持学习的警觉性，增强时间紧迫感，集中注意力，提高兴奋度，促进大脑工作效率等等。研究也显示焦虑与操作表现的相关是呈倒 U 型曲线，中等程度的焦虑下个体的认知表现最好。如果过度夸大考试焦虑的负面作用，反而会加强考试焦虑的影响程度。

一、考试焦虑的评估

在学校环境中，对考试焦虑的评估有两方面的内容，一是了解学生的焦虑状态和具体的原因，制定相应的干预计划，另一方面是筛选极度考试焦虑者进行个别化和团体干预。

最简单快捷的方式是采用问卷，目前有很多可用于考试焦虑筛查的问卷。

考试焦虑量表（test anxiety scale，TAS），由美国临床心理学家 Sarason 于 1978 年编制，是目前国际上广泛使用的最著名的考试焦虑量表之一。该量表有 37 个项目，采用是否的二选一题目形式，测量的是考试焦虑的特质方面，是一种人格特质和焦虑倾向，即哪些人容易发生考试焦虑，而较少涉及考试焦虑的情境方面。

考试焦虑问卷（test anxiety inventory，TAI），是美国临床心理学家Spielberger 于 1980 年编制的，中文版由叶仁敏修订。这一量表建构在 Likert 和 Morris 考试焦虑的二维度的理论基础上，认为忧虑性（worry）和情绪性（emotionality）是考试焦虑的两个主要组成部分，相应的有两个分量表（TAI-E，TAI-W）分别测量这两个维度。它属于自评量表，适合中学生和大学生群体，有 20 个项目，采用 Likert 4 点量表形式，要求被试报告他们在考试之前、之中、之后所经历的怎样频繁的焦虑体验，所测的考试焦虑是一种情境性的人格特征。2002 年，Taylor 和 Deane 又编制了考试焦虑问卷的简版（test anxiety inventory-5），可以对考试焦虑者进行快速的筛选。

FRIEBEN 考试焦虑量表（FRIEBEN test anxiety scale，FTA），是由 Friedman 和 Bendas-Jacob 两位以色列心理学家编制，有社会贬低、认知损害和紧张感三个分量表，分别考查学生主观想象的家长、老师、同学等重要他人对其考试失败的评价和反应；学生在考试前和考试期间的注意力、记忆力和问题解决能力；躯体与心理不适感。相较于前两个量表，能对考试焦虑进行更深层次的评估，获得更全面剖面图。

另外一个能对考试焦虑进行较全面测评的问卷是由美国学者 Divine JH 和 Kylen DW 编制的考试焦虑自我检查表（self-rating inventory of test anxiety，SRITA），其中文版由郑日昌、陈永胜翻译。该量表有 50 个项目，分为三大部分，七个分量表，要求被试根据自己的应试体验做是、难以确定和否的回答。第一部分为考试焦虑的来源，包括担心他人评价、担心损害自我形象、担心未来前途和担心应试准备不足四个分量表；第二部分为考试焦虑的表现，包括躯体反应和认知损害两个分量表；第三部分为一般性焦虑。

这里我们再介绍一种常用的测查焦虑的问卷，状态—特质焦虑问卷（state trait anxiety inventory，STAI），由 Spielberger 编制，我国学者叶仁敏进行了中文版修订，包括状态焦虑量表（S-AI，用于评定即刻的或最近某一特定时间或情境的焦虑体验）和特质焦虑量表（T-AI，用于评定经常的情绪体验）两个分量表，共 40 个项目，采用 4 级评分。

问卷可以回答目前学校学生的焦虑水平，但要切实了解学生的焦虑原因和因素，还需要进行个别化访谈、焦点小组讨论等方式，获得一手的资料。

二、考试焦虑的干预

考试焦虑是焦虑在特殊情境——考试中的具体表现，对焦虑有效的心理干预和咨询技术都可以使用。下面介绍几种常用的干预技术。

（一）放松技术

放松训练是让学生通过对精神和躯体的控制达到放松状态，认为直接降低肌肉的紧张可消除焦虑。该技术可单独使用，或与其他疗法相结合。放松训练的形式多种多样，有渐进式放松训练、印度的瑜伽术、日本的禅宗，以及中国的气功等。

各种各样的放松训练都包括五个基本成分：

1. 精神专一，要求将注意力集中于身体感受、思想或想象。默默地或出声地重复一个音、词、句子或想象，以促进思想从现有烦恼和固定的想法转向原始的单一性思维过程，即使思维变空。

2. 被动态度，当思维或想象发生分心时，教导自己不理睬无关的刺激而重新集中注意力于精神专一。

3. 减低肌肉能力，处于一种安适的姿势，减低肌肉紧张。

4. 安静的环境，闭目以减少外来分心，宁静的环境可减少外来的感觉输入。

5. 必须进行有规律的训练，不能随心所欲，不坚持训练。

（二）系统脱敏

系统脱敏训练是在放松训练基础上发展起来的用于治疗恐惧症或焦虑症的方法，它对于考试焦虑的治疗很有效。其原理是“如果在引起焦虑的刺激出现时，造成一个与焦虑不相容的反应，则能全部或部分抑制焦虑，削弱刺激与焦虑的联系”。其训练步骤如下：

1. 先列出一个令学生感到焦虑和紧张的考试情境项目，将最轻微的写在前面，最严重的写在后面，依严重程度排列。这些项目有些是与考场的安排有关，也有些涉及学生与其他人的比较。下面是一些常见的引起焦虑的情境：

（1）你感到复习很不充分，这时老师宣布下个星期进行考试。

（2）明天就要考试了，可你觉得自己复习效率很低。

（3）明天就要考试了，可你今晚在床上睡不着，觉得自己复习不充分，一点把握都没有。

（4）你已经进入考场，老师发下了试卷，但试卷上的题型是自己从没有见过的。

（5）你发现监考老师就停在自己身边，盯着自己的卷子。

（6）你听到别人答卷写字的刷刷声音。

（7）你看到有的同学已经答完并开始交卷子，而你还有许多题目没有答完。

（8）你发现时间过去了三分之二，而你才答到一半。

（9）你发现还有 5 分钟就要收卷子了，可你还有 20 分钟的题目没有答。

（10）你对一个题目一点感觉都没有，完全不知从何入手。

（11）你遇到了一个公式，是前几天记忆的，就在嘴边上，可总也想不起来。

（12）你遇到了作文题，完全出乎你的意料，你感到大脑一片空白，心跳加快。

（13）你收到一份通知单，上面写着你没被录取。

2. 进入放松状态，你可以重复放松训练的程序，利用口诀使自己进入放松状态。

3. 进入放松状态后，想象上面你列出的第一个令你感到焦虑的场景，逼真地想象它的发生，好像它正在发生一样。

4. 第二次练习，在进入放松状态后，选择第二个（比第一个更严重一点）令你感到焦虑的场景。以后每次都选择更为严重的场景，直到将上述场景全部练习一遍。

系统脱敏的原理就是利用放松的躯体状态来抵消紧张的心理反应，因为放松的躯体与紧张心态是矛盾的，在放松的时候，人不易感觉到紧张的出现。如果以后学生果真面对考试紧张的场景时，就会联想到躯体的放松，不再受紧张支配。

（三）认知疗法

认知疗法治疗认为引发了个体的焦虑状态，低复习效率，差考试表现和成绩不是考试本身，而是个体对考试所持有的一些不合理的信念和歪曲的想法，如“我一定要考好”，“考不好就意味着我没有好前途”等等。要改变焦虑状态，就要对这些想法进行辩驳，通过认知重构塑造合理的信念和有效的想法。

（四）一种新的方向——接纳疗法（接纳与承诺疗法即 ACT，辩证行为疗法即 DBT 等）

传统认知疗法（贝克的认知行为疗法和埃利斯的理性情绪疗法）干预考试焦虑的研究结果众说纷纭，有一些研究发现认知疗法可以有效减低考试焦虑，但是近年来的元分析发现认知行为疗法（cognitive behavior therapy，CBT）并不比单纯的行为干预效果更好。有些研究发现以接纳放松为特点的治疗要比认知行为疗法效果好。

接纳疗法是以强调接纳为基础的一系列相对较新的治疗理论，包括 ACT、DBT 等等。这些治疗理论并不关注认知的重构。认为对不合理认知的辩驳正是问题的来源，对令人困扰的想法、情绪采取接纳的态度而非改变和对立，将之作为一种常态，与行为或当前事物相剥离，关注事物本身。ACT 并不关注减轻症状，而是通过提高“接纳”那些令人干扰的想法、情绪和感觉，增强个体对有意义行为的执行，比改变、压抑这些疗法更加有效。其中，包括内观训练，即通过对身体非判断的觉知训练（如冥想或内观），让个体意识到在拥有那些令人干扰的想法时，想法就仅仅是想法。如辩证疗法就包括内观和接纳成分，它让个体在期待行为改变时活在当下。

采用这一治疗理念干预考试焦虑时，关键是让学生体验到那些具有干扰性质的想法和感觉仅仅是一种主观存在，那种想要消灭这些令人烦恼或痛苦念头的想法或行为只能加强这些干扰。学会接受焦虑状态，当有焦虑情绪时继续从事应该做的事情，不要停下来反省自己的焦虑。也就是让学生学会带着焦虑情绪进行复习或答题，不要有意体验自己的焦虑，摆脱自我中心，将注意力投入到学习中去。带着焦虑做事情，活在当下，可以有效减低焦虑。

几种常用的技术和活动：

1. 无法消失的想法或图像

让学生对某一事物进行想象，尽可能的充实细节和形象，其后要求学生停止对该事物的想象。这一活动可以让学生意识到“越是想要消灭掉某一想法，该想法越是强烈”。

2. “同时/但是”

用“同时”取代“但是”。写下令人困扰的想法或感觉，将其中的“但是”替换成“同时”，比如“我想学习，但是我感到很焦虑”变成“我想学习，同时我感到很焦虑”，这样可以让个体将困扰的想法或感觉隔离开，意识到即使在经历不舒适的感觉而仍然在从事重要的应该做的事。

3. 加上“我有这样一种想法……”

这一技术，同样是让个体隔离开困扰的想法或感觉。比如“我答不出来”变成“我有这样一种想法，即我答不出来”。

4. 重新聚焦

在学习或考试时，一旦意识到自己正在与各种想法或感觉作斗争，不管这种斗争出现的频率有多少，一旦出现，让自己重新聚焦考试或学习（已经意识到过度控制注意的局限性）。

第四节　学生的强迫障碍

强迫可分为观念强迫和行为强迫，所谓观念强迫指的是个人无法摆脱、却极力想摆脱的想法或观念。而行为强迫则是说个体不希望从事某一行为，却感觉到不得不从事这一行为。强迫观念或强迫行为出现时，个体往往认识到这些行为或观念是非理性的，但就是有种不断重复这些观念和行为的需要。他们不断地与之作斗争，却不断地失败，内心充满了冲突，异常痛苦。

一、儿童强迫障碍的特点及其普遍程度

据临床调查，强迫障碍在儿童中十分少见，这可能是由于儿童较为天真、单纯，对自己的行为较少有自我意识，较少受意识的控制与支配。在前来就诊的学生中，强迫障碍大约占2%，尽管有许多心理不健康的儿童表现出了强迫行为或强迫观念，但单纯性的强迫障碍并不多见。据美国的一家精神病研究所统计，在1959到1975年前来就诊的8 367名儿童和青少年中，有50名属于强迫障碍，其中只有17人在严格的诊断中被诊断为强迫障碍。发病的平均年龄为9.6岁。男女之间无显著差异。

我国的情况不得而知，但在我们的咨询中曾接触过一个强迫障碍的女孩。一个上初一的女孩在小学阶段学习成绩名列前茅，十分聪明，自认为头脑灵活，反应快。初一的一次课上突然涌现出一个荒唐的念头，“人能不能使自己变笨，或学笨”，从此，她天天开始学笨，不久果然变笨了，教师讲的任何问题都记不住，脑子里全都是学笨的观念，她感到大脑僵化，不能学习和思考问题，学习成绩一落千丈。她异常痛苦，又无法和家人诉说。这是一个观念强迫的典型案例。患者被“学笨”这一观念所纠缠，驱之不走，挥之不去，在浑浑噩噩中上学。

在临床诊断上，强迫障碍经常与其他心理疾病一道出现，有时学生的强迫障碍被归属于精神分裂症，而不是被诊断为强迫障碍，这就使得人们对强迫障碍的估计有失客观，倾向于低估强迫障碍的严重性，实际上，许多心理不健康的学生都有程度不同的强迫障碍。

学生的强迫障碍发生于正常发展的各个阶段，如年幼儿童的睡觉、吃饭活动中可诱发强迫观念，当儿童的一些习惯被打破时；易导致心理紧张，出现障碍。此外，一些儿童经常不断重复地玩一种游戏，只偏爱一种玩具，这也可叫做中等强迫障碍。但由于这些行为没有妨碍儿童的正常生活，所以，一般不需要求教于心理医生。

二、强迫障碍的矫治

成年人身上的强迫观念是很难治愈的，如有人几十年如一日地从事固定的洗手行为，或每次出门必然检查几遍门锁是否锁紧了。而儿童和青少年身上的强迫障碍同样不易治疗。有人用认知领悟的疗法治疗7岁儿童的强迫障碍，效果不理想。所有被治疗儿童经过一年半的心理治疗，仍报告说有强迫观念或强迫行为。采用行为疗法治疗大人的强迫症效果也不尽如人意。

有人用反应预防的方法矫治儿童的强迫障碍，疗效较令人满意。

【举例】

有一位8岁的女孩子，在家庭因故搬迁了三次之后，开始有强迫症状。她是一个十分机灵、聪明的女孩，在学校没表现出强迫，只是在家中出现强迫行为。

每天临上床睡觉脱衣之前，她总是要将床翻一个个儿，整理枕头三次，如果不让她这么做，她很懊恼。她还必须将床罩触及地面。睡觉前还必须将拖鞋小心翼翼地放到床下，且必须重复三次。在临睡前，必须上厕所三次，在半夜经常醒来，重复三次去厕所的行为。她还必须将玩具放在固定的位置，离开卧室前一再检查这些玩具是否放好。

经诊断观察，确认该女孩有强迫症状。心理学家首先告诫家长不要给予该女孩以特殊的关注，就把她当做一个正常的孩子一样对待。然后，训练家长采用“反应预防”的措施，把重点放在改变强迫反应的先行条件上。如让她在睡前看电视、听音乐，或给她讲故事，不给她创造强迫行为出现的条件。设计一个循序渐进的方案，开始只部分地阻止其强迫行为，然后再全部阻止其强迫行为。经过了两周的努力后，该女孩不再因不能做这些强迫行为而感到焦虑不安，基本上能够正常睡觉了，而且预后效果很好。

第五节　交往退缩

交往退缩属于内化的心理障碍之一，它与抑郁、恐惧等障碍一样都是指向内部的，其最终的后果都是妨碍了自身，而不是妨碍了他人。

交往障碍可以是一个独立的心理障碍，即一个学生在学习、智力发育及与父母相处等方面可能都无什么问题，只是与同学或陌生人交往时不知所措；交往障碍也可以是其他心理障碍的一个从属表现，如抑郁的人自然不知与人交往，对学校恐惧的人，也不知如何与其他同学交往。

一般来说，在诊断交往障碍的时候，一个重要的区分是判断退缩症状与分裂症状。如果一个儿童是属于交往退缩障碍，他就会因焦虑、担忧而不能与人交朋友，而一旦建立了良好的关系，他就会珍惜这种关系。而分裂症状的儿童则对于与人交往根本就不感兴趣，只是对自己的内心世界感兴趣。精神分裂的儿童交往障碍是分裂症状造成的，与单纯性的交往障碍性质不同，治疗、干预的方法也截然不同。

一、交往技能的获得与发展

人本质上是一种社会动物，凡是心理健康的人都有关切他人、与人相处的需要。据观察，从两个月起，儿童就表现出了对同伴的关注，如社会性微笑，头部动作的控制就已经出现。婴儿对其他婴儿的脸部注视的时间更长，似乎对其他婴儿比对镜子中的自我更感兴趣。从 1 岁起，婴儿与同伴的交往逐渐增加，与家长和大人的交往逐渐减少。

婴儿虽然也同大人交往，但同大人的交往与同同伴的交往对其心理发展和人格成熟具有不同的功能。与同伴的交往在儿童心理发展中发挥着重要作用，儿童的社会能力、社会依恋、攻击行为的控制、性别角色的社会化、品德的发展和同情心的发展，都受同伴交往的影响。当然，儿童与成年人的交往，尤其与父母的交往也很重要。与同伴的交往和父母等大人的交往是交织在一起的。

研究表明：婴儿早期与同伴隔绝导致以后的适应问题。如果缺乏与同伴的交往，易诱发各种社会交往和情绪问题。交往退缩常与儿童孤独症和精神分裂密切相关，而且早期同伴关系不良者与后来的少年犯罪也有一定的关系，与逃学、暴力犯罪也有很高的相关性。当然，与同伴交往，受人喜欢、适应环境的社会能力的关系并非如此简单，而是相互作用的，例如，交往与退缩与是否有好人缘、是否受他人喜欢的关系就很复杂，两者有时并不一致。

对于小孩子来说，人们更关心的是具备什么样的交往技能会有一个好人缘，会被人接受与喜欢，什么样的人不招人喜欢。在此，社会互动的原理也是适用于小孩子的。首先，对同伴发出肯定反应的人更招人喜欢与接受，如友善待人、对他人给予关注和赞同、服从他人的意愿、将自己的东西给他人等，这些行为常与社会接受有关。而人缘不好的人则花更多时间陷入“白日梦”，出神或在自己的精神世界中漫游，不关心他人。人们选择朋友时，往往选择那些常发出肯定反应的人。

可见，准确的交往和采纳他人观点的能力与被同伴接受密切相关。有的儿童善于从他人的观点或立场想问题并准确地从这一观点出发进行交往，这种儿童往往受人欢迎。别人与这样的儿童交往能受益，或感觉到十分惬意。当训练那些特殊教育班级的学生改进采纳他人观点的能力之后，他们的整体适应性就得到了很大的提高；最后，主动交往也是与同伴接受有关的重要行为。人缘好的孩子在交往中表现出主动的特点，如主动打招呼，主动讲事情，主动询问事情，而交往退缩的孩子对同伴的反应不敏感，倾向于用非言语的方式回答同伴的反应。

交往退缩的儿童大约占所有问题儿童的4%—30%，其中单纯性的交往退缩并不多见，更多的是因人格障碍、焦虑或恐惧而导致的附属症状。

二、交往退缩的矫治

对于交往退缩的儿童，应当首先诊断其交往退缩的具体表现，具体问题具体分析。例如，如果某一孩子不受同伴喜欢，我们首先要判断他究竟是受到忽视，还是被人拒绝，这是两个不同的概念；又如，如果一个儿童不善交往，不理睬同伴，我们要弄清楚，他是掌握了一定交往技能，仅是因为没有适当的强化而没有表现出来呢，还是根本就没掌握如何与人交往的技巧。对于这些不同的情况，应当区别对待，矫治的重点应有所不同。

行为强化是一个常用的方法。

【举例】

有一个男孩智力发育和学习十分正常，就是不和群，很少与其他同学主动讲话，对于其他同学的交往也缺少回报。他表现出对大人的依恋，经常寻求与老师接触，因此，每当他离群索居，不与其他同学一起做游戏时，总能得到老师的注意。行为干预的重点是改变老师的社会强化，即告诉老师，只有在他与其他同学一起做游戏或交往时，才给予其注意和表扬。在老师干预之前，他早上课前时间有一半是自己独处，40%的时间与大人交往，与同伴交往只有10%，老师实施了强化程序后，他用60%的时间与同伴交往，只有20%的时间与大人接触。6天的强化程序结束后，他的行为又回到了原来的基线水平，教师开始实施间歇强化，预后效果较好，他与同伴呆在一起的时间增多了。

行为强化改变的是行为发生的前后条件，不能改变人的内部特点，而交往障碍常常源自自我评价、自我认识，所以，单靠行为矫正难以奏效。

另一些心理学家发展了观察学习的技术，心理学家在幼儿园里选出19个被认为是交往退缩的孩子，他们平均年龄为4岁，在自由活动时间里，与其他孩子一起玩的时间不足20%。实验者将19个孩子分为两组，其中9人参加实验组，观看11个录像片，片中描述幼儿园的孩子是如何交往的，其中一个孩子扮演主动与其他孩子交往的角色，他主动接近其他孩子，关心他人的行为，在所有的录像片中，主动交往的小孩子都受到了强化，受到了同伴的尊重，是游戏活动中玩得最高兴的人。另10个孩子组成控制组，每天看非洲野生动物的录像。看录像四周后观察两组孩子的区别，发现实验组孩子的行为有了明显的改善，主动交往的行为增多了；包括向同伴微笑、与同伴主动讲话、与同伴一起游戏等，对他人表现出了更加浓厚的兴趣。这种结果可归结为观察学习的作用。

教学—指导技术对于矫正交往退缩也十分有效，这一技术包括指导、提供榜样、练习、强化等环节，如教给儿童学会问问题、提建议和给予同伴支持与帮助。经过这种训练与指导，过去被评价为人缘不好的儿童都有了一定程度的改进。

在矫正中，利用社会技能较高的孩子做榜样，效果十分明显。主动交往的孩子对那些被动、孤僻的孩子有一种感染作用，可以作为他们的榜样。而且一旦一个团体为某个交往退缩的儿童提供榜样，整个团体的交往水平都会得到改进。但有人指出，对于那些严重退缩的人，仅提供榜样还不够，还要有专家的服务。

对幼猴的一项研究也许对人类有所启发。研究者让几只幼猴与一只稍大一些的年幼的猴子一起做伴，这个更年长的猴子没有得到母猴的照顾，长大之后，这个幼猴适应良好，未出现任何障碍；而另一项实验仅让幼猴与母亲呆在一起，由母亲哺养，从不接触其他幼猴，结果在以后的玩耍和情绪发展中，这些幼猴不是出现短期的行为障碍，就是有长期障碍。因此，其他的幼猴的作用看起来是成年猴子所代替不了的，同伴对于矫治“交往退缩”具有不可取代的作用。

弗曼等人受到这一启发，研究了学前儿童，他们把交往时间不到33%、测量得分比班级平均分低10%的儿童挑选出来，一共有24个人，然后分成三组，第一组儿童与比他们小18—24个月的孩子一起玩，让更小的孩子充当交往退缩的“治疗者”，第二组儿童与同龄孩子一起做游戏，即让同龄孩子充当治疗者，第三组没有任何实验处理。结果第一组孩子的交往活动得到了明显提高，几乎提高到正常儿童的水平，第二组也有了一定的提高，只有第三组没有任何改变。这说明年幼的孩子和同龄孩子，可以有效地矫治交往退缩。

交往能力的训练与提高不单是一个涉及交往技巧的问题，而且是一个涉及心理健康、人格健康的问题。而对于社会技能的重视不够正是我们教育的误区之一。在片面追求升学率的影响下，一些老师和家长只关心学习成绩，忽略了全面发展，造成孩子的社会能力与智力能力发展的严重不协调。一些中学生甚至不会点燃气灶，不会洗衣服，而即使是现在，仍有一些家长和教师认为，培养社会技能不过是练练嘴皮子，只有朴素才是唯一的美德。这一观念的弊病在以考大学为唯一目的中学尚看不出来，而只有到了大学毕业，只知书本知识不了解社会实践的“书呆子”被称为高分低能者，心理不成熟之时，家长们才承认其教育的失败。

事实上，交往能力与人的智力与学习总是相互影响的，一个开朗、活泼、主动与人交往的人，才有可能从他人和外界中学习更多的知识，才能与外界有更多的信息交换。所以，特殊教育专家对于那些智力落后的学生，往往从改变其社会技能入手，包括教会他们遵守学校规则，学会独立生活技能和自我管理技能等，以提高其学习成绩。

目前，差生的学习成绩落后也常是由于社会技能落后引起的，差生并不一定笨，有的还十分聪明，但就是贪玩、不知用功，他们之所以成绩上不去，主要是缺少学习兴趣，缺少自我管理的技能。他们自制力差，不能很有效地约束自己，兴奋点始终在游戏上，这与他们社会成熟度不够、心理上比别的孩子幼稚有极大的关系。对于这类差生，关键的任务是提高其自我管理水平，经过辅导与社会学习的培养，使其尽快地立世，尽快地成熟起来。

第六节　网络成瘾

网络成瘾简单来说就是指过度使用网络并对个体的社会功能造成了损害的一种上网行为。它属于行为成瘾，具有除物质中毒外的其他成瘾特征。具体来说，网络成瘾者主要有以下七个特征：1. 耐受性增强，需要更强的刺激或更长的上网时间达到相同的满足感；2. 退瘾症状，企图停止或减少上网时间时，会感到烦躁不安，闷闷不乐，抑郁或易激惹；3. 上网频率和上网时间比预先计划的高和长；4. 企图缩短上网时间，但总以失败告终；5. 花费大量时间在和互联网相关的活动上；6. 上网对个体的学业、职业、家庭、社交、健康等造成了严重影响；7. 虽然能够意识到上网带来的严重问题，但仍然继续花大量时间上网。这七个特征是1996年和1997年在美国心理学年会上，学者们讨论出来的网络成瘾的症状，认为在12个月中的任何时期有多于所列的3种症状出现，即为网络成瘾。

青少年的个性社会性还不够完善，没有形成稳定的自我同一性，自控能力较差，在面对多媒体、交互式的互联网时，更容易沉迷于网络世界，对现实的学业、人际以及个性社会性的发展带来负面影响。流行病学的研究发现，我国中学生中网络成瘾率在3.5%—8.8%，其中男生成瘾率高于女生，随着年级的增长，成瘾率增加。在一项不同年级成瘾率调查中，从小学四年级到高中三年级的网络成瘾发生率分别为4.1%、4.3%、4.6%、8.4%、7.3%、7.5%、6.3%、6.2%、8.4%。

一、网络成瘾的分类

网络成瘾根据其具体的成瘾内容可以分为以下四种。

（一）网络色情成瘾

这类青少年往往难以控制对成人网站的访问，迷恋网上的色情文字、图片、影像等，还会在成人幻想角色扮演聊天室中乐而忘返，会下载并和他人交换色情作品。网络色情成瘾对青少年的成长非常不利，严重的甚至还可能引发违法犯罪活动。

（二）网络关系成瘾

过分迷恋在线人际关系，上网者利用各种聊天软件以及网站开设的聊天室长时间聊天。网上的交往关系取代了现实生活中正常的人际交往，对他们而言，网上朋友和爱人对他们的影响已远远超过了现实生活中的家长、老师、朋友和同学。这类成瘾者往往存在交往缺陷，家庭氛围冷漠，缺少爱与归属。

（三）信息超载成瘾

青少年不能自制地、冲动性地在互联网上浏览网页以及搜索对现实生活并无多大意义的、无关紧要的或是不迫切需要的资料和数据，花费大量时间在网上查找和搜集信息，同时伴随着强迫性冲动倾向和迅速下降的学习效率。

（四）网络游戏成瘾

这类成瘾者过度迷恋网络游戏，不可控制地长时间玩网络游戏。这是青少年中最常见的一种网络成瘾类型。网络游戏似乎提供了一个完全不同的世界，在其中他们获得了成就感、自我价值、平等、自由等在现实生活极难实现的心理需求。

除此之外，还有些网络成瘾者沉迷于网络购物、网络技术等等。

二、网络成瘾的原因和危害

心理学家认为网络成瘾主要是由个体素质因素和环境交互作用造成的。对于青少年而言，其网络成瘾的原因主要有家庭、学校和个人心理素质。

网络成瘾者具有孤独、抑郁、焦虑、内向等人格特征，他们在现实生活中往往没有得到足够的心理满足。他们学业表现不佳，兴趣缺乏，课外活动贫乏，在生活中成功体验较少，无法获得相应的自尊需求。存在社交问题，人际关系疏离，在与同辈、父母和教师的交往中很少获得诸如亲密感、爱、信任、尊重、接纳等心理需求。或者面临着新的环境和发展任务，无法适应，持续性的压力和冲突体验，网络提供了情绪的疏导和放松，对现实生活和责任的逃避与拖延。

研究表明，青少年网络成瘾者的家庭环境一般来说缺乏良性的情感交流，家庭气氛紧张或者冷漠。其所在的学校和班级存在管理问题，网络教育只重技术，教学内容枯燥，教学手段死板，校园人际关系不良，无法营造一个积极向上、轻松活泼的学习氛围，而是高压枯燥烦闷。

网络成瘾者一般在现实生活中存在各种问题，转而寻求网络满足各种心理需要，而这种网络成瘾行为又加重了个体的问题。

沉迷于网络世界损害了青少年在现实生活中各项活动的时间和精力。他们往往花费大量时间在网络上，甚至逃学或通宵上网，这种无节制的上网打乱了个体的生物钟，损害了个体的身心健康。身体免疫力下降、视力受损、各种眼科疾病、肌肉劳损、内分泌系统失调等等，甚至可能出现猝死。在心理层面，长时间上网会刺激多巴胺的释放，带来兴奋感和快乐，但之后的颓废感和沮丧会更加严重，个体会出现思维迟缓、易疲劳、兴趣缺乏、情绪低落、抑郁等，学习效率低下、不愿意与他人交流，其正常的学习、人际交往（包括与同辈、父母和教师）和社会活动受到严重损害，甚至可能出现发展障碍和精神病性的症状。

网络上充斥了大量千奇百怪的言论和观点，而青少年的思维还处在二元论的是否绝对判断阶段，其辩证思维能力发展还不充分，对信息的判断容易陷入极端。不利于青少年形成稳定的符合社会观念的价值体系，道德意志弱化。

网络世界的匿名性和虚拟性，使学生混淆现实角色和虚拟角色的界限，造成心理错位、行为失调，损害心理健康。

有的网络成瘾者会对自己的上网行为有犯罪感，会向他人隐瞒自己的上网行为，反过来加重了自责感。个体又会通过上网来缓解内心冲突带来的不适，周而复始，问题愈加严重。这些网络成瘾者理解自己的行为不被社会所接受，但无法控制自己的上网行为，导致自己的自我价值减少和更严重的成瘾症状。

三、网络成瘾的干预与矫正

对网络成瘾常用的心理治疗手段有：行为治疗、认知疗法、家庭治疗。形式上可采用个别化咨询与团队治疗。

网络成瘾是一种行为问题，根据我们前面介绍的行为矫正技术，能够取得较好的疗效。对网络成瘾的青少年，可以用现实生活中具有能带来同等心理满足的活动替代网络，如业余爱好、亲子活动、同辈交往等；对成瘾者减少的网络行为和良性行为进行强化。很多网络成瘾的青少年内心也希望摆脱现状但是又无法控制自己强烈的上网渴望，可以提供榜样，让成瘾者学会自我控制技能，达到对冲动行为的控制。同时可以对缺乏必要的社交技能、学习技能导致社交和学业受挫转而向互联网寻求安慰的患者，提供相应的技能训练。

网络成瘾者往往对互联网有一些强迫和不合理的信念。如认为“互联网是我唯一的朋友”、“网络是对自己和周围世界感觉良好的唯一地方”等。他们的自我概念较低，往往对自己在现实生活中的能力与成就持有大量的不合理信念，如“我不可能在现实生活中建立亲密的关系”，“我再怎么学也学不好”等等。采用认知行为疗法，驳斥网络成瘾者歪曲的信念。

同时，青少年的网络成瘾问题不仅仅是个人的问题，也不是青少年个人的责任。它根植在个体的整个家庭结构中，运用我们前面介绍的家庭治疗的理论和技术，促进青少年所在家庭的良性转变和发展，作为家庭问题的表明症状的网络成瘾问题自然就得到解决。

团体心理辅导将网络成瘾的青少年集中起来进行行为干预和辅导，靠团体场的力量和网络成瘾者自己的积极努力达到矫治成瘾的目的。

【举例】

小明，16 岁，经常逃课甚至通宵去网吧打游戏，严重影响到正常生活。父母多次恳求、威逼利诱均无法阻止小明去网吧打游戏。干预、矫治方案如下：

1. 建立良好的咨询关系。

2. 调整作息时间，允许小明白天打游戏，但是必须按时吃饭以及睡觉，并给予积极反馈。

3. 认知训练，调整小明对自身和网络的认识，让其意识到网络对其生活的危害，主观上愿意改变。

4. 外部阻止物，用其他必须做的事减少上网时间。当小明想去网吧打游戏时，想想哪些是必须做但还没有做的事情，先把它们完成，并给予积极反馈。

5. 代替，使用其他强化物替代网络游戏。发展小明课外活动兴趣，用他喜欢的打篮球替代网络游戏。

6. 人际交往训练，帮助小明学会一定的人际交往技巧，在现实生活中获得足够的社交支持。

7. 降低对小明学业的要求，根据小明的最近发展制定相应的学习计划，给予足够的成就体验，获得自尊感。

8. 协助父母改变其沟通模式和对小明的看法，更多地从积极面来看待小明。

经过一段时间的咨询后，小明能够去学校上学并获得愉悦体验，虽然成绩依旧不好，但小明觉得每天都很开心，对自己的未来也有了较明确的目标。

第七节 学生的攻击行为与暴怒情绪

学生的行为障碍可以按照是否妨碍他人而分为两大类：一类是指向自己的障碍，一般不明显妨碍他人，如上述所说的交往退缩、抑郁、焦虑或恐惧等，这些障碍主要损害的是本人，其后果是造成本人的不适感。而另一类是不但妨碍自身，而且妨碍别人的障碍，如攻击行为，其特征为经常打架骂人，无缘无故地欺侮他人。再如逆反与反抗行为，表现为对任何来自教师或家长的命令的不服，甚至对抗等，本节主要阐述这类对他人造成妨碍和伤害的问题行为。

一、攻击行为的原因

作为一种问题行为的攻击与平时所说的打架骂人现象是不同的概念。如中小学中，几乎天天都会发生打架骂人的现象，有人群的地方就有冲突，中小学生更不例外。由于社会成熟不够，自我抑制能力较弱，中小学生往往运用打架骂人的方式来解决彼此的冲突。可以说，他们之间发生的对打与对骂现象比成年人要普遍或经常。这种打架与骂人行为几乎可以发生在任何一个学生身上，即使是平时思想上进、学习成绩好的人，也可能在极度愤怒之时将某人痛打一顿，一个老实沉默、颇有涵养的人也可能会在愤怒之极骂一句不堪入耳的脏话。这些打架骂人现象乃是人的情绪的正常发泄，是受到特殊刺激或特殊状况下的过激反应，并不算什么问题行为，更不能归咎于人格异常。

所谓攻击行为或攻击倾向与上述所谈到的打架骂人行为有根本的不同。它是专门指出于品行、习惯和非理性冲动而产生的旨在伤害他人的行为。

【举例】

有一位小学五年级学生，学习成绩落后，体育活动也很差劲，其貌不扬，父母离异，可以说很难在他身上发现什么过人之处。他唯一的嗜好就是欺侮别人，上课时揪一下前面女生辫子，起立时把旁边同学的椅子拿开，别人路过身边时把脚伸出绊倒别人，他在这些伤害他人的行为中获得一种快乐。当他伤害别人时，并没有什么具体的原因，别的同学并没招惹他，也没有表示不友好，他似乎是为了伤害别人而作恶，似乎是发自内心的“坏”。其实他这样做是有原因的，只不过不那么明显，需要借助心理分析才能发现。

这种以伤害他人为目的行为叫做攻击行为，在此，攻击行为不是为了报复，也不是为了财富，仅仅是满足一种不健康的心理需要。攻击行为还可以分为若干类型，如有团伙型的攻击行为，即有相似需要的人组成一个亲密无间的团伙，专门欺侮他人，中小学校里经常可以发现这样的小团伙；还有单个型的攻击行为，即攻击者没有任何朋友，十分孤独怪僻，对人冷漠，使任何人无法接近，没人知道他的内心世界。这种人心中充满对他人，乃至对整个世界的不满，更是充满对自己生活的不满，经常通过伤害他人表达自己的不满。此外，我们还可以把攻击行为分为人身的身体伤害和口头上的伤害，还有恶意的态度和敌对的情绪。所以，中小学生的攻击行为也是多种多样的，判断它们的标准就是看是否以伤害他人为目的或者无缘无故地伤害他人。当然，应当承认，在一些情况下，攻击行为与打架骂人现象很难严格区分，一个有攻击倾向的学生会千方百计地寻找各种理由来打架，并把责任推到他人身上，其打架骂人行为似乎总有具体的诱因，但实质上，是其攻击倾向在作祟。

总而言之，我们的确可以发现极个别暴怒、蛮横无理、缺少同情心、爱责备别人的“敏感”孩子，他们十分好斗，易激惹，这种孩子我们不妨称之为攻击性的孩子。

那么，为什么个别孩子身上会出现这种攻击行为呢？它是先天遗传的，还是后天的学习的结果？为什么有人易出现攻击行为，另一些人不易出现攻击行为？

弗洛伊德持有先天论的观点。他认为，人有两种生物本能，一为追求身体快乐、追求融合的爱本能，另一为追求死亡、分裂与毁灭的死本能，死本能又称攻击他人或攻击自己的本能。其能量指向外时就攻击伤害他人，指向内时就是虐待与伤害自己。由于攻击是一种本能，所以其力量十分强大，弗洛伊德认为，人们对战争的狂热、对对抗性比赛如拳击、足球等喜爱就是缘于此。社会力量要控制人的这种攻击冲动，使之转移到合法的体育比赛中，而不能彻底消除之。这种先天的攻击能量在童年时期如果得不到适当的约束或发泄，就会造成一种攻击性格，影响人的行为。弗洛伊德的假设，缺少科学的证明，仅为攻击行为成因的一种说法而已。

攻击行为有生物因素如遗传、生物激素的影响，但并不取决于先天的生物因素，而是后天的社会环境中习得的。人生下来是不分攻击别人与不爱攻击别人的，环境的强化塑造了人的攻击行为。

美国心理学家道拉德和米勒认为，攻击行为是因为个体遭受挫折引起的，挫折容易导致（但不必然导致）人的攻击行为。因为挫折会导致人的消极的情绪，消极情绪的发泄就是攻击行为。

所谓挫折是追求某一目标受到阻碍或招致失败时形成的，有时造成挫折的可能是他人。例如，你想看一场电影，但母亲要你温习功课，你难免有一种挫折感；或者别人赛跑测试全都及格了，唯独你没有。经验事实支持这一理论假设。

在中小学中，凡是爱打架的人大都是各科学习成绩较差，没有什么特长和特殊才能的学生，他们在学习和各项集体活动中屡经挫折，得不到表扬，就容易产生攻击行为。例如，我们上面所举的那位同学就是如此，在评估过程中发现，这位男孩除了打架外，几乎没什么特长，家庭比别人差，学习比别人差，体育仍比别人差，他屡经挫折，没有个人价值感，他认为自己一钱不值，别人根本就瞧不起自己，不理解自己。而唯有打架闹事时，其他人包括教师和校长才开始重视自己，开始批评自己，他的这种受关注、受重视的需要，以打架闹事这种异常的方式表现出来。可以肯定，如果没经历过这样或那样的挫折，他就不会以骚扰别人为乐趣。

有一项实验研究证明了挫折与攻击行为的联系。让两组孩子观看一间装有诱人玩具的房间。第一组孩子先隔着铁窗看，但不允许进屋玩，引起挫折，过了一会儿才让进屋里玩，第二组观看后马上可以进屋里玩。结果，第一组的孩子中许多人损坏玩具，发泄攻击性，相比之下，第二组孩子则能平静地玩玩具。

应当指出，挫折易诱发攻击行为，但不必然导致攻击行为，一些屡经挫折的孩子不仅不攻击别人，反而变得恐惧、退缩，缺少竞争心。这又如何解释呢？

原来，攻击行为还受到模仿与强化的影响。模仿是儿童学习做人的重要途径。儿童听见大人说脏话，就会模仿，看见电视或电影中的攻击行为，也会模仿。儿童只凭借观察就会学到许多东西，但模仿一件事情或某一行为，日后并不一定会表现出该行为。譬如，许多女学生经过观察已学会如何打架骂人，但她们比男生通常表现出较少的攻击行为，这主要是强化的作用。

行为的结果对我们表现出该行为有直接的影响，我们手碰到电线被电击一下，下次我们就再也不敢碰触电线，同样，如果我们打架受到别人的尊敬或敬畏，我们下次就还想打架。心理学家班杜拉做过一项实验，可以说明这一问题。他让儿童观看一个成人踢打一个与真人大小的玩偶。儿童分为三组：第一组儿童看到成人的行为结果是受到了实验者的奖赏；第二组儿童看到的是成人的行为受到了惩罚；第三组儿童看到的是成人的行为既没受到夸奖，也没受到惩罚。然后，让儿童们来到房间玩玩偶，三组中都有儿童模仿了攻击行为，但第一组最多，第二组最少。这说明，经过观察，孩子们模仿了成人的行为，并且这一模仿还受到了他们对行为后果预测的影响。看到成人受惩罚的那组儿童，不易形成模仿。

如果稍微改变一下实验条件，对三组中模仿成人攻击行为的那些孩子直接给予强化，如赠送小贴画，馈赠小食品，这意味着鼓励孩子们尽可能多地模仿成人的行为，则结果大变，所有的孩子，无论男女都增多了模仿。这说明，对于表现出模仿行为来说，强化是一个重要条件。

强化物可以是多种多样的，根据人的需要可把强化物分为各种类型，了解这一点对于理解攻击行为很重要。例如，我们前面所举的例子，那位爱骚扰别人、爱打架的男孩，每次打架之后总是受到教师的批评，或者向被打人道歉，或者当全班同学的面作自我批评，这些似乎是一种对攻击行为的惩罚，根据强化原理，足以消除打架行为，然而，每次批评过后，这位同学仍然故伎重演，这又如何解释？

经过深入分析，我们发现，该学生打架所想达到的目的就是教师的“批评”，如前所述，该同学自视样样不如别人，十分自卑，但他有一样不自卑，即欺侮弱小的同学，他只有在攻击女生或弱小同学时，才觉得自己比别人强，高人一头，而教师对他的批评正好使之成为众同学注意的焦点，正是大家认识其力量和“价值”的最佳时机，可使其显得与众不同。所以教师的批评在常规看来是惩罚，而在他本人看来正好是强化，是希望达到的行为后果。所以，每当打架过后，教师要他站起来，他总是态度很好，立即“低头认错”。所以，这位同学的表现不仅不与强化原则矛盾，反而证明了强化原则。他的行为是自我强化的。在该事例中，教师应通过积极的关注和鼓励，发现其优点，或让其担任一些社会工作，来让其有实现个人价值、表现自我的机会。

孩子和家长可以构成一个相互强化的系统，形成孩子的攻击行为的习惯。例如，一个孩子想摆弄一个钟表，母亲制止他，于是孩子又打又闹，纠缠不放，无奈之下，母亲只好屈服，让他放手去玩，结果孩子在打闹中得到了自己想要的东西，而母亲则通过屈服得到了孩子的安静，以后孩子就会习惯用打闹来获得自己想要的，母亲则学会通过对打闹的让步来平息孩子的情绪，这样就会构成一个恶性循环，使孩子惯于攻击行为，或懂得只有实施高压策略才能得到想要的一切。

有时，我们可以看到，某些家庭对孩子的伤害他人的行为施以强烈的惩罚（如体罚），但这样造就的孩子不仅不会收敛自己的攻击行为，反而变本加厉，更常攻击别人。这是因为，儿童在自己受惩罚过程中，学会了用高压手段或暴力手段的有效性，所以，面对冲突、面对弱者时，他使用父母对待自己的方式对待他人。他知道高压攻击是唯一解决问题的途径。可见，对孩子攻击行为的体罚往往难以真正见效。来自暴力行为较多家庭的孩子，往往更了解暴力的效用，更知道如何使用暴力手段。他们在家服服帖帖，在外面欺侮别人。

那么我们怎样预防和矫治青少年的攻击行为呢？一旦发现有人形成了攻击性的人格，我们采取什么样的教育方法纠正其不良行为呢？

杜绝青少年攻击行为的最佳途径是预防，“防患于未然”这一道理十分适用。我们知道，青少年的攻击行为主要是不当的强化和不良的环境引起的，家庭的暴力、严重的挫折感、电视电影中的暴力镜头和不良的同学关系都可影响其攻击行为。因此，首先应当做的就是治理环境，尤其是家庭环境。

家庭是性格形成的温床，而家长又是家庭中的主导力量，所以，父母对孩子的攻击行为的形成，具有举足轻重的影响。为了预防孩子的攻击行为，家长至少应做到以下几点：

第一，不对孩子使用暴力，在任何情况下都不使用暴力。我国由于受封建传统影响较深，一些家长，尤其是做父亲的，往往自觉不自觉地把自己视为家中的权威，把孩子视为“私有财产”，毫不重视儿童的权利，也从不知如何从孩子的立场想问题或处理问题，他们从小就是在“棍棒之下出孝子”的家教氛围中长大，一旦自己做了父母也认为这一方式是天经地义的。所以，他们不记得自己挨父亲打时的愤怒、恐惧与委屈，很快变成了凶恶的父亲。更重要的是，由于儿童的体能及各种力量的弱小，往往在高压与暴力手段之下，无可奈何，只能驯服，这就大大强化了父亲的体罚行为，使其认为只有体罚是最奏效的，可以“立竿见影”，这反过来使其更愿意动用暴力来管教孩子，这样做的一个后果就是使孩子崇尚暴力，认为高压可以令人顺从。这种权威型的家庭在我国还十分普遍。媒体曾不止一次地报道过父亲体罚儿童致死案，事到临头，这样的父亲才知道悔恨。现代社会要求家庭的民主教育方式，强调家长与子女平等地交流与沟通。家长应了解孩子的行为欲达到的目的，针对儿童的心理特点进行教育。家长们要意识到，使用暴力与高压对自己来说是省事的、方便的，但从长远来看，则是以牺牲孩子的心理健康和品行的正常发展为代价的。

第二，建立合理良好的强化链条，家长对孩子的所有反应都有一种强化的性质，只不过家长没有意识到。强化是促进儿童学习的重要条件之一。我们的家长虽然在使用强化，但往往强化的行为不对，或强化的时间不对，有一件事情可以说明这点，当孩子学走路时，难免要摔跤。我们的家长小心地跟在孩子的后面，当他们跌倒哭喊后，立即将他抱起来，哄慰一番，孩子受到强化的行为是哭喊，一哭喊立即有人来帮助，所以哭喊是解决难题的有效途径。以后只要遇到困难就拼命哭喊。而西方国家的一些家长见到孩子跌倒了，并不是立即跑上前去将其抱起来，而是观察孩子的行为，等孩子自己站起来之后才上前去抱孩子，并夸奖孩子真勇敢。这两种强化在时间上只差一分钟，却起到了截然不同的效果。后者强化的是独立解决问题，遇到困难自己想方设法解决，而不是用哭声招呼大人。同样，在其他方面也是如此，如果孩子无缘无故地扰乱大人，大人给予训斥，这正好强化了他的捣乱行为，因为孩子无故捣乱时，正是为了要引起大人的关注，这时他的行为在昭示“大人太忽略我了，这不公平”，而大人的训斥，正好满足了他的愿望，落入其设好的陷阱，以后孩子就学会了用捣乱得到大人的关注。如果大人意识到孩子的诡计，对孩子的诡计不予理睬，而是注意花一些时间与孩子一道玩，关心孩子，孩子就不会学习这样的行为反应了。就攻击行为而言，如果家长不是以体罚来惩罚其对其他孩子的攻击行为，而在孩子以讨论的方式解决冲突时给予表扬，往往能起到更好的效果。

第三，家长应多鼓励孩子，关心帮助孩子，尽量减少孩子的挫折感和不适感。既然攻击行为与挫折有一定的关系，家长应从消除挫折感做起。现在城市的家长多为双职工，工作很忙，没有时间照顾自己的孩子，他们或因工作的压力，或因时间紧迫，而无法顾及孩子，有人甚至把孩子当成累赘。任自己不好的情绪在孩子身上发泄，或疏远孩子，这些都易造成孩子的挫折感。当家长因情绪不佳而对孩子发火时，他们就会觉得自己做错了什么事，认为自己不好，投射于外界，形成攻击倾向，对日后的成长不利。做家长的尤其应当学会发自内心地欣赏自己的孩子，看到孩子身上的独到之处，也许你的孩子相貌平平、智力平平，但他真诚质朴，善于关心他人，从不说谎，做事认真。其实，每个孩子身上都有可爱之处，关键是我们要去发现它们，学会欣赏它们。欣赏能增加孩子的自信，增加其自我评价，起到鼓励其向上成长的作用。

二、学生攻击行为的矫正

一旦预防不成功，孩子已铸成了攻击倾向，我们可采取一些矫正的方法：

（一）角色扮演法

每个人都在尝试学习某种社会角色，每一种角色都使扮演者体验着一定的情绪状态。在攻击行为中，攻击者扮演着专制、残暴的角色，被攻击者则体验着恐惧、逃避、愤恨、驯从，甚至悲伤委屈的情绪体验。研究表明，如果我们让那些爱打架、爱欺侮人的学生充当一下挨打者的角色，让他们体验一下被欺侮的心情，对于他们矫正攻击行为很有好处。这可以以心理剧形式来实施。例如，教师可以让一个打架大王与平时受欺侮的学生一道排演一个剧，剧情中包含着人际冲突的情节，弱小的学生充当主动打人的人，打架大王充当受侮者，要求打架大王细心体验角色要求，想象自己挨打后的表情反应、委屈和悲伤，并将之表演出来。经过这样的练习，打架大王学会了从挨打者角度想问题，意识到了打架给他人造成的心灵的痛苦，从而抑制了自己的攻击冲动。

（二）榜样学习法

一些孩子出于对强盗、枪手的羡慕而模仿他们的暴力行为。例如，如果电视中的主角最后总是以暴力取胜，则会增加青少年的模仿，尽管暴徒在剧中都受到惩罚，但暴力行为占很长时间，而惩罚是短暂的一小段。如果整个社会宣传和平，树立的英雄人物都是重智慧的、讲道理的，并且让人们看到暴徒自始至终都在受惩罚，就会减少对暴力的模仿机会。在我国的动画片、电影及电视片中，多是弘扬和平主题的，我们的动画片的主人公常是小猪、小猴、小兔等，性格平和，不动武，与西方的影片风格相异。但近几年，随着对外开放与交流的扩大，一些充斥暴力情节的影片开始进入我国，并深受一些青少年的偏爱，它的负面影响已经受到了有关方面的重视。

总之，攻击行为的防治是一个系统工程，是一个长期的任务，重点不在个别矫正，而在于社会风气、家庭环境的综合干预。社会风气正了，团体气氛纯净了，攻击行为就会因缺少滋生的土壤，而无法施展其破坏力了。因此，在正气压倒邪气的时候，攻击行为就会不成为问题了。

三、学生的逆反与反抗

在咨询中我们曾遇到这样一个问题，一位家长异常伤心地“控诉”自己的儿子。与一般家庭的儿子怕家长的规律相反，这个家庭是家长怕儿子。年满16岁的儿子有一个特别坏的脾气，一遇到不顺心的事就向父母发泄，对父母的任何要求或命令从不执行。他常常因为一点小事而对父母发火，好像父母欠他许多东西似的。发火时，他摔杯子，踢桌子，父母对之无可奈何。这也许是一个十分罕见的例子，但像这个男孩一样不顺从或反抗权威，尤其是反抗父母的任何说教的现象还是不少的。有一些青少年总是无缘无故地不听从家长的要求，甚至与家长对着干。他们的行为似乎以不顺从为目的，就像有意与家长或教师赌气似的。这种反叛式的行为模式与捣乱调皮的行为有所不同，许多孩子因为自制能力差而违反家长的要求，他们这样做的时候知道承认自己的过失，而且表现得忐忑不安，而反叛的行为模式以对抗权威为目的，故意与权威作对。

那么，为什么有的孩子善于听从父母的教导，是一个乖孩子，有的孩子偏不爱听大人的话呢？研究者把焦点放在家庭上，调查发现，不爱听大人话的孩子的家庭一般具有这样一些特征：父母总是对孩子提出过多、过细的要求，对孩子提出过多责问与批评，而且常常以不满的、羞辱的和消极的方式提出这些要求。父母的这种行为模式与儿童的反抗行为有关。有人用实验证明了这点，当向儿童提多项要求的时候，后六项要求比前六项要求更少得到遵从，儿童们懒得对后六项要求作出反应。所以当父母喋喋不休提出自己的要求时，容易招致抵抗。

此外，家长提出要求的方式也会影响孩子的反叛，如果家长提出的要求总是过于笼统、空泛，令孩子觉得无从做起，他们就会对这些要求产生反感，从而产生敌对态度。

家长在约束孩子或提出要求时，还应前后一致，不可自相矛盾。例如，不能时而要求孩子拾金不昧，时而对孩子拣东西不交公或不找失主加以认可。在提要求之后，家长还应及时监督执行，对按要求做的遵从行为予以表扬，对无故不遵从的行为及时提出批评。这样，父母才能树立自己的威信，使孩子尊重自己。

有人将孩子对父母的不遵从的原因归咎于父母对孩子过于宽松，主张从严治子，其实并不见得如此，那些不听家长话的孩子并非出自亲子关系平等、长幼沟通及时、关系随便的家庭，而是出自家教严但无序的家庭，家教严而多，但十分混乱无序，使孩子无所适从，或觉得繁琐，长此以往，家长便失去控制，变得威信扫地，在这样的家庭中不乏有实施严重体罚的，但控制与威信一经动摇，体罚也无济于事了。

权威制家庭是造成反抗行为的温床。尤其在我国，一些家长似乎总把孩子看成没长大的、不懂事的人，事无巨细地提要求，不给孩子任何自主性的空间，许多孩子从不知什么是自我选择与决定，在各式各样的要求中机械地生活着，表面上看他们被抱着、宠着，十分享福，其实他们并不快乐，十分容易感受到挫折。他们似乎认为生活不是真正属于自己的，而是属于父母的，所以很少体验到投入一种真心喜爱的事情的快乐。在这种“要求”海洋的包围下，他们最不易领会到父母的爱心，而是拒斥、反感。难怪我们在独生子女家庭中不乏能见到这样的场面：母亲拿着一件新衣服兴致勃勃地让女儿穿，女儿却一脸不耐烦，拒绝试新衣；父亲给女儿做了许多可口的饭菜，女儿却不屑一顾地干别的，仿佛没看见这些好吃的东西，因为她没能在情感上与父母认同，把这些关怀当做了又一次的“要求”。目前流行着一种简单的看法，认为反抗或逆反行为是青春期的孩子必然要出现的，是青春期的孩子萌发独立意识的一种表现，这种看法难免过于笼统。如果这一假定正确，那么势必所有经历青春期性成熟的孩子都会变成是摩拳擦掌，不听任何权威的指挥，可事实并非如此。青春期的孩子也有一些听话、遵从大人意见，有一些是不听话的，与青春期之前及之后的孩子没什么两样，可见，我们不能把逆反人当做青春期的专利。人毕竟是社会动物，性成熟不会对人产生如此重要的作用，以致决定人的行为模式。

研究表明，关键的问题仍在于家长与孩子的关系，心理学家采用这样一种方案矫治那些不听话的孩子。首先，作为矫治计划的一阶段，让家长按部就班地投身于孩子所喜欢与选择的游戏中，加入孩子的行为，中止任何的命令、疑问与批评。在这一阶段，训练家长学习使用偶联奖赏，将之运用于游戏中。第二阶段，让家长决定孩子的游戏，并主动参加这一游戏。这时家长要学习发布直接、准确的命令，允许儿童有充分的时间遵从这些命令，并使用给予注意来奖赏孩子的顺从行为。如果孩子仍违抗命令，家长可以实施下列程序。先警告孩子，如果不听从命令，就不让他再玩，如果这招不奏效，就把孩子放到角落的椅子上。直到孩子能在椅子上安静地呆上两分钟，再重新允许孩子完成游戏。家长重申自己的命令，一旦孩子遵从，立即给予关注。结果表明，孩子的遵从行为增多了，家长也使用了更多的肯定性的陈述和表扬来夸奖孩子，模糊的命令也变得更少了。这项研究还发现，接受矫治的孩子的攻击行为与哭喊也变少了。而他们的没接受这一矫治的兄弟或姐妹身上的反抗行为也减少了，这一效果被归咎于家长学会了以肯定的态度和民主的方式来对待他们。

最后，必须指出的是，逆反与反抗行为并非永远是一种不好的品质，有时，大人的命令可能是错误的，不切实际的，反抗这一命令是正确的行为，我们的教育不是培养一味顺从的人，事事顺从也不是心理健康的宗旨，相反意味着另一种不健康。同样，家长和教师也不希望出现百分之百顺从的学生，而是希望见到有主见、有个性的学生。这里，我们要区分盲目反抗和合理的拒绝。前者是一种机械的行为模式，后者是有批评地选择，幸运的是对两者的区分并不是一件困难的事情。

第八节　学生的纪律约束问题

对于广大教师和家长来说，教育孩子中一个令人头疼的问题就是纪律约束的问题。几乎所有孩子与教师及父母之间的冲突，都是与孩子“不听话”、“不听从大人教导”有关的。这个问题太普遍、太常见了，以致一些人认为，这是一个无法解决的问题。实际上，当我们从发展的角度、从心理学的角度看待学生的纪律约束问题时，肯定会有所启发。

一、对课堂纪律的重新审视

目前，我们的中小学中，学生在课堂上不守纪律、乱动、乱接话茬、交头接耳是教师们最无法容忍的现象，是“万恶之首”。教师们上课时往往强调课堂纪律，把学生是否安静地听讲、课堂上是否出现捣乱行为，作为评价一堂课的标准。在作总结时，经常可以听到某一位教师说：“今天上课秩序很好，没有同学讲话，课堂上很安静。”而对某一落后学生进行评价时，教师最经常使用的句子是“某某同学今天表现很好，上课时没有破坏纪律，十分安静”。教师们似乎认为，只要没有捣乱行为的课就是好课，只要课堂上安静，就说明学生们在听讲，在认真学习。

许多教师认为，学生遵守纪律、听指挥是其有教养的表现，是其拥有良好个性、有道德的标志。不止于此，一个人如果听指挥，往往能得到教师的赏识，就有可能成为学生干部，优秀学生，获得许多荣誉。

应当看到，从教师授课的观点来看，这种对组织纪律的重视与强调不无道理，因为教师关心整个班级的学习进展，如果出现个别违反课堂纪律的行为，就会干扰其他学生的正常学习秩序，影响教学效果。

但对待学生纪律约束问题不止一种角度，如果教师过于重视纪律约束问题，或者对个别学生的捣乱发脾气，会不会导致另一种不良的后果呢？首先，这样容易使学生为了守纪律而守纪律，在压力下变得被动、驯服，其次，这种被动与驯服恰恰是不良的个性的体现而不是有教养的体现。学生们将形成依赖、逆来顺受的性格，而这与后来的独立性的教育又是矛盾的。最后，这种对纪律的过分强调，易使学生们认为，唯有听话、驯服才是最好的品质，争做听话的好学生，这不利于日后创造力的发展和个性潜能的发挥。

看来，学校中纪律约束问题是比我们想象的要复杂得多的问题，它的尺度令教师难以把握，对于中小学学生来说，什么样的约束既能使其保证学习任务的完成又不妨碍或压抑其个性的成长？其实，这个问题是一个涉及学生心理发展的问题，只有联系不同年龄儿童的心理发展的特点，才能回答这一问题。

二、从发展的观点看学生纪律约束问题

教师对学生纪律约束的抱怨是千篇一律的，正规的教学中，教师们总是一再重申不要说话，不要干别的事情，而无视学生的年龄特点和具体的环境，用这一方法来制止学生就好像是对不同的患者开同一付药方。教师固执地坚守着阵地，而学生们则总是试探着能否突破这一界限，所以上课的质量自然是不尽如人意的。

显然这单一的、绝对化的要求是不可取的，它容易导致学生的抵触情绪。另一方面，自由放任也是不对的，有些教师完全无视学生的说话，仍然若无其事地讲课，认为只要内容有意思，学生就会被吸引来，这种消极的态度对于教学也是不利的，同样达不到教学的效果。

心理学的原理告诉我们，一定要针对学生的心理特点进行教育，即要做到使教育与学生的心理相匹配，这就要求我们首先要了解学生的心理特点，了解他们的现有水平，包括现有的智力水平、价值判断水平和个人所面临的发展任务。不守纪律可能是智力水平跟不上教师的讲课水平，学生听不懂，听不懂自然要讲话、捣乱，学生破坏纪律还可能是年龄太小，对什么是约束没有认识，不知道守规则，对于这种孩子则应使用一定强制的方法。不守纪律还可能是由于没有形成勤奋感，没有养成良好的学习习惯，不知如何投身于学习。

学生在不同年龄阶段，由于心理成熟的不同，对其纪律约束应有不同的特点，根据有关的心理学的研究，我们可以把纪律的约束问题分成这样一些阶段：

（一）强制阶段（0—6岁）

在这一阶段，由于儿童年龄很小，不懂得纪律约束的重要性和必须性，主要应使用强制的方法来约束他们。强制的方法是一个最古老的教育方法，家长和教师几乎不用学习就会使用这一方法，我国就流行与此有关的说法，如“打是亲，骂是爱，不打不骂是祸害”，“棍棒之下出孝子”，等等。这些体罚的方法从封建社会一直流传到现在，仍然是一些家长和教师偏爱的教育方法。目前，我们仍能听到一些体罚的报道。

在这一阶段，儿童还不能区分什么是正确的和错误的，是非判断能力十分低下，他们对世界的认识还很不够，知识贫乏，加上天真的好奇心与精力过剩，不易服从纪律约束。所以适当使用强制的方法是必不可少的。但在使用强制的方法时，应注意这样几个问题。

第一，应当了解，强制的方法并不等于体罚，强制有肯定的强制和否定的强制，前者包括将捣乱的儿童驱除出教室，或者在儿童发火破坏之时制止他们，或者走近儿童，用眼睛盯着他，向他表示他的行为是不可接受的。否定的强制才是所谓的体罚，如敲打儿童的背部、将他关进黑暗的禁闭室，或者罚站等。我们可根据情况的不同和情景的不同，以及情节的严重程度而选择实施不同的强制方法。一般来说除非儿童有伤害他人、扰乱其他人的行为，否则不可使用体罚的方法。

第二，应当认识到，强制的方法只是一种迫不得已的措施，不可依赖它来教育儿童，强制方法的效果是暂时的，只能一时地制止儿童的捣乱行为，而不能使他真正学会什么是正确的行为。从长远来看，强制不仅无效，反而有消极的后果。它可导致儿童形成反抗的情绪，用暴力来对付比其弱小的孩子，并且学会以伪装的方式来逃避惩罚，一旦觉得周围没有惩罚，就会继续从事破坏活动。

在实施强制的方法时，还要考虑量的问题，如果惩罚的量不够就不能保证其改变行为的效果，必须要严厉一些，除非不使用这一方法，要使用就要果断、坚决，给儿童留下深刻印象。

（二）强化阶段（6—9 岁）

在这一阶段，儿童年龄长大一些了，开始知道行为的后果对自己的影响，这时儿童已经开始学会根据自己的需要来判断事物了，他们认为满足自己需要的行为就是正确的，否则就是不正确的。他们的行为遵循着快乐原则。针对儿童的这一心理特点，应当利用强化物或强化物的收回来控制儿童的行为。强化是行为主义提出的一种矫正行为的技术，深受教育工作者的喜爱。

强化是跟随行为事件的某种刺激反馈，又叫做行为的后果；它可分为正强化和负强化，肯定的或积极的行为后果就是正强化，它的作用一般在于加强某一行为出现的可能性；而消极的或否定的行为后果就是负强化，其作用是削弱或降低某行为出现的可能性。强化是可以由人来掌握和控制的，因为作为行为强化物的东西可以是环境中的某种事物，只要人们控制了这些事物就可以控制其行为。这是斯金纳的操作行为主义告诉我们的原理。

强化必须要有某种强化物，用于强化的物品或手段就是强化物。显然用做充当强化物的东西可有许多种，它可以是某一具体的物品，也可以是口头的表扬，或者可以是某一荣誉。总之精神上和物质上的东西都可以是强化物。有关强化的具体方法可参见本书第六章的有关内容。

（三）遵从集体阶段（9—16 岁）

在这一阶段，儿童开始认识到集体荣誉感，并把集体的荣誉看得十分重要，因此，可以利用集体为强化手段来约束儿童。

（四）服从法律和权威阶段

大约从 16 岁开始，学生认为只要是维护社会秩序的行为就是好的行为。学生不再把集体看得高于一切，而把行为责任转向个体，他们开始学会自我管理，接受内部引导，认为人人都要遵守一定社会规则，谁都无权破坏这一规则。在这一水平上，学生开始懂得约束的必要性了。这时是教给学生自我管理的最佳时机。

这一时期，教师不再像第二阶段那样控制外部的强化物，而是重视把强化物的控制权交给学生。教师与学生商量学期计划，让学生自己为自己设计强化物的性质、强化的时间安排，并自己给自己实施强化。

在课堂上或课外的活动中，教师应让学生主动介入强化偶联。在这一过程中学生不再是被动地服从管理和约束，而是作为一个主动的个体参加行为计划。在改变学生行为的过程中，必须让学生积极主动地加入进来，调动他们的积极性。

由于学生已经能意识到个人的责任，并能预测行为的后果，所以，可以让他们担任一些教师的管理工作，如评估其他学生的行为，管理学生的行为等，班级干部或其他被委任的人都可以有效地担当起这一任务。这种做法可以增强学生们自己对行为的责任感，认识到约束的必要性和艰难性。

也正是在这一阶段，学生的管理开始有了一个重大的转折，即从外部控制向内部控制的转变。自我控制的出现，不仅标志着个体的社会成熟的新的起点，而且也标志着个体的自主性开始得到了充分的发挥。

（五）民主平等阶段（成年）

这一阶段是纪律约束发展的最高级阶段，教师和学生为了一个理想的目标而在一起商量规则的制定，他们平等相处，相互尊重。在这一阶段大人和学生的界限不再存在，通过讨论甚至是会诊，大家一道制定规则并实施规则，规定强化的方式、家庭作业的数量、上课的时间及个人的义务等。最后的决定遵循少数服从多数的原则，任何单方面的决定都是无效的。制定规则所遵守的是平等和公证的原则。

在这一阶段，已不存在所谓的纪律，因为每个人都是规则的制定人，都知道规则的目的是什么。所以，大家都是凭借自觉性来遵守纪律，是真正的为了自己来遵守规则，这是一种真正意义上的民主。但实际上，这种民主很难实现，有些在高中和大学进行的研究，效果都不令人满意。这可能是由于每个人对什么是公正和规则有不同的意见，不能出于内心的认同来遵守规则。

既然知道了各年龄阶段的不同心理特点，并了解了不同时期学生接受纪律约束的水平，我们就应根据这一特点进行纪律约束，以对学生的管理符合学生的心理特点，并与之相匹配。

三、根据学生的年龄特点进行恰当的纪律约束

上述五个阶段涵盖了各个时期的学生。例如学前班的学生和三年级前的学生基本上都处于第一、二阶段，因此，对于他们，就应使用相应的约束形式。在这一阶段，发布命令的人通常是教师，如教师让学生们不许走动，要举手回答问题。教师为学生制定几项规则，然后严格地实施这些规则。这时不能指望儿童理解规则，只是让他们服从。教师要想办法让儿童服从自己的指挥，可通过表扬或其他的强化方法来做到这点。必要的惩罚虽然也是必要的，但不可多用。

而对于上小学的儿童则可以利用强化的方法，给予一定强化物，使之学会为了更大的利益而放弃暂时的较小的利益。

四年级到初中的学生大致处于第三阶段，我们可以利用集体作为强化物，利

用他们对集体的遵守与认同，来促进其对纪律的服从。在这一阶段教师和学生本人都可以担任纪律的监督者，并可通过班级讨论的形式来制定纪律。

到了高中以后，就进入了第四和第五阶段，这一阶段，纪律的提出者和制定者是教师和学生，教师和学生都可以担任纪律的约束者。在这一阶段，应让学生自己管理自己，控制行为的后果，要使其发展一种个人的责任感。这时教师不应再像对待一个不懂事的孩子那样对待学生，应当把他们当做是大人来对待了，与他们平等相处，尊重学生的意见，在纪律约束问题上可经过协商达成一个契约。

教师在这一阶段常犯的一个错误就是仍把学生当做不懂事的小孩子，整天批评和训导，大量的时间都花在纪律的约束上，反而忽略了最主要的事情即课业学习，导致学生自尊心的下降，学习不用心。这一阶段教师应记住，必须培养学生的自我管理能力，使其体验到自我管理的乐趣，在自我约束中得到强化。

当再遇到学生不听教导或不守纪律时，我们不应简单地责备学生们不懂事，而是应首先反省一下自己的教育方式和约束的方法是否与学生所处的年龄特点相匹配，是否符合学生的心理特点。如果不匹配，我们就应调整自己的教育方法，使之与学生的情况相适合，我们对不同教育方法和管理方法的选择也要遵循这一原则，只有这样我们才能有效地管理学生，才能有针对性地教育学生，才能以最小力气达到最大的成效。

第九节　学生的心理危机与自杀的预防

学生时代是心理危机多发时期，由于心理的不成熟，加上脆弱的承受力，学生的自杀已经成为一个令全社会关注的问题之一。尤其是在发达国家，青少年的自杀是十分严重的社会现象。据美国的调查，在15—24岁的青少年中，自杀是非自然死亡的第三大原因。每年有万分之三的青少年自杀。这与西方国家的生活压力与生活方式有一定关系，如离婚率的上升，父母对孩子的疏远与虐待，无人照管孩子等。

目前，我国的儿童青少年自杀的事件也呈上升趋势。由于家长的压力和教育方法不良、学校的学习压力和学生自身的压力增大，经历挫折的几率增多，个别人采取了极端的方式应对危机。

一、学生自杀的主要类型

学生的自杀大多数属于这样几种类型：

（一）弱智型

年龄较小的儿童是很少自杀的，所以这类自杀行为总是引起人们的震惊，一般来说，小孩子的自杀通常与弱智有关。有一项统计表明，弱智儿童占儿童自杀人数的50%，弱智学生主要是指由于先天的病理原因而导致的多动、学习注意力难以集中，阅读或理解能力的受损，这些儿童大约为全部儿童的5%左右。他们学习成绩落后，不得不忍受家长的责备和同学的嘲笑，家长往往在他们面前表现出巨大的压力，并表现出让他们变成正常人的期望，这些都会使这些弱智的孩子忍受着比一般孩子更大的心理压力。在这样严重的挫折和伤害面前，这些年龄幼小的孩子是很可能冒险自杀的。

虽然并不是所有弱智的孩子都有自杀倾向，但对于这些孩子我们一定要多加重视，要了解他们的思想动态，细心观察他们的行为，不可损伤他们的自尊，对于他们的智力的不足应当给予理解，这种落后不能归咎于他们本人，所以对他们的挫折反应应当格外同情。此外，对于这种弱智的孩子仅仅教给他们文化知识是不够的，还要让他们学会社会技能和独立生活的技能，教给他们与他人相处的技能，体育运动的技能和劳动的技能，使他们在这些方面像正常人一样发展，以弥补他们的缺陷。

（二）危机自杀型

年龄稍大一些的孩子容易成为这一类型，这一类型的自杀者早年的经历往往是一帆风顺，后来突然遇到了极其不幸的事件。这些事件可能是失去了亲人，也可能是自尊心受到了伤害，还可能是遭受突如其来的打击，使精神上受到了巨大的创伤。

在我国，升学压力与失败是这种自杀的一个典型表现。每年的高考过后总是学校和家长紧张的时刻，这一时期，总会有个别思想负担过重的学生经不起失败的打击，或者在家长的责备下觉得无脸见人，而走向了自我毁灭的道路。值得深思的是，不仅学习成绩不好的学生有考试的压力而容易产生轻生的企图，而且学习成绩优秀的学生为了保持这样的成绩也会感觉到巨大的心理压力。一个学习成绩上等的学生突然自杀身亡了，他的死不是因为考试不及格，而是因为这次考试没进入前十名，没得到一等奖学金。还有一位大学生本来考试成绩能达到中上，但为了有把握得高分，他不惜作弊，结果被老师查到，他害怕严厉的校纪处罚，所以投湖自杀了。这些学生常常得到教师和家长的赞扬，赞扬使他们对自己的学习成绩从不满足，总想得第一名，而事实上这是不可能的，他们必须学会接受自己也可能失败这一现实。

自杀与家庭教育方式有一定的关系，个别家长把自己当年未完成的志向传递给了自己的孩子，让他们去实现自己的理想，因此，他们给孩子定下了过高的标准，对他们的学习水平有一种不切实际的要求，一旦达不到这一标准，他们就会感到不平衡。另一方面，在这种高要求面前，学生也会变得把学校当做一个拼争的战场，他们把学习成绩优秀当做得到家长宠爱的唯一机会，在家长过高的期望面前，他们格外努力，因为只有这样才能让家长保持对自己的关注。一旦考试失利，则意味着失去这种宠爱。所以他们的学习变得十分外在化，只乞求考试的分数与结果。在学习中，他们根本体验不到任何欢乐，只有知道分数的那会儿，才是最高兴的，这就使他们变得感情淡漠，生活内容单调，只知机械地学习，没有正常的娱乐生活，一旦考试失败，则意味着人生意义的全部丧失，他们会变得心情抑郁，忧心忡忡，觉得活着没有意思，易出现极端的行为。

（三）孤独型

孤独也是自杀的原因之一，孤独者中，男生比女生多。一般从 10 岁开始出现，到 20 岁时达到较为严重程度，出现自杀行为。孤独的人大部分业余时间是自己一个人度过的，他们与同学或其他成年人的关系十分糟糕，由于没有好朋友，所以在他们心情不好的时候没有人可以倾诉。这些人的家庭似乎与正常人的没有什么区别，但细致分析就会发现，他们的父母的自我意识是很成问题的，他们对于前途过于担心，并怀疑自己当好一个家长的能力，所以他们要求自己的子女成功仅仅是为了消除自己的不安全感和失望感，他们把自己对人生的失望传达给了孩子，使孩子在抑郁的气氛中生活，没有欢乐和轻松。长大之后，这些孩子易形成内向抑郁的人格，他们会觉得自己如何努力也不会满足父母对自己的期望，所以对自己的未来感到深深的绝望。他们会觉得自己与他人不是一类人，与周围的人格格不入，与社会生活格格不入，他们身上存在一种无名的异化感。别人笑时，他们不能一起感应，总觉得别人的事情与自己无关，以一个旁观者的身份来面对生活。他们缺少热情，认为没什么事情是值得努力的。当他们开始独立生活时，不会处理自己的冲突和难题，每当遇到挑战时，都觉得是对自己成功的一次威胁，由于缺少足够的能力，并缺少知心朋友来发泄自己的烦恼，他们很可能会陷入一场彻底爆发式的自杀危机。

（四）越轨型

这一类型的自杀者总是受情绪支配的，不善克制自己。他们的自杀行为往往具有一种犯罪的和示威的色彩，具有很大的危险性和破坏性。这些孩子身上一般有不良行为或犯罪行为，如吸烟、酗酒、偷窃、打架、离家出走，他们一般在十岁左右时大都经历过许多他们既无法理解也无法承受的不幸事件，如性的虐待、大人的引诱和流氓团伙的影响，他们从此变得自暴自弃，开始放纵自己的行为。这种不幸的经历使他们的情绪变得不稳定，以冲动的方式来应付现实问题，在遇到无法解决的问题时，如犯罪情节严重，或惩罚严厉时，他们便会感到彻底绝望，以死来抗议这个在他看来是无望的世界。对于这类自杀者，要针对其不良行为开展帮助，先把他们身上的偷窃、吸烟、打架的行为克服掉，然后才可能解决他们的生活目标及自杀问题。家长和教师应多给他们以关怀和温暖，让他们感到有人爱他们，这样他们才能逐渐体验到生命的意义。

二、自杀行为的识别

学生的自杀行为一般并不是突然具有的，而是一个长期酝酿的过程，总体上说，是先有自杀的企图和想法，当这种想法一再出现，又没有人加以劝阻和理解的话，就有可能使自杀的企图变成自杀的行为，所以识别自杀的企图是很重要的，对于我们帮助那些不幸的人是很重要的一步。

那么有自杀企图的人通常有哪些表现呢？

1. 言语上的表现。有自杀企图的人总会在言语上有所表现，如经常说一些令人深思的话，如“我如果死了，你会难过的”，“如果我死了你将怎么办”，“我死了你会后悔的”。当有人说这种话时，我们要当心，要格外留心他们的行为。

2. 抑郁情绪。据统计，抑郁症患者中自杀者的比率高达 50% 到 75%，也就是说一半以上的抑郁症患者会采取自杀行动，这是一个惊人的数字。所以如果某一学生被诊断为抑郁症，我们要十分小心，要防止他们因心情压抑而走上轻生的绝路。在屡屡受挫的时候学生是容易得抑郁症的，把这一病情控制住，就有可能防止自杀行动。

3. 极度疲倦。如果一个人总说自己感到生活太累了，有些承受不住了，我们就要想到自杀的可能，一般正常人的疲倦不表现为抱怨，而是要休息，以恢复体力与精力，他们在疲倦时不愿与人讲话，而有自杀心态的人则愿意夸大自己的疲倦以引起人们的同情与关怀。另外，这种极度疲倦与抑郁的心理也有一定的关系，它表明活着对于自己已构成一种痛苦，不如死了的好。这是一种寻求解脱的症候，要引起人们的格外注意。

4. 心神不安。当一个人心神不安时，我们要格外注意他的一言一行，心神不安可能是心理的焦虑，也可能是内心矛盾冲突的外在表现，一个人想做某一重要事情却又无法决定时，他就会表现出心神不安，吃不进饭，睡不好觉，这说明心理的矛盾与冲突，当他们度过这种冲突和矛盾期后，他们就不易反悔了，这里他们的选择就不是自杀与不自杀了，而是用何种方法来结束自己的生命，所以及时发现矛盾是很重要的事情，因为，在这一时期，阻止他们的自杀是相对容易的。

5. 创伤。一个有心灵创伤的人是容易走上自杀之路的，一个人经历的创伤越多，他以后经历创伤时就会有越多的不幸的联想，从而形成一个恶劣心情的不良循环。最后，压力和不幸越积越深，导致心灵无法承受，以死来摆脱这种极度的不幸。所以对于每一种生活的不幸都要及时予以缓解，不可让之郁积很久，酿成大祸。

6. 送人心爱的东西。当某人送别人自己心爱的东西的时候，我们要想到他可能要做出什么不同寻常的举动，这是一个反常的信号，因为人们平时是不会这样做的。送人心爱的东西有许多意义，可能是离别的表示，也可能是友情加深的标志，至于其含义到底如何必须联系行为前后的线索来解释。

7. 离群索居。一个人如果从不与他人来往，总是独处，他就是一个有自杀危险的人，如前所述，一个不与任何人倾诉内心世界的人，遇到压力时就不易缓解，从而想不开；另外，一个没朋友的人很可能是有心理疾病的人，如精神分裂、抑郁症患者都是没有朋友的人，他们也是自杀的高危人群。

遇到上述表现，应引起我们的重视。一个人决定自杀之前总是在行为上有所表现的，许多家长和教师把问题简单化，忽略了这些行为变化，直到自杀发生后他们才恍然大悟，但为时已晚。许多自杀的学生只差一步他们的生命就能得到挽救，因为他们不像大人那样对自己的行为有坚定不移的信念，他们的自杀并不是出于审慎选择之后的决定，而是一种一时的冲动，很容易纠正过来，关键的问题在于及时发现问题所在。

三、学生自杀行为的治疗与预防

对于学生的自杀行为来说，积极的预防要比事后的治疗更为有效和重要，家长和学校都应对学生的心理健康负责。

学校是学生接受教育的场所，学生的大部分时间都要在学校中度过，所以，自杀的预防首先应当从学校做起。

在学校教育中，历来都强调生的教育，而忽视死的教育，其实，生死观的教育都应成为学校教育的一部分。学生既需要了解生是怎样一回事，也应知道死是怎么一回事。这是因为这两方面的知识都可触及孩子们的心灵世界，他们能否学到这两方面的知识也会影响到他们的现在与未来。当然，对死的知识有兴趣的人也不乏别有用心的心理不健康的人，但这不应构成我们回避这一问题的原因。

在学校中，回避自杀问题的一个不良后果就是，使一些有自杀企图的人从其他方面得到有关自杀的不正确消息，使他们对自杀行为充满好奇心。我们应当正视这一现实问题，学校中开展对自杀的预防教育，对教师和学生都正大光明地敲醒生命的警钟。

（一）对教师的教育

过去学校方面一直对学生的自杀问题极为敏感，教师一般不愿谈及学生的自杀行为，而学校的领导也往往否认学校对学生的自杀行为所负有的责任。但回避这一问题是不行的。教师必须负起对学生自杀行为的教育责任。必须对自杀行为有一种了解。

对教师的教育一般包括这样一些主要内容：

首先是让教师学会理解与认识造成自杀的抑郁情感。并不是每个人都对抑郁情感有所了解的，有人从未经历过抑郁情感，所以对学生的这种心理不了解。我们应引导教师有意识地回忆他们亲身经历的感情痛苦，回忆自己曾有过的不幸的艰难岁月。尤其要使教师认识到，抑郁的情感并不是永无休止的，而是有其始终的，他们的自身的经历就说明，人是可以战胜抑郁感的，人们可以用自己的努力来克服不好的心态，进行自我调整。经过这样的教育，可以帮助教师克服对学生自杀的恐惧感和自咎感，帮助教师摈弃以往的对自杀行为的事不关己的态度，代之以深切的同情。

在此，要引导教师回忆自己的抑郁经历，并回忆在抑郁情感发展的各个阶段上的典型感受和行为表现。同时还要引导教师讨论能够转移抑郁情感的其他感情，用以克服抑郁感情的各种方法。如可向教师提问，“你情绪低落时都想到了什么”，“当你情绪低落时有人对你说过什么事情？他的话是否对你有所帮助”，“请你体会一下你当时是怎样克服抑郁情绪的”，“根据你当时的感受，你是否很想找一个人谈一谈心里话？你愿意找谁谈？为什么？你不愿意找谁谈？又是为什么”。

经过这样的启发，有的人已经列出了如何帮助自杀患者的方法。下一阶段就是要讨论这些方法。具体的方法有许多种，如从一个朋友的角度劝说与开导，倾听他的苦闷与诉说，陪伴他一起从事快乐的活动。但有一点应当向教师说明，这种帮助毕竟与专业人员的帮助有实质性的区别，教师有责任向心理学专家如实汇报学生的自杀企图与表现，而不能承诺为其保密，因为专家的帮助是更为专业的，也是更为有效的。

教师应当学会觉察那些有自杀企图的学生，并对这一问题引起足够的重视，有的教师总觉得学生不会自杀，对一些症状视而不见，或者对其不够重视，其实教师内心中，并不是对之毫无了解，而是害怕提及这一问题，实质上是一种回避的态度，只有正视这一问题，才能为解决这一问题作出努力。

（二）对学生的教育

我们不仅要对教师提供有关的教育，而且也要为学生进行教育。要让青少年学生了解自己的抑郁感和自杀的想法，为他们提供这方面的教育，自杀青少年接触最多的是他们的朋友，因而他们的朋友就最有可能成为他们的“救护员”，这些人应该在必要的时候能够为其提供及时、有效的帮助。

有人曾对 120 名中学生做过一次调查。在调查中，问题是“如果你想自杀，你愿意把你的想法告诉谁？”在问题的下面，列出了家长、其他成年人、教师、校医、学校精神病咨询医生、校长、同学和其他的人。其中选择最多的就是同学，高达 91%。

青少年在其成长过程中，不可避免地要出现独立与反独立的矛盾。这一矛盾似乎也会在其朋友的选择上得以体现。由于代沟的作用，青少年往往认为成年人对他们不理解，却经常干涉他们的自由。而同学，则往往由于共同的需要和兴趣，而表现出同情心，不会对他们的行为进行干涉，同学更会对他们所讲的事情保守秘密。

然而，正是由于上述特点，一方面使得他们成为自杀孩子倾诉心中苦闷的最佳人选，另一方面，他们在知识和经验方面的不足又使他们成为最无能的救护者。青少年最讲义气，一旦答应为别人严守秘密就很难反悔，他们最不愿干涉朋友的事情，在关键时刻常常不知所措，害怕承担责任。有时他们明明知道朋友的自杀企图，也不会将这一秘密告诉任何人。虽然他们具有上述的特点，但由于他们与自杀学生的特殊关系，仍是救护工作的最佳人选。所以预防工作的一个重点是教育青少年学生了解自杀行为的严重性和心理原因。让他们学会如何识别那些企图自杀的学生，有效地应付自杀行为。实际上那些自杀者周围的学生是很愿意帮助他们可怜的同学的，只是不知如何做。

对学生的工作的重要内容之一是让他们克服矛盾心理，作为自杀者的好朋友，他们面临着矛盾，一方面要遵守诺言，为朋友保密，另一方面，他们又要帮助自杀者，使其不要走上自我毁灭的道路，这使他们进退两难。一个解决这一难题的方法是让这些同学以合理的方法来解决这一问题，如可以说："你能不能让你的妈妈知道你的想法，尽管你不愿意，但让她知道也不是什么大不了的事。"此外，学生不愿意把这种事情告诉别人，还是因为他们觉得这种事情是不光彩的，丢人的，而同学之所以愿意保守秘密也是为了不让自己的朋友丢人。他们担心告诉教师后，教师会告诉校长，校长会告诉家长，然后所有的人都会知道此事，因此，应当向学生们讲明学校的有关咨询部门是如何工作的，教师知道了这件事之后是如何做的，让学生了解大人对这件事的真正的态度和反应，认识到让别人知道此事没有什么不利的后果，这就能减少他们报告此事的心理压力。

（三）良好的心理健康环境

对于自杀的预防最有效的方法是建立一个良好的心理健康的环境，对学生进行心理健康教育，一旦自杀企图出现时，已说明学生的心理健康情况恶化了，说明学生陷入心理崩溃的边缘。其实，如果人人都心理健康，了解自己生命的意义所在，具有一种积极向上的活力，就不会有自杀行为了，治疗也就没必要存在了。

学校应当积极开展心理健康教育，应当营造一个相互理解、相互支持、鼓励奋发进取的环境，使学生感觉到做人的尊严与友爱。学校应当着重培养学生爱学习，负责任和勤劳肯干的作风。使学生树立正确的人生观，具有正确的自我评价能力，正确处理别人与自己的关系，学会自我管理。在教育学生时，以鼓励为主。有一所小学每学期期末时，让学生相互写评语，但评语有一个要求，即只能写别人优点，而不能写缺点，而且写得越具体、越生动越好，结果，同学们都收到了许多来自他人的赞扬，如"你的穿着总是那样得体，上课时，你总专心听讲，遇到事情时又总是那样镇静，希望我也像你一样具备这样的优点"。另一位同学则写到"你虽然有时粗鲁，但你是那样的真诚，从不会说谎，你的眼睛总是流露出质朴的目光，你的动作总是那样干练，行动总是那样迅速，从不拖延，而且你还有一个最大的优点就是说话算数，说一不二"。这样的评语极大地增强了学生之间的关系，甚至也加强了教师与学生之间的关系，令人不可思议的是，经过这种相互评价，学生的学习成绩有了很大的提高，学生们更热爱自己的学校了，更为热情主动了，打架和骂人现象也大为减少。这真是一个奇迹。

（四）建立心理咨询机构

学校建立心理咨询机构是很必要的，发达国家和我国部分城市中小学有这样的机构。由于有经验的心理学家介入，使人有可能及早发现有自杀倾向的学生，另外，对于有自杀倾向的学生或学习成绩差及情绪不稳定的学生，可以组织团体辅导，在专家的辅导下从事某些团体活动，如讨论自己的问题，相互帮助，交朋友训练等，对于有特殊需要的孩子还可进行特殊教育，在特殊教师和特殊的课程安排环境中上课，这样就不会使这些落后的学生产生过大的心理压力。由于面对的都是一些共同的问题，这些孩子可以相互学习，相互促进。

【建议参考资料】

1. 李雪荣．儿童行为与情绪障碍［M］．上海：上海科学技术出版社，1987.

2. 臧汝芬．陪孩子走出情绪障碍［M］．台北：三民书局股份有限公司，2009.

3. 杨坤堂．情绪障碍与行为异常［M］．台北：五南图书出版公司，2001.

4. 科尼，阿尔巴诺．孩童厌学：治疗师指南［M］．彭勃，译．北京：中国人民大学出版社，2010.

5. 刘翔平．战胜考试焦虑：考生必备的心理素质［M］．北京：北京出版社，2001.

6. 佩森提尼，兰利，罗布里克．儿童青少年强迫症：治疗师指南［M］．王玉龙，夏宇欣，译．北京：中国人民大学出版社，2010.

7. 戈德斯坦．学生攻击行为：预防与管理［M］．林丽纯，译．南京：江苏教育出版社，2010.

8. 马扎诺，盖迪，弗斯德，等．有效的课堂管理手册［M］．贺红，曾白云，译．北京：教育科学出版社，2008.

9. 边玉芳．青少年心理危机干预［M］．上海：华东师范大学出版社，2010.

【问题与思考】

1. 什么是情绪障碍？为什么不叫神经症或人格障碍？
2. 情绪障碍主要可以分几个类型？每个类型的特点是什么？
3. 学生的抑郁与成年人的抑郁有什么不同特点？治疗的特殊性是什么？
4. 上学恐惧常见的原因是什么？如何帮助上学恐惧儿童恢复上学？
5. 考试焦虑有哪些表现？哪些技术可用于干预考试焦虑？
6. 网络成瘾的症状有哪些？如何帮助这些网络成瘾的青少年？
7. 如何克服学生的交往恐惧？
8. 学生攻击行为的原因是什么？如何矫正学生攻击行为？
9. 纪律的发展规律是什么？如何根据学生的年龄特点约束孩子？
10. 儿童青少年自杀的常见原因是什么？如何识别自杀企图？如何预防自杀行为？

附录

全美学校心理学家协会
关于提供学校心理学服务的标准（节译）

一、定义

1.1　学校心理学家为达到全美学校心理学协会颁发的职业资格的职业心理学家和教育家。这一资格是基于完成联邦政府规定的学校心理家的培训纲要之上的。学校心理学家可在公立机构或私立机构提供服务。

1.2　除了以下的服务标准外，职业标准还规定了学校心理家的培训、服务范围、资格和职业道德。

1.3　接受教育工作者服务的人是上学的儿童，这种服务既可以是私立机构提供的，也可是公立机构提供的。

1.4　学校心理学服务的监督者是学校心理学家和教育家，这些人必须按有关规定取得学校心理学家的资格，要具备三年期的心理学实践，受过专职学校心理学家的评估，并被有关部门雇佣过从事学校心理学的服务。

二、联邦的规定

2.1　组织：联邦教育机构为了实现如下目标应当雇用符合1.4项的，取得监督资格的学校心理学家。

2.1.1　为联邦教育部门或各地方教育部门在学校心理学服务的人员培训、教师在职培训、资金、应用和立项的标准，政策和程序上给予指导帮助。

2.1.2　参加联邦项目的管理，为各州、各地区的学校心理学服务提供资金。

2.1.3　提供评估、研究和传播，以确定学校心理学服务计划的效果，确定必要的变化。

2.2.2　国会应当确保这种学校心理学的服务以免费和适当的方式提供给需要这种服务的所有的儿童。

2.2.3　国会应确保联邦法律认识到学校心理学家对教育计划的适当介入，并保证学校心理学的培训、服务及学校心理学家职业发展方面联邦的资金提供，以确保适当和有效的服务。

三、州立法

3.2.1　所有的州立法机构都应确保父母和儿童的受保护的权力，应当为所有儿童提供学校心理学服务。包括，但并不限于评估、干预、个体和群体及体制的咨询。这些服务应提供给所有儿童。

3.2.2 各州立法机构应确保这种学校心理学服务以免费和适当的方式提供给所有需要这种服务的儿童。

3.2.5 各州立法机应确保足够的训练有素的、有资格的学校心理学家提供符合学校心理学协会制定的标准的服务。在通常的情况下，各地方部门要为每一千名中小学生提供一位学校心理学家。

四、服务的组织

4.1.1.1 组成学校心理学的服务系统是有效的，应雇用两名以上的学校心理学工作者在学校心理学服务监督者的监督下工作。

4.1.1.2 要取得学校心理学家的资格必须获得全美学校心理学协会认定的执照。至少要经过三年以上的学校心理学的服务实践，并经过地区教育部门的雇用。

4.1.1.4 学校心理学服务者要担任学生服务机构、心理服务及针对特殊和非特殊学生跨学科小组的管理者和协调者。为不同文化和低下阶层的人提供筛查和评估服务。这些角色包括特殊的技能和知识：

a. 人际关系和团体功能

b. 管理技能

c. 州和联邦法规

d. 地区、社区和州资源

e. 了解将学生的需要与人力资源相匹配

f. 个人管理技术

g. 管理和矫治计划的实施

五、职业实践

5.1.1 学校心理学家研究个体，通过个体和群体的程序确定他们的需要，学校心理学家所使用的方法要符合下列要求：

5.1.1.1 通过书面形式把学生的问题描述出来，交给家长和学生本人。

5.1.1.2 学校心理学家要确定向谁提供服务。

5.1.1.3 给家长和学生本人的材料通常要经过正式的个体评估。

5.1.1.4 学校心理学的服务人员可以利用机会取得个人的、教育的、医疗的、心理的和社会史的资料，与他人交流，为了尽早识别问题学生和以后的评估，可以在各种环境下观察学生的行为表现。

5.1.1.5 学校心理学家进行的个体评估包括：学生社会适应、智力—学业的性向、适应性行为、教育的准备情况、学习成绩、感觉—知觉和动作功能、环境和文化的影响。

5.1.2 学校心理学家确保心理教育干预计划的发展、实施，以帮助特殊儿童。

5.1.2.2 干预计划要经学校心理学家讨论会合作制定，寻找或发现儿童问题的人要负责实施这一计划。

5.1.2.3 学校心理学家要具备选择和实施干预计划的技能和知识。

5.1.2.4 学校心理学家要主动设计和发展特殊程序，这些程序用于矫治儿童的学习和行为落后。

5.1.2.5 在总结或发展干预计划时，要制定随访的程序。

5.1.2.6 在服务过程中，评估结果、干预计划、实施程序和随访计划都要清楚地向所有需要知道情况的人说明。

5.1.3 学校心理学家通过下列方式为学生提供直接的服务：

5.1.3.1 以个体和群体的方式提供咨询、行为管理和心理治疗。

5.1.4 学校心理学家是通过为教育工作者和家长的服务为儿童服务。

5.1.4.1 学校心理学家为教育工作者和家长提供个体的或群体的服务。

5.1.4.2 学校心理学家设计特殊的程序，以防止各类障碍的出现，并改进儿童的学习和行为功能。

5.1.4.4 咨询服务应包括培训学校工作人员、家长，使其了解人类学习、发展和行为的一般知识。

5.1.6 学校心理学家为社区和有关工作人员就有关心理和心理健康问题进行沟通和提供咨询服务。

5.1.6.1 学校心理学家要经常与社区和州有关人员和专家沟通。

5.1.6.2 学校心理学家有权知道并有机会参加涉及学生的官方会议。

5.1.6.4 学校心理学家有义务向社区官员和州官员提建议并进行交流。

职业道德原则

（美国学校心理学家协会制定）

职业活动标准通常指道德原则，它使提供服务的职业工作者得以清楚地认识到自己的责任，并将自身行为置于对人权和个人尊严的最高位置。道德准则是一种附加的职业技术，这种技术试图保证使接受服务的每一个人都能获得最佳质量的服务。

尽管道德行为包括职业工作者、接受服务的人和雇用机构之间的相互作用，但其道德行为责任必须归立于职业工作者。

学校心理学家是众多的职业心理学家中专业化的一部分，在学校心理学家的工作情境中，存在着某些为其他道德准则未曾明确的事项。正是出于对诸如“适当过程”、个人权利的保护、记录的保存、说明的义务和机会均等问题的强烈关注，才增加了制定学校心理学家职业道德的可能性。

就一名职业工作者的责任来说，只能凭借其所获得的认可的能力水平进行服务，这是最基本的道德原则。在实践中，某些与实施心理学服务有联系的不明确的问题，必须在学生、家长、学校及社会可能产生冲突的情境中加以确认。

这些准则的目的是为提高学校心理学服务的质量而提供阐释。因此，对于学校中那些易变的、正在扩展中的职能、准则均予以承认。除了这些道德标准外，当前也很有必要在法律义务和道德责任之间进行区分。学校心理学迫切希望熟悉一些适用的法律要求。

职业能力

除了要精通职业心理学的技能外，学校心理学家还要具备学校组织、目标和方法方面的知识，以承担这一专业领域的职责，就在学校提供有效的心理服务来说，这是一个基本的要求。

a. 为了有效地做好服务工作，学校心理学家应力求通过客观地收集适当数据和必要的信息来保持最高标准的服务。在进行心理评估时，要适当考虑个体的完整性和个别差异，选择使用恰当的程序和评估技术。

b. 学校心理学家是通过承担对一个人生活的个人方面的考查及其对这种考查过程本质的认识来指导自己的工作的，学校心理学家使用的是一种反映出对人本主义尊严和个人完善予以关注的方法。

c. 学校心理学家应谨慎地意识到个人的偏见和专业局限对为学生服务能力施加的影响，意识到为了保护学生隐私和秘密所应持续遵守的职责。

职业责任

为了促进每个人的生活质量的改进，要求学校心理学家应用职业专长，这个目标是以保护接受服务者尊严和权利的多种方式来实现的，只有出于同这类准则始终如一的目的，才能运用这些职业技能、地位和影响。

a. 学校心理学家要对个人忠诚、目标和能力的方向与性质予以解释，并向所有关心这些建议的人进行劝告，提供信息，要使知情的学生如实地、客观地向教师、家长及其他职员讲述当事学生的问题。

b. 为了进行评估，学校心理学家坚持以最大的限度获取证据的方式收集资料，这种收集还要建立在适合于当事人的评估技术的基础之上。

c. 在报告学生有代表性的资料时，学校心理学家对这种形式和类型的信息应确信无疑，并保证报告的接受者能通过此种信息的获得给当事人以最大帮助。报告的重点应当是测验结果的组织和解释，而不应是所通过的简单分数，报告中还应包括能够增强对这种信息依赖程度的专业评价。

d. 当出现利益分割或冲突时，学校心理学家有责任制定确保所有有关者利益和权利保护的行为模式。

与学生的职业关系

学校心理学家应告诉学生，先前对其持续进行的心理服务的潜在职业关系的所有方面正在受到挑战，然而却是必要的，学校心理学家需要使用专门的职业技能，帮助学生克服与下列问题有关的困难：对成年人的正常依赖关系，语言技能的缺乏和经验不足。

a. 学校心理学家要意识到自己对学生的职责，尊重学生选择参加的权利，或者自愿接受服务的权利。

b. 学校心理学家要向学生解释心理学家是何人，从事什么工作，因何原因安排会见。解释还应包括：利用已有的信息的价值，收集信息的程序，将要接受特定信息的人员，以及心理学家为报告特定信息所具有的职责。这种解释应当使用学生所能理解的语言。

c. 学校心理学家应告诉学生共同使用信息的基本原理。学校心理学家所提出的行为方案，需要考虑学生的权利，家长的权利，学校工作人员的责任，及学生自信和成熟地位的增进问题。

d. 学校心理学家应和学生一起讨论在地位方面各种期待的变化，以及作为一种心理研究结果所提出的计划。这种讨论应包括积极的结果和消极的结果，以促使学生改变的变量的价值。

e. 当某一条件被确认，而这种条件又处于学校心理家的治疗能力或范围之外时，对于这种情况应向学生说明。所作的说明要以有益于治疗帮助为基础。

与学校的职业关系

学校心理学家应认识到，就与学校有效的关系而言，对教育体系的目标、过程和法律要求有透彻的理解是其根本，熟悉学校的组织、教材和教学策略，是心理学工作者为促进每一个学生最大限度地得到自我发展机会这一共同目标作出贡献的基础。

a. 学校心理学家对所提供的专业服务要进行解释，以确保心理服务所承担的工作的实际解决。

b. 为保护学生利益和权益，学校心理学家要重视同学校教职工的交往。

c. 学校心理学家要使用易于为学校教职工所理解的语言传递科学发现和建议。传递中应包括那些与改变计划相联系的可能有利结果和不利的结果。

d. 学校心理学家有责任确定，心理教育信息将传递给那些负责任、有权威的人，并且在帮助学生的过程中就其作用作出适当解释。这包括确立某些使个人感到安全并为个人所关心的机密利益的程序。

与家长的职业关系

家长的卷入在努力改善学生应对能力方面具有重要作用，不能获得家长的支持可能构成学生行动的压力，增加适应与学习困难，与家长的讨论需要持坦诚的态度，使用为他们所理解的语言，讨论中应包括根据心理教育评定所提出的建议，学校心理学家力图发现一系列使每一个家长的技能、价值同可能的遗传相匹配的可供选择的办法，以便构成帮助学生个体的人格力量。

a. 学校心理学家应认识到家长支持的重要性，可通过使学生家长相信，在学校心理学家会见某位学生之前，即已存在家长接触这一事实，来寻求获得这种帮助。学校心理学家应通过一种坦诚的态度以及向学生家长报告在评估学生中所获得的发现问题的方法，促进持续的家长卷入。

b. 当家长反对自己的孩子接受服务时，学校心理学家要耐心地去做学生家长的工作。可供选择的办法是使儿童能够获得所需要的帮助。

c. 学校心理学家应保证和学生家长一道讨论帮助学生的建议和计划，讨论中需包括与每一项计划相联系的可能性与选择办法，学校心理学家应劝告家长，使之成为在学校和社会那些帮助变量的源泉。

d. 学校心理学家应告诉家长与他们会谈所形成的记录的性质及其对儿童评价的性质。此外还应说明：研究报告将收录什么样的信息，谁来接受研究报告，以及为了保护这种信息所采用的安全措施。

协调与其他专业工作者的关系

学校心理学家应避免狭窄的或过宽的职业兴趣，以便同其他专业领域的人员一起，以相互尊重和对共同利益的认识为基础，在某些共同的技能方面充分合作共事。

a. 学校心理学家要向其他专业工作者解释学校心理学家的专业能力，以便能明确而清楚地作出服务安排。

b. 在与其他专业工作者合作时，学校心理学家应保持专业技能和道德。

c. 学校心理学家有责任具备先前的能力、知识以及治疗安排的资格。

d. 学校心理学家应认识到，各种技术和方法是为其他职业团体共同享有的。

关于同社区的关系

尽管学校心理学家享受作为一名心理学家的职业认可，但他同时又是一个公民，因此，应接受对社会全体成员所期待的同样的责任和义务。寻求公民—心理学家或心理学家—公民的双重角色，而这种双重角色可能会引起自身冲突。

a. 学校心理学家应担负建立和保持适当的心理服务的有效角色，并且应认识到个体通过个人的处理权及其免予强制来利用这种服务的权利。

b. 作为一名公民，学校心理学家可使用引起社会改变的惯常的程序和做法。但这种活动是作为一名被卷入的公民来进行的，而不是作为一名学校心理学家的代表来进行的。

c. 当学校心理学家怀疑有害的或不道德的心理实践存在时，应向专业组织提出咨询。

图书在版编目(CIP)数据

学校心理学 / 刘翔平，余雪著. －北京：开明出版社，2012. 10（2020.11 重印）
（新世纪心理与心理健康教育文库）
ISBN 978－7－5131－0230－8
Ⅰ.①学… Ⅱ.①刘… ②余… Ⅲ.①教育心理学 Ⅳ.①G44

中国版本图书馆 CIP 数据核字(2011)第 119646 号

责任编辑：陈璘彬　柴星　杨怡　王拓

书　名：学校心理学
出品人：焦向英
出　版：开明出版社
（北京海淀区西三环北路 25 号 邮编 100089）
经　销：全国新华书店
印　刷：天津行知印刷有限公司
开　本：700×1000　1/16
印　张：17. 625
字　数：260 千字
版　次：2012 年 10 月 北京第 1 版
印　次：2020 年 11 月 第 3 次印刷
定　价：43. 00 元

印刷、装订质量问题，出版社负责调换货　联系电话：(010)88817647